'우리'라는 신화의 폭력

기사연 책 시리즈

'우리'라는 신화의 폭력
: 한국의 인종주의와 그리스도교

2025년 6월 25일 처음 펴냄

지은이	김나미 김응교 김진호 이보영 조민아 최진영
엮은이	한국기독교사회문제연구원(기사연)
펴낸곳	도서출판 동연
펴낸이	김영호
주 소	서울시 마포구 월드컵로 163-3
등 록	제1-1383호.(1992. 6. 12.)
전화/팩스	02-335-2630/ 02-335-2640
이메일	yh4321@gmail.com
인스타그램	instagram.com/ dongyeon_press

Copyright ⓒ 김나미 김응교 김진호 이보영 조민아 최진영, 2025

이 책은 저작권법에 따라 보호받는 저작물이므로 무단 전재와 복제를 금합니다.
잘못된 책은 바꾸어 드립니다. 책값은 뒤표지에 있습니다.

ISBN 0978-89-6447-277-4 04300
ISBN 0978-89-6447-276-7 04300(기사연 책 시리즈)

기사연 책 시리즈 1

RACISM AND

'우리'라는 신화의 폭력

한국의 인종주의와 그리스도교

김나미 김응교 김진호
이보영 조민아 최진영 지음

CHRISTIAITY
IN KOREA

동연

책을 펴내며

'기사연 책' 시리즈를 발간하며

1979년, "교회 갱신과 사회변혁"을 표방하며 출범한 한국기독교사회문제연구원(이하 기사연)은 "기사연 리포트"를 비롯하여 "기사연 무크", "기사연 연구총서" 등 총 200여 권에 이르는 연구 도서를 발행했습니다. 이 연구 도서의 주제는 민주화와 인권, 산업화와 노동, 가난과 경제 정의, 평화와 통일, 환경과 공해, 지방자치와 지역 운동, 농촌 경제 등 한국사회의 핵심적인 문제들을 총망라했습니다. 엄혹했던 시기, 예언자적 소명과 비전으로 이루어 낸 결과물이었습니다.

지금 한국 사회는 다층적 위기에 봉착해 있습니다. 이 위기는 12.3 내란 사태로 인해 그 골이 더 깊어지고 있습니다. 한국교회 역시 탈종교화, 청년 세대의 이탈, 보수화의 심화와 교회 갱신의 동력 상실 등으로 큰 위기에 놓여 있습니다. 가장 염려스러운 대목은 개신교가 극우세력의 온상이 되어 사회대개혁의 큰 걸림돌로 작용할 것이라는 점입니다. 이는 한국교회가 복음의 본질에 충실하면서 시대적 과제들을 연구하고 성찰하는 일을 게을리한 결과라고 생각합니다. 이 반성 위에서 기사연은 한국교회, 특별히 에큐메니칼 공동체에 주어진 도전적 주제들에 관해 연구·성찰하고 교회와 사회개혁을 향한 대안을 제시하는 일에 더 열심을 내고자 합니다.

'기사연 책' 시리즈 발간은 이러한 의지의 구체적인 표현입니다.

'기사연 책' 1권과 2권(11월 발간 예정)의 주제는 "한국의 인종주의와 그리스도교"입니다. 이 두 권의 목적은 "심각한 지경에 이른 한국 사회의 인종차별 문제를 구조적으로 이해하며, 인종주의의 정당화에 일조한 그리스도교 신학을 해체하고 재구성하는 것"입니다. 이 일을 통해 인종적 소수자들과 연대가 깊어질 것이며, 궁극적으로 인종주의를 종식할 발판을 마련할 수 있을 것입니다.

'기사연 책' 두 권을 기획하신 김진호 이사님, 필자이신 김나미, 김응교, 김진호, 이보영, 조민아, 최진영 박사님, 편집과 출간의 전 과정을 세심하게 살펴주신 도서출판 동연 김영호 대표님 그리고 출판 헌금을 해 주신 조창호 회장님께 깊이 감사드립니다.

2025년 5월

한국기독교사회문제연구원 원장 신승민

머리말

임마누엘 칸트에게서 '범주'는 선험적 인식이었다. 그러니까 경험 이전에 세계를 해석하는 인식론적 분류체계라는 얘기다. 한데 미셸 푸코가 지적한 것처럼, 범주적 지식은 객관적이고 합리적인, 나아가 과학적인 것처럼 포장되어 있지만, 실은 권력의 통제장치에 지나지 않는다. 해서 열등하고 비정상적인 타자를 색출하고, 차별과 배제, 심지어 폭력을 정당화하는 담론으로 작동했다. 아니, 그것이 전부가 아니다. 그런 타자 자신도 스스로를 차별받고 폭력을 받아 마땅한 자로 생각하게 한다.

이런 범주적 지식의 폭력성을 대표하는 담론이 '인종주의'다. 범주화된 지식으로서의 인종주의가 특히 문제적인 것은 가해자도, 혹은 제3자도 그 폭력성을 문제로 여기지 않는다는 데 있다. 아니 그것이 올바른 폭력이라고 생각하게 한다.

그런 인종주의적 폭력성은 '은폐된 폭력'(latent violence)으로 나타나기도 하고 또 때로는 '광기'라고 해도 무방할 만큼 '노골적인 폭력'(brutal violence)으로 표출되기도 한다. 하지만 노골적인 폭력이 분출할 때도 가해자는 '정당한 폭력'으로 착각한다는 점에서, 여전히 그들에게는 은폐된 폭력인 셈이다.

여하튼 20세기 전반기 끝 무렵 유럽은 인종주의의 잔인함이 폭풍처럼 몰아쳤다. 그리고 그런 광기가 세계대전과 결합되었다. 승자와 패자는

'인종주의를 반대한 자'와 '인종주의자'처럼 존재가 규정되었지만, 그것은 그 시대의 광기였고 그 시대를 살아낸 이들 모두가 공범으로 가담했던 광기였다. 그 시대의 대표적 빌런의 하나였던 베니토 무솔리니는 자신의 잔혹한 극우주의적 인종주의를 '파시즘'으로 규정했다.

21세기 세계는 또다시 잔인한 극우의 시대가 난폭하게 우리의 일상을 덮치고 있다. 리처드 스펜서(Richard Spencer)는 '화이트 네오파시즘'을 주장하며, 인종주의적 폭력의 시대를 소환하려 한다. 그밖에 많은 극우주의자들이 네오파시즘을 부르짖고 있다. 그리고 여기서는 한국도 예외가 아니다. 빨갱이, 성소수자, 여성, 이민자 등을 혐오의 대상으로 범주화하려는 인종주의적 파시스트들의 활동이 제법 활발하다. '어게인 이승만'을 부르짖는 이들이 특히 그렇다. 자국민 90만 명 이상을 학살한 대통령, 그에게는 그를 추종하던 '극우청년단체'들이 있었다.

주목할 것은 한국의 극우 인종주의를 주도하는 이들의 주된 거점이 '개신교 교회'라는 사실이다. 물론 가톨릭 성당도, 개신교만큼은 아니지만, 꽤나 뿌리 깊다. 그것은 한국의 그리스도교가 극우 인종주의적 담론이 견고하게 착근되어 있고, 그것을 확대재생산하는 제도적 장치를 갖고 있기 때문으로 보인다. 이 책은 바로 이 사실, 한국, 그리스도교, 인종주의, 이 세 단어의 조합, 그것이 일으키는 극우파시즘적 폭력의 은폐된 혹은 노골적인 폭력성을 다루는 책이다. 국내외에서 활동하는 이론가 혹은 활동가 11인이 저자로 참여했고, 2025년 상반기와 하반기에, 두 권의 책으로 출간된다. 그 첫 권이 이 책이다.

한국의 인종주의 비판을 다루는 연구들이 최근 적잖게 발표되고 있다.

하지만 이 논의가 아직은 낯설다. 더욱이 그리스도교를 다루는 논의는 거의 전무한 실정이다. 그런 점에서 이 책이 한국 사회의 극우주의와 인종주의를 비판적으로 생각해 보려 하는 이들에게 하나의 생각의 거점이 되었으면 한다.

이 책을 '기사연 책 시리즈'의 첫 번째와 두 번째 책으로 출간하도록 허락해 준 신승민 한국기독교사회문제연구원 원장님과 최형묵 책임연구원께 감사드린다. 그리고 지나치게 진지한 책을 제작해 준 도서출판 동연의 김영호 대표께 감사드린다. 그이들은 이 책 저자들의 무모한 도전에 공모한 무모한 용기의 장본인들이다. 또 동연의 박현주 편집장님을 포함한 모든 분께도 감사드린다. 이 책은, 더 괜찮은 것으로 만들어보려는 그이들의 한숨 없이는 결코 나올 수 없었다.

책을 펼쳐보는 모든 이들, 그들이 읽어주는 글자 하나하나, 그것을 이야기하는 말 하나하나를 통해서만 이 책은 세상에 존재하는 것이 된다. 이들 모두가 책의 저자들이 됨으로써 이것은 비로소 살아 있는 책이 된다. 저자가 된 모든 이들과 함께, 더 나은 세상을 꿈꾸면서 유쾌한 웃음을 나누게 되었으면 좋겠다.

2025년 6월 10일
김진호

차례

책을 펴내며 / 4
머리말 / 6

총론 ｜ 왜 한국에서 인종주의와 그리스도교를 함께 논의해야 하는가
_ 김나미·조민아   13

한국 사회에 인종주의가 존재하는가?   18
인종과 인종주의는 어떻게 정의되는가?   27
인종주의와 그리스도교는 무슨 관련이 있는가?   35

1장 ｜ 유대와 갈릴리, 남한과 북한에 '인종'이 있는가? _ 최진영   47

들어가는 말   49
초기 그리스도인들의 인종적 사유   53
유대와 갈릴리   60
인종주의, 신인종주의, 인종화   64
북한의 인종화   70
북한과 탈북민의 타자화   78
글을 맺으며   87

2장 | 일본의 이단아, 자이니치 디아스포라
　　　— 이민진 장편 소설 <파친코>와 자이니치 문학의 경우 _ 김응교　91

　　백제에서 조선통신사까지　　　　　　　　　　　　　　93
　　왜 '자이니치'인가　　　　　　　　　　　　　　　　　95
　　디아스포라와 자이니치　　　　　　　　　　　　　　　99
　　부산항 제1부두와 자이니치　　　　　　　　　　　　 105
　　오사카 '이카이노'와 오사카교회　　　　　　　　　　 108
　　간토대지진과 조선인 제노사이드　　　　　　　　　　 112
　　자이니치 디아스포라의 역사를 나눈다면　　　　　　　116
　　변혁적 이방인 작가의 가능성: 양석일의 경우　　　　　123
　　평화의 줄로 연결되어서 함께 가리라
　　　: 현재의 자이니치 디아스포라와 기독교　　　　　　129

3장 | '빨갱이'의 인종화 — 제주4.3사건과 그 '여파 속에서' _ 김나미　137

　　'빨갱이' 소환　　　　　　　　　　　　　　　　　　140
　　제주4.3　　　　　　　　　　　　　　　　　　　　　144
　　빨갱이의 인종화　　　　　　　　　　　　　　　　　147
　　빨갱이의 인종화와 신학적 정당화　　　　　　　　　 159
　　제주4.3의 '여파 속에서'　　　　　　　　　　　　　 170
　　경야(經夜)작업　　　　　　　　　　　　　　　　　 173

4장 | 한국 극우의 인종화 프로젝트와 '그리스도교국가론'
— 이승만과 한경직을 중심으로 _ 김진호 179

    3.1절, 1946과 2003 181
    3.1절, 극우주의적 기억의 거점 185
    이승만의 극우주의, 절름거리는 인종주의적 주체 191
    또 다른 극우주의, '한경직의 종교' 201
    개신교 극우주의, 능동적 주체의 종교 208
    21세기, 극우주의의 부활, 그런데… 213

5장 | 한국 인종주의와 차별 주체로서의 한국교회 다문화 목회
_ 이보영 221

    들어가는 말 223
    한국 사회에서 다문화주의의 역사와 배경: 인종화의 과정 226
    한국의 신자유주의적 다문화주의 234
    단일민족주의와 신자유주의적 다문화주의의 충돌
        : 한국적 인종화와 인종주의의 근저 237
    한국적 공동체 문화의 내집단/외집단 역학: 인종화된 다문화주의 244
    한국교회의 다문화 목회: 타자화, 인종화와 인종주의 강화의 통로 248
    한국교회 다문화 목회의 구조적 문제: 단일민족주의, 인종화
        그리고 신자유주의적 다문화주의의 교차점 259
    한국교회의 다문화 목회: 긍정적 기여와 그 한계 264
    나가는 말: 대안을 생각하며 266

지은이 알림 / 274

총론

왜 한국에서 인종주의와 그리스도교를 함께 논의해야 하는가

김나미 · 조민아

왜 한국에서 인종주의와 그리스도교를 함께 논의해야 하는가

김나미 · 조민아[*]

지금 한국에서 인종주의를 그리스도교와 함께 논의해야 하는 까닭은 무엇인가? 인종주의와 그리스도교의 상호작용은 복잡하고도 긴밀하다. 그리스도교는 유럽의 식민주의, 미국의 정착민 식민주의(settler colonialism) 및 노예제도와 흑인차별법인 짐 크로우(Jim Crow)법,[1] 남아프리카

---

[*] 김나미: 스펠만대학 교수, 조민아: 조지타운대학 교수
[1] 400여 년간 지속된 미국의 노예제도는 1865년에 끝난 미국의 시민전쟁과 그해에 비준된 미 헌법 제13조에 의해 폐지되었다. 하지만 그 이후 얼마 되지 않아 미국의 남부 지역에서 실행된 짐 크로우(Jim Crow)법은 흑인과 백인의 '분리'(segregation)를 법으로 정한 반흑인 인종차별법으로 1965년까지 유효했다. 이 법에 따라 식당, 극장, 수영장, 교통시설 등은 물론, 흑인들과 백인들이 생활하는 모든 공간이 분리되었고, 만약 그것을 어길 경우는 처벌을 받는 제도화된 인종차별법이었다. 1967년 대법원이 반헌법적이라는 판결을 내리기 전까지 미국의 많은 주에서 다른 인종 간의 결혼이 금지되기도 했다. 미국의 짐 크로우법은 나치 독일의 인종주의적 법 제정에 영향을 미치기도 했다. Becky Little "How the Nazis Were Inspired by Jim

의 분리주의(apartheid)2 등 세계 각처의 인종차별적 제도와 정책 및 정치, 경제, 문화에 깊숙하게 뿌리 박혀 있는 인종 이데올로기에 신학적 정당성을 부여했다. 그러나 또 다른 한편으로는 미국의 흑인 해방신학(Black Liberation Theology)과 남아프리카 반흑인 인종주의 저항 운동에서 볼 수 있듯 억압받는 인종 및 민족 집단들이 성서와 교리를 재해석하여 해방적 동력을 이끌도록 돕는 중요한 자원이 되기도 했다. 성서 해석과 교리, 교회 제도를 통해 역사적으로 인종적 위계질서를 강화하는 데 기여하는 동시에 억압에 맞서는 저항의 공간 또한 제공해 왔다. 이러한 그리스도교와 인종주의의 양가적 관계는 1990년대 이후 가파르게 증가하고 있는 이주민 유입과 더불어 본격적인 '다인종'/'다문화' 사회로 진입하고 있는 한국 사회에도 독특한 역동을 만들어 내고 있다. 그러나 인종주의에 대한 신학적 관심과 연구 및 교회 차원의 대응은 한국 사회에서 여전히 미미하다.

타자 및 소수자와 관련해서 한국 사회에서 가장 많이 쓰이고 있는

Crow," *History* August 16, 2017, https://www.history.com/news/ how-the-nazis-were-inspired-by-jim-crow; James Q. Whitman, *Hitler's American Model: The United States and the Making of Nazi Race Law* (Princeton University, 2017).

2 '분리된 상태'를 뜻하는 '아파르트헤이트'는 1948년 남아프리카 국민당(National Party)이 도입한 백인우월주의 정치 및 종교 이데올로기를 기반으로 탄생했지만, 실제로는 백인들이 남아프리카에 도착한 이후 흑인의 땅과 노동력을 착취하는 과정에서 이미 내면화되어 있던 인종주의를 제도화한 것이다. 남아프리카 개혁교회는 인종차별을 성서와 문화로 정당화하는 역할을 담당했다. 한편 데즈먼드 투투를 비롯한 그리스도인들은 이러한 분리주의와 백인 그리스도교 지배에 저항할 수 있는 신학적, 정치적 논리와 힘을 제공하는 데 큰 공헌을 했다. Steve de Gruchy, "Apartheid," William A. Dyrness and Veli-Matti Kärkkäinen, eds. *Global Dictionary of Theology: A Resource for the Worldwide Church* (Downers Grove, IL: IVP Academic, 2008).

단어 중 하나는 '혐오'다. 이주민과 난민 관련 이슈와 관련해서도 많이 언급되고 있으며, 적지 않은 연구자들과 활동가들이 이미 주목하고 있다. 이 책은 이러한 기존의 연구와 활동에 기반을 두고 있지만, 혐오가 그런 문제점들을 분석하고 대응책을 마련하는 데 충분하고 적절한가 질문한다. 성소수자 혐오의 배경을 분석하는 많은 연구가 이미 밝히고 있듯 모든 형태의 타자 혐오는 정치적, 문화적 이데올로기를 통해 형성되는 것이기에 각각의 맥락에 대한 분석이 필요하지만, 이 책은 이주민과 난민에 대한 배타적 정서를 '혐오 정서'로 단순히 취급하기보다는 그 이상의 함의를 담고 있는 개념인 '인종주의'의 관점에서 살펴볼 필요가 있다고 주장한다. 그 이유는 인종적 타자에 대한 혐오가 성차별, 계급 차별 등 다른 억압적 기제들과 맞물리면서 단순히 소수자 혐오 정치의 한 예로 분류될 수 없는, 한국 사회의 구조적 문제로 정착하고 있기 때문이다.

최근 몇 년 사이에 역사학, 사회학, 한국학 등을 중심으로 인종주의에 관한 논의가 전개되고 있지만, 인종주의와 관련된 문제들을 젠더, 섹슈얼리티, 계급/계층, 시민권, 종족민족주의(ethnonationalism)와 연결하여 그리스도교와 인종주의의 양가적 관계에 대해서 논의하는 연구물은 드물다. 두 권으로 기획된 이 책은 인종주의와 그리스도교의 연관성이라는 큰 주제 아래 인종주의와 관련된 다양한 자료와 기존의 연구를 바탕으로 이주민, 난민, 자이니치(在日), 다문화주의, 반공주의, 극우화, 이슬라모포비아(Islamophobia) 등의 문제에 접근한다. 그러나 한국의 인종주의와 그리스도교에 대한 포괄적인 논의를 전개하거나 차별과 배제, 혐오의 사례를 세세하게 다루기보다는, 한국 사회에서 진행되고 있는 인종화와 인종차별의 원인과 현상에 주목하여 인종주의를 지속시키고 견고하게 하는 구조적 역학 관계를 분석하며 이제까지 묻지 않았던 질문들을 던지는 것을 목적으로 한다. 따라서 구체적인 해결책을 제시하기보다는, '인종 국가'로서 한국 사회의 어제와 오늘을 돌아보는 동시에 그리스도교와의 연관성에 대한 학제 간 연구(interdisciplinary study)와 토론 및 사회적 대화가 왜 필요한지를 부각시키고자 한다.

한국 사회에 인종주의가 존재하는가?

한국 사회는 이미 심각한 수준의 인종차별 사회다. '비(非)백인' 및 '비한국인' 이주민들에 대한 인종적 편견과 차별이 일상화된 지 오래다. 그럼에도 인종주의와 인종차별을 다른 나라의 일로 치부하거나 이주노동자들 또는 다문화가정과 관련된 최근 문제로 간주하는 시각이 팽배하다. 한국의 인종주의는 최근에 발생한 사회 현상이 아니다. 19세기 말 조선의 엘리트들에 의해 수용된 서구의 인종주의와 인종주의적 서열 의식이 역수입되어 한국인들이 다른 인종과 문화를 바라보는 시각에 영향을 미치게 된 배경도 있지만, 그 이전부터 존재했던 같은 혈통을 가졌다는 신화적 믿음에 근거한 단일민족주의, 유교적 세계관에서 비롯된 중화사상, 화이관(華夷觀)과 결합한 측면도 있다.[3] 뿐만 아니라 일제강점기를 거치면서 일본인들에게 나라를 빼앗기고 차별을 받은 경험이 한국인들의 종족민족주의 정서에 영향을 끼치면서, 스스로를 피해자로 인식하는 한국 사회

인종주의의 특징이 형성되기도 했다.4

인종주의는 타자 또는 외부의 논점에서만 작동하는 게 아니라 '순수한 인종'으로서의 '우리', 즉 '한국 사람'을 만들어 가는 과정이기도 하다. 따라서 한국 사회 인종주의의 차별성을 이해하기 위해서는 '민족' 개념에 대한 이해가 필수적이다. 아시아에서 민족(nation의 번역)이란 용어를 처음 쓴 것은 일본이고, 민족이란 말이 한국에 처음 등장한 시기는 20세기 초로 알려져 있다. 박찬승의 주장에 따르면 한국에서 민족이라는 말이 처음 쓰인 것은 1900년 1월 12일자 「황성신문」이다.5 「황성신문」의 '기서'(奇書)에 "백인민족"(白人民族)과 대비되어 사용되는 "동방민족"(東方民族)이 나오는데, 여기서 쓰인 '민족'이 '인종'과 같은 의미로 사용되었다는

---

3 조선 초기에 확립된 세계 인식의 기본 틀은 화이관(華夷觀)이었다. 주자학에 바탕을 둔 화이관은 고대 중국인의 중화사상에서 출발한 것으로 중국 중심적인 세계관이다. 조선 시대 사람들은 스스로를 명나라와 함께 문명국인 '중화'(中華)로 설정하고, 주변 국가인 여진, 일본, 류큐, 동남아시아의 여러 국가를 '이적'(夷狄)으로 타자화하였다. 이종일은 사대부들을 중심으로 한 조선 시대의 배타적 의식은 임진왜란, 병자호란 이후에 더욱 뚜렷하게 드러났다고 주장하며, 이를 '조선 중심의 화이관'이라 명명한다. 이종일, "한국 인종 편견 형성 과정과 요인," 「사회과교육연구」 18-2 (2011): 73-89.

4 이세희, "왜 '우리'는 분노하는가?: 온라인 인종(차별)주의 담론 정치와 민족주의," 「비교문화연구」 27-1 (2021): 299-355. 이 논문에서 이세희는 한국의 민족주의와 인종주의가 온라인 공간에서 어떻게 관계를 맺는지를 2020년 한국의 '블랙페이스 논쟁'을 통해 살펴본다.

5 박찬승, "한국에서의 '민족' 개념의 형성," 「개념과 소통」 창간호 (2008. 6.), 99. 박찬승은 「황성신문」의 국채보상운동에 관한 논설에서도 '민족'과 '인종'이 같은 개념이라고 한다(99). 또한 '민족'이란 말이 「대한매일신보」에 처음 등장한 것은 1906년이고, 1907년 2월 국채보상운동이 시작되면서 자주 등장했다고 한다(100). 한국에서 '인종' 개념이 등장한 것과 관련해서는 나인호, "'인종'에서 '민족'으로: 한국적 인종주의의 탄생, 1880~1910," 이화여자대학교 아시아여성학센터 엮음, 『한국의 인종, 민족, 반/다문화』, 인종과젠더 총서 1 (동연, 2021), 13-42.

것이다.6 또한 일제 식민지 시대 이전 한국의 반흑인성을 연구한 김재균과 정문기에 따르면 백인에 대한 동경만을 드러내는 경향이 있었던 「독립신문」과 달리 당시 세상을 "인종적 전쟁터"로 본 「황성신문」은 백인을 흑인과 아메리칸 인디언을 몰살시켰던 것처럼 '황인'을 전멸시킬 수 있는 '적'으로 간주했다.7 흑인과 홍인이 소와 다를 바 없는 노예가 된 이유는 "지성이 없고 능력이 없기 때문"이며, 한국인(Korean)이 이러한 운명에서 벗어날 수 있었던 까닭은 "새로운 학문을 추구함으로써 지성과 능력을 갖추고 자유에 대한 권리를 유지할 수 있었"기 때문이란 논리를 펼쳤다.8

일제강점기에는 이렇듯 개화기 지식인들로부터 수입된 백인우월주의, 인종주의로 인해 한국인들 사이에서 비백인에 대한 차별 의식이 서서히 자리 잡기 시작한 동시에, 한국인들이 일본인에 의해 인종차별의 대상이 되기도 했다. 억압과 차별의 정도와 수위가 모든 식민지인에게 일률적으로 작동하지는 않았지만, 식민 지배 기간에 대다수 한국인은 강제징용, 일본군 '위안부' 동원, 경제적 수탈, 문화적 억압, 인권 침해 등 다양한 형태의

---

6 박찬승은 백동현의 논문을 인용한다. 백동현, "러일전쟁 전후 '민족' 용어의 등장과 민족인식: 「皇城新聞」과 「大韓每日申報」를 중심으로," 「한국사학보」 10 (2001), 163.
7 Jae Kyun Kim and Moon-Kie Jung, "'Not to Be Slaves of Others': Antiblackness in Precolonial Korea," Moon-Kie Jung and João H. Costa Vargas, eds., *Antiblackness* (Durham: Duke University Press, 2021), 157.
8 Ibid., 162. "연련화설법," 「황성신문」 1905. 8. 23., 2. '흑인'과 '홍인'을 열등한 인종으로 얘기하는 「황성신문」의 몇 가지 논설의 예는 다음과 같다. "홍황의 세에 홍수의 화가 미만소양하야 맹수의 해가 충일연수하매," 「황성신문」 1899. 5. 24., 1; "일작본보론설에 일본인자유도한을 변명하얏더니," 「황성신문」 1901. 10. 12., 1; "아포약관적사상," 「황성신문」 1910. 1. 22., 2.

차별과 억압을 경험했으며, 이러한 억압에는 일본에 의해 열등한 민족으로 간주된 인종주의가 큰 역할을 했다. 과거의 경험은 현재까지 영향을 미쳐, '자이니치들'에게는 일본 사회에서 외부인으로 취급받고 폭력의 대상이 되며 법적 권리와 사회적 기회에서 제약받는 원인으로 작용하는 한편,9 한국 사회 내에서는 피해자로서 스스로 정체성을 형성하여 자신들의 민족주의에 도덕적 정당성과 알리바이를 부여하는 '희생자의식 민족주의'(victimhood nationalism)로 발전했다.10

20세기 초부터 그리스도교 백인 선교사들을 통해서 구체화하기 시작한 '하느님에게 선택받은' 풍요롭고 광대한 미국과 '문명화'한 유럽에 대한 동경, 그것과 떼어놓을 수 없는 '우월한 인종' 백인에 대한 선망은 한국의 교회들이 아무런 이질감 없이 예수를 '푸른 눈의 백인'으로 받아들이도록 했다. '부유한' 그리스도교국가인 미국에 대한 동경은 한국전쟁을 계기로 미국으로부터 대량의 군사적, 물적 지원을 받으면서 고착되었다. 또한 전쟁 당시 미군 내에서 행해지고 전쟁 이후 미군 기지촌으로 확대된 적나라한 인종차별을 목격하면서 흑인에 대한 편견도 한국인의 의식

---

9 "'자이니치'는 재일 동포를 가리키는 '재일'(在日)의 일본어 표기"라고 하면서, 김웅교는 "'재일'이라는 용어 자체에는 이미 한반도 중심으로 대상을 바라보겠다는 의식이 내재"해 있기에 "그들 스스로를 지명하는 '자이니치'라는 용어가 차별과 소외를 표상하는 디아스포라의 속성을 가장 잘 드러내는 용어"라고 한다. 최재봉, "자이니치 문학을 끌어안기 위하여," 「한겨레신문」 2020. 3. 13., https://www.hani.co.kr/arti/culture/book/932417.html (검색일 2024. 9. 10.).

10 "희생자의식 민족주의"는 후속 세대들이 앞 세대가 겪은 피해자의 경험과 지위를 세습하고, 세습된 희생자의식을 통해 자신들의 민족주의를 정당화하는 기억 서사다. 임지현, 『희생자의식 민족주의 - 고통을 경쟁하는 지구적 기억 전쟁』 (후마니타스, 2021), 24-25.

속에 깊이 스며들게 되었다. 이와 더불어 19세기 말 한반도에 정착한 화교들 또한 지난 100여 년간 한국에서 사회적, 문화적, 법적으로 인종차별을 받아 왔다. '비백인'들, 특히 흑인에 대한 이러한 편견과 한국계 흑인 혼혈인에 대한 차별은 주한미군방송(AFKN: American Forces Network Korean, 1957~1996)을 비롯하여 백인 중심 대중매체 소비를 통해 습득되고 심화되었다.

이러한 역사적 배경을 갖는 한국 사회의 인종주의는 한국이 아시아에서 패권 국가로 성장하게 되면서 구체적으로는 비서구권 지역에서 한국으로 오는 비한국인이면서 동시에 비백인인 이주노동자들에 대한 인종차별로 확장되며 심각한 사회 문제를 일으키고 있다.[11] 1990년대부터 가파르게 증가하기 시작한 동남아시아나 아프리카에서 온 이주노동자들과 그들의 가족, 중국 동포와 북한 이탈주민들, 한국인 남성과 결혼한 이주 여성들과 그들의 '다문화가정'에 대한 무관심과 차별, 한국인 여성과 결혼한 비백인 이주 남성에 대한 차별적 정책, 2018년 제주에 온 예멘 난민들에 대한 젠더화된 혐오 발언과 행동, 최근 대구 이슬람사원 건축 갈등의 사례들은 한국 사회의 인종주의가 국제 지정학적 질서와 글로벌 자본주의 체제 및 그리스도교의 영향력과 깊은 관계가 있다는 것을 보여 준다.[12]

---

11 유엔은 이미 10여 년 전부터 대한민국 인권에 대해 가장 개선해야 할 것으로 국가안보와 시민 자유의 균형과 함께 인종차별을 지적했으며, 2018년 유엔 인종차별철폐위원회는 "한국의 인종차별이 국가적 위기로 이어질 수 있다"며 우려를 나타냈다. "유엔, 한국 인종차별 경고… 국가적 위기로 이어질 우려,"「KBS 뉴스」2018. 12. 5., https://news.kbs.co.kr/news/pc/view/view.do?ncd=4088519 (검색일 2024. 8. 5.).

한국 사회에 팽배한 인종주의는 사회, 문화, 정치, 경제적 흐름 등을 포괄하는 총체적인 맥락 속에서 이해할 필요가 있다. 특히 한반도의 역사적 경험과 지정학적 독특성을 주목해야 하고, 21세기 미국의 '대테러 전쟁' 및 격변하는 아시아의 군사 지정학적 상황도 간과할 수 없다. 또 신자유주의적 자본주의 체제의 확대로 인한 빈곤층과 이주노동자 급증, 전쟁과 환경문제로 생겨난 난민 상황도 반드시 살펴보아야 한다. 그런 점에서 인종주의는 국가적 문제인 동시에 초국적(transnational) 문제이기도 하다. 여성학 연구자 챤드라 모한티(Chandra Talpade T. Mohanty)는 초국적 시각에서 이제 "인종과 다문화주의의 도전은 더 이상 미국이라는 지리적 영역에 국한되지 않는 '글로벌한 컬러 라인'(global color line)을 이해하는 데 있다"고 하면서, 인종이라는 범주는 "고정된 것이 아니라 유동적인 사회적, 역사적 형성"이라고 주장한다.13 사회학 연구자 나디아 킴(Nadia Y. Kim)도 개별 국가를 분석의 단위로 여기는 '방법론적 민족주의'(methodological nationalism)를 비판하면서, 국경을 넘는 '다중-현장 조사 작업'(multi-site fieldwork)을 통해 한국 내와 미국 내에서의 '제국주의적 인종 형성'(imperialist racial formations)을 초국적 시각에서 연구한다. 그는 미국이 문화 · 경제 · 군사적으로 그 힘을 확장해 나갔던 냉전 시대에 미국의 지배를 받거나 영향력 아래 놓여 있는 나라들을 미국 사회의 '백인-흑인 질서'(White-Black order)를 통해

---

12 대구 이슬람사원 갈등에 관해서는 육주원 · 이소훈, "대구 북구 이슬람사원 갈등을 통해 본 인종주의의 위장술," 「아시아리뷰」 12-1 (2022): 33-65.
13 Chandra Talpade Mohanty, *Feminism Without Borders: Decolonizing Theory, Practicing Solidarity* (Durham & London: Duke University Press, 2003), 213.

'인종적으로 미국화'시켰다고 주장한다.14 즉, 미국의 인종주의, 특히 반흑인 인종주의가 다양한 경로를 통해서 미국의 종속적 '우방국'인 한국과 다른 나라에도 영향을 미쳤고, 미국으로 이민을 떠난 한국인들도 이민 가기 이전부터 이미 흑인에 대한 부정적 시각과 태도를 형성하게 되었다는 것이다.15

1990년대로 들어서면서 한국은 다른 아시아 국가 출신의 노동자들이 가장 선호하는 이주 목적지 중 한 곳이 되었다. 전례 없이 많은 숫자의 그리고 대부분이 '저숙련' 또는 '비숙련'인 이주노동자들을 한국이 받아들인 이유 중 하나는 '더럽고, 위험하고, 어려운'(dirty, dangerous, and demanding/difficult) '3D 직종'에서 발생한 노동력 부족이었다. 소위 개발도상국 또는 저개발 아시아 국가에서 온 남성 이주노동자 대부분이 건설 및 제조업에 고용된 반면, 여성 이주노동자들은 제조업뿐만 아니라 식당, 개별 가정에서의 청소, 가사, 간병 등의 일을 도맡았다.16 대부분이 러시아

---

14 Nadia Y. Kim, *Imperial Citizens: Koreans and Race from Seoul to LA* (Stanford, CA: Stanford University Press, 2008).

15 Ibid., 37.

16 Nami Kim, *The Gendered Politics of the Korean Protestant Right: Hegemonic Masculinity* (Palgrave Macmillan, 2016), 116. 산업재해로 죽거나 다치는 이주노동자들이 증가하지만, 산업재해로 인정받지 못한 죽음이나 부상은 통계로도 잡히지 않는다. 우춘희, "'한국에 죽으러 오지 않았다': 폭염 속 이주노동자,"「일다」 2024. 7. 30., https://www.ildaro.com/9967 (검색일 2024. 8. 5.). 최근 한국의 '외국인노동자' 증가에 관한 기사는 Jung-woo Cho, "Foreign workers in Korea hit all-time high of over 1 million, earnings also on the rise," *Korea ChoongAng Daily* 2024. 12. 17., https://koreajoongangdaily.joins.com/news/2024-12-17/national/socialAffairs/Foreign-workers-in-Korea-hit-alltime-high-of-over-1-million-earnings-also-on-the-rise/22

나 필리핀 출신으로, 한국 여성들을 대체하여 '기지촌 여성'을 포함한 성산업에 고용된 여성 이주노동자들도 빼놓을 수 없다. 또한 최근 한국 정부의 '저출산' 대책의 일환으로 시도된 필리핀 출신 '가사관리사'는 이제 공단이나 농촌뿐 아니라 대도시와 가족 공간에 이주노동자들이 공존하며 한국인과의 관계에서 인종 서열화를 본격적으로 가시화할 것으로 전망되어 우려를 낳고 있다. 이렇듯 이주노동자들의 노동력을 싼값에 사들여 이윤을 확대하는 기업의 착취 시스템은 사업주의 권리만 보장하는 고용허가제 등 불합리한 법과 정책의 지원을 받으며 이미 거대한 차별 구조로 굳어가고 있다. 이주노동자들을 한국의 먹이사슬 가장 밑바닥에 고정시키고 관심의 사각지대로 밀어 버리는 한편, 정당한 노동 대가를 지불하지 않거나 기본적인 권리를 누릴 자격과 기회를 박탈하는 것이 당연하다는 차별적 사고방식이 자연스럽게 사회 속에 스며 있는 것이다.[17]

일상에 침투한 이주노동자들에 대한 차별은 한국에 거주하는 외국인들을 지칭하는 용어와 다문화 정책에서도 드러난다.[18] 예를 들어 영어 학원이

02871.

[17] 이와 관련된 한 예로 한국에서 부모가 미등록 이주노동자이면 자녀도 서류상 '존재하지 않는' 이주 아동이 되고, 따라서 국가나 지자체로부터 어떤 혜택이나 지원도 받을 수 없다고 한다. 나경희, "저출생이라면서, 받아주지 않는 2만 명 아이들," 「시사IN」 2024. 12. 26., https://www.sisain.co.kr/news/articleView.html?idxno=54566 (검색일 2024. 12. 30.).

[18] 한국 사회에서 다문화에 대한 논의를 '일상적 인종주의' 관점에서 분석하면서 '다문화'라는 용어가 인종차별적일 수 있다는 것을 보여 주는 연구는 김범선·조영한, "한국의 일상적 인종주의에 대한 고찰 — 다문화가정 자녀에 대한 뉴스 담론을 중심으로," 「한국언론학보」 65-1 (2021): 71-103.

나 대형 회사 등 사무직이나 전문직에 종사하는 백인 노동자를 외국인노동자로 지칭하는 경우는 드물지만, 동남아시아나 아프리카에서 온 노동자들은 외국인노동자 또는 이주노동자로 부른다. 이와 관련해서 하상복은 "한국인의 내면에 작동하는 이주노동자라는 기표는 미개한 '인종'과 천한 '하층 계급'이다"라고 지적한다.19 한국 근현대사에서 통용되어 온 인종주의적 명칭은 이 외에도 다양하다.20 이주민들의 한국 사회로의 동화정책의 대상인 '다문화가정'도 주로 한국 남성과 결혼한 중국, 동남아 여성 이주민들로 이루어진 가정을 가리키는데, 이런 결혼이주민들은 전체 이주민의 일부분이다.21 이와 달리 한국에 거주하는 백인 가정들은 '글로벌 패밀리'라 불리며 다문화가정과는 다른 선망의 대상이 되거나 '우리 문화'를 습득하고자 노력하는 '겸손한' 외국인들로 묘사된다. 이렇듯 다문화/다인종 국가로서 한국은 이미 인종적으로 나눠진 노동시장을 생성하고 유지하는 데 핵심적인 역할을 하는 '인종 국가'(racial state)이다.22

인종적 타자의 범주에 타 인종 이주민들뿐 아니라 북한 이탈주민과

---

19 하상복, "황색 피부, 백색 가면: 한국의 내면화된 인종주의의 역사적 고찰과 다문화주의,"「인문과학연구」33 (2007), 547.
20 정회옥,『한 번은 불러보았다, 짱깨부터 똥남아까지. 근현대 한국인의 인종차별과 멸칭의 역사』(위즈덤하우스, 2022).
21 하상복, "황색 피부, 백색 가면," 545.
22 Jin-Kyung Lee, *Service Economies: Militarism, Sex Work, and Migrant Labor in South Korea* (Minneapolis, London: University of Minnesota Press, 2010), 187. 한국은 1978년 유엔 인종차별철폐협약에 가입했지만, 인종차별에 관한 포괄적인 법안이 부재하다.

중국 동포도 포함된다는 사실과 그들 안에서도 젠더에 따라 인종적 타자화가 다르게 나타난다는 것을 감안한다면, 한국 사회의 인종주의는 비백인 이주노동자들과 난민들에게만 영향을 미치는 것이 아니라는 것을 알 수 있다. 즉, 한국 사회의 이주민과 난민 혐오는 단지 피부색의 다름과 언어적, 정서적 이질성 때문이 아닌 한국 사회의 다양한 소수자들에 대한 인종화(racialization) 과정과 그들에 대한 배제와 혐오, 차별과도 맞물리면서 복잡하고 중층적인 양상을 드러낸다. 한국 사회의 인종주의는 단순히 피부색이 다른 타자를 차별하는 것이 아니라 계급, 젠더, 섹슈얼리티, 장애, 지역, 국적 등에 따라 사회에 이미 존재하는 다양한 불평등과 차별 및 억압 구조들과 맞물려 작동되고 있는 것이다.

인종과 인종주의는 어떻게 정의되는가?

인종(race)은 한 가지 정의로 이해될 수 있는 보편적이고 단일한 개념이 아니다. 근대 이후 서구 사회만 보더라도 19세기에는 '생물학'적 차이에 근거한 인종 간의 우열을 '과학적'으로 증명할 수 있다는 '과학적 인종주의'(scientific racism)가 지배적이었고, 20세기 초에 들어서면서는 인종 개념이 민족 혹은 국가와 같은 개념으로 사용되기도 했다.[23] 1970년대 중반

---

23 Mae M. Ngai, *Impossible Subjects: Illegal Aliens and the Making of Modern America* (Princeton, Oxford: Princeton University Press, 2004), 23.

미국에서 나오기 시작한 비판적 인종 이론(critical race theory)은 인종주의와 경제적 억압 사이의 관계에 주목하면서, 인종차별의 구조적인 성격을 강조하고, 개인의 편견을 넘어서서 법률, 정책 그리고 제도적 관행이 어떻게 인종차별을 지속시키는지 살펴볼 수 있는 시각을 제공한다.[24] 이를 통해 배제와 차별을 정당화하는 지배적 서사를 검토하고 질문할 수 있고, 표면상 중립적인 이민 정책과 공적 담론의 인종주의적 기반을 드러낼 수 있으며, 이민법과 난민 정책이 특정 인종이나 민족 집단에 대해 본질적으로 편향될 가능성 또한 밝혀낼 수 있다. 북미와 유럽의 인종주의를 기반으로 발전한 비판적 인종 이론을 한국 사회의 인종주의에 적용하는 것은 한계가 있지만, 비판적 인종 이론이 강점으로 갖고 있는 풍부한 예와 정교한 논리를 살펴보는 것은 한국 사회의 인종주의를 이해하는 데 도움이 될 것이다.

비판적 인종 이론은 인종(race)과 인종들(races)을 '사회적 사고와 관계의 산물'이라 규정하고, 인종을 다음과 같이 정의 내린다:

[인종은] 객관적이거나 내재적이거나 고정된 것이 아니고, 생물학적 또는 유전적 실체에 해당하지 않으며, 오히려 사회가 편의에 따라 발명하고 조작하거나 폐기하는 범주이다. 물론 공통의 기원을 가진 사람들은 피부

---

[24] Delgado and Stefancic, *Critical Race Theory*; Kimberle Crenshaw, Neil Gotanda, Gary Peller, and Kendall Thomas, eds., *Critical Race Theory: The Key Writings That Formed the Movement* (The New Press, 1996).

색, 체격, 모발 질감 등 특정 신체적 특성을 공유한다. 하지만 이는 유전적 기질의 극히 일부에 불과하며, 인간이 공통적으로 가지고 있는 것에 비하면 아주 작은 부분이고, 성격, 지능, 도덕적 행동과 같은 인간 고유의 고차원적 특성과는 거의 또는 전혀 관련이 없다. 사회가 종종 이러한 과학적 사실을 무시하고 인종을 만들고 '영구적인 것처럼 인식하게 하는'(pseudo-permanent) 특성을 부여하는 것은 비판적 인종 이론의 큰 관심사이다.[25]

이처럼 '인종'은 사회 내에서 특정 집단의 인간을 타자로 분류하는 '사회적으로 구성된'(socially constructed) 개념이다. 인종이 사회적으로 구성된 개념이라는 것은 인간을 구별되는 집단으로 분류하는 행위와 이념 자체가 특정한 역사적, 사회적, 정치적 상황 속에서 만들어졌고, 이에 따라 변화해 왔다는 것을 의미한다. 분류된 인종들 사이에 서열이 있고 가장 우월한 인종의 지배를 정당화하는 것이 인종주의적 이념이며, 이는 구조적, 제도적 인종주의의 기반이 된다.

근대 유럽에서 사용되기 시작한 '인종' 개념은 유럽 열강의 식민 지배의 산물이라고 보는 시각이 일반적이지만, '인종 자본주의'(racial capitalism)를 체계적으로 이론화한 세드릭 로빈슨(Cedric Robinson)은 "서구 인종주의의 뿌리는 자본주의가 시작되기 훨씬 이전부터 유럽 문명에 자리 잡았다"고

---

[25] Richard Delgado and Jean Stefancic, *Critical Race Theory: An Introduction*, 3rd ed. (NYU Press, 2017), 7-8.

하면서, "프롤레타리아트의 인종화"(the racialization of the proletariat)와 "백인성의 발명"(the invention of whiteness)은 유럽이 아프리카 및 '신대륙'의 노동과 만난 근대 훨씬 이전부터 유럽 자체 내에서 시작되었다고 주장한다.26

근대 유럽에서 분류된 네 가지 범주의 인종은 유럽의 백인, 아메리카 대륙의 홍색인, 아시아의 황색인 그리고 아프리카의 흑인이었다.27 '열등'한 인종들은 인간 이하(subhuman)이거나 비인간, 동물은 아니지만 마치 동물 같은 존재로 취급되었다. '황색 아시아인'들이 서구를 위협하는 것으로 여겨질 때마다 사용되었던 '황화 위협'(Yellow Peril)이란 표현은 19세기 말 미국의 중국 이민 제한 정책을 실시했을 때, 제2차 세계대전 중 일본계 미국인들을 집단 수용소에 보냈을 때, 냉전 기간 중 중국의 위협을 묘사할 때, 미국이 일본이나 중국과 경제적 마찰이 있을 때 등 정치적, 경제적 이익이 충돌할 때마다 되살아났고 아시아계 미국인들을 차별하는 주된

---

26 Robin. D. G. Kelley, "Foreword," Cedric Robinson, *Black Marxism: The Making of the Black Radical Tradition* (The University of North Carolina Press, 2000), xii (Robinson, *Black Marxism*, 1st ed. [1983]). 제랄딘 홍(Geraldine Heng)도 '인종'과 '인종주의'가 근대 시기(16세기 이후)에 시작되었다는 일반적인 가정에 문제를 제기하면서, '인종'이라는 용어가 서구에서 본격적으로 사용되기 전에 이미 '인종적 사고', '인종적 법', '인종적 관례' 및 '인종적 현상들'이 중세 시대(12~15세기) 유럽에서 존재했다는 것을 밝힌다. 특히 중세 시대에 쓰인 '인종'이라는 개념이 종교적 사상들과 어떻게 복잡하게 얽혀 있었는지를 보여 준다. Geraldine Heng, *The Invention of Race in the European Middle Ages* (Cambridge University Press, 2018).
27 근대 '분류학의 아버지'로 알려진 칼 리네우스(Carl von Linne; Carl von Linné로 불리기도 함)는 인종을 네 집단으로 분류했다. Carolus Linnaeus, *The Systema Naturae* (1735).

표현으로 사용되었다. 이와 더불어 북미와 유럽 백인우월주의의 한 축인 오리엔탈리즘(orientalism) 또한 '아시아인', 아시아 디아스포라와 아시아계를 '서구', '서구인'(백인)과 대립되는 것으로 타자화하는 인종적 기제로 작동하며 반아시아 인종주의를 문화적 기호로 정착시켰다.[28] 아시아인에 대한 서구의 시각은 이렇듯 다양한 역사적 계기들과 결합하여 복합적인 형태로 표현된다. 황색 위협으로 묘사하여 '위협적인' 존재로, 두려움과 부정적인 편견의 대상으로 간주하는가 하면, '이국적인' 취향을 자극하여 욕망과 숭배의 대상으로 페티시화(fetishization)하고, 동시에 유순하고 순응적인 인종인 '이상적 소수자'(model minority)로 '추대'하기도 하는 것이다. 각각의 시각과 편견은 단일하게 혹은 복합적으로 반아시아 차별을 합리화하는 데 동원되곤 한다. 예를 들어 이상적 소수자 이데올로기는 성공한 소수의 아시아계 사람들의 내러티브를 미화하여 서구 사회의 구조적 인종차별을 감추고 흑인과 다른 소수인종들에 대한 차별을 강화하는 데 이용되어 아시아 사람들과 타 인종 간의 갈등을 부추겨 왔다.[29] 또한 오리엔탈리즘에 기반을 둔 아시아인에 대한 페티시즘은 아시아계 남성들을 종종 '여자같이 나약'(effeminate; emasculated)한 존재로 대상화

---

28 J. J. Clarke, *Oriental Enlightenment: The Encounter Between Asian and Western Thought* (New York: Routledge, 1997).
29 Gary Y. Okihiro, *Margins and Mainstreams: Asians in American History and Culture* (Seattle: University of Washington Press, 1994); Madeline Y. Hsu, *The Good Immigrants: How the Yellow Peril Became the Model Minority* (Princeton, NJ: Princeton University Press, 2015).

하고 아시아계 여성들을 '이국적'(exotic), '과잉성욕적'(hypersexual)으로 대상화하여 소설, 영화, 광고 등 다양한 미디어의 소재로 소비함으로 아시아인에 대한 그릇된 편견을 만들어 왔다.[30] 코비드-19가 한창이던 2021년 미국의 조지아주의 수도 애틀랜타에 있는 마사지 스파 업소에서 여섯 명의 아시아 여성이 보수 기독교인임을 내세운 백인 남성에게 잔인하게 살해된 사건은 오리엔탈리즘, 젠더화된 인종차별, 인종화된 여성 혐오, 인종화된 계급 질서, 아시아에서의 미국 전쟁과 군사주의, 반-성노동(anti-sex work) 정서와 그리스도교가 어떻게 얽혀 있는지를 극명하게 보여주는 사례다.[31]

인종이 사회적으로 형성된 개념이듯, '인종화'는 공유된 행동이나 관습 또는 신체적 속성이 있다는 가정에 근거하여 이질적인 집단에 본질적인 것으로 추정되는 특성을 부여하는 현상을 가리킨다.[32] 즉, 인종화는 '인종

---

[30] Celine Parreñas Shimizu, *The Hypersexuality of Race: Performing Asian/Asian American Women on Screen and Scene* (Durham, NC: Duke University Press, 2007).

[31] 2021년에 발생한 애틀랜타 스파 총격은 미국의 한인 디아스포라에 충격을 주었지만, 미국 사회의 소수인종 집단 중 하나인 한인 디아스포라 내에서도 소외된 디아스포라가 있다. 캠프타운의 디아스포라, 입양인 디아스포라 등이 그 예다. Grace M. Cho, "Diaspora of Camptown: The Forgotten War's Monstrous Family," *Women's Studies Quarterly* 34-1, 2 (2006): 309-331; Jodi Kim, "'The Ending Is Not an Ending at All': On the Militarized and Gendered Diasporas of Korean Transnational Adoption and the Korean War," *Positions: Asia Critique* 23-4 (Fall 2015): 807-835; Keun-joo Christine Pae and Boyung Lee, *Embodying Anti-Racist Christianity: Asian American Theological Resources for Just Racial Relations* (Palgrave Macmillan, 2023).

[32] Khyati Y. Joshi, "The Racialization of Hinduism, Islam, and Sikhism in the United

적'인 특징들을 특정 집단의 사람들이나 대상에게 부여해서 그(것)들의 '인종 정체성'을 형성하는 과정이다. 그런 과정을 통해서 인종화된 그룹이나 대상에 대한 분류, 배제, 소외, 차별 등이 따른다. 인종적 특징들은 소위 '신체적' 특징들에 제한되지 않고 문화, 종교, 행동양식, 출신 지역, 언어, 관습, 의복 등을 포함한다. 예를 들어 무슬림은 이슬람을 따르는 종교인을 가리키는 용어지만, 무슬림이든 아니든 상관없이 무슬림으로 '보이거나' 또는 무슬림이 다수인 국가(Muslim-majority country)에서 온 사람들은 무슬림이란 인종으로 분류된다.

인종주의와 인종은 불가분의 관계이지만, 분명한 것은 인종에 대한 개념이 시대와 상황에 따라 다르게 정의되고 변해 왔다는 것이다. 앞에서 언급했듯이 19세기 말과 20세기 초 미국에서는 사이비 과학적(pseudo-scientific) 우생학 이론에 따라 사람들, 특히 외국인들에게 그에 상응하는 고정된 생물학적 특성을 부여했다.[33] 우생학은 태생적으로 존재하는 인종적 특성이 있다는 것을 증명한 것이 아니라 과학의 이름으로 인종주의를 '자연스러운 것'으로 정당화시킨 것이라고 할 수 있다. 즉, 인종을 분류하는 틀과 기제는 피부색 외에도 다양하며 얼마든지 확장과 변형이 가능하다. 그런 의미에서 20세기 말에 시작된 신인종주의(neo-racism) 개념과 '인종 없는 인종주의'(racism without races)에 관한 논의에 관심을 기울일 필요가 있다. 예를 들어 에티엔 발리바르(Étienne Balibar)는 피부색이나 유전적

States," *Equity and Excellence in Education* 39-3 (2006): 211-212.
33 Ngai, *Impossible Subjects*, 23.

차이보다 문화적 특색과 차이에 주목하고, 문화적 특성을 기준으로 사회의 주류 집단이 소수자를 차별하는 방식으로 구체화된다는 신인종주의 흐름에 대한 논의를 전개한다.[34] 성적, 인종적 은유를 통해 묘사되고 착취의 대상이 되는 '자연'(nature)과 환경 그리고 테크놀로지의 발전과 함께 드러나는 AI의 서구 문화 중심성 및 AI를 백인으로 인종화하는 경향 등은 인종화 과정과 의도가 인간에게만 제한되어 있지 않다는 것을 시사하면서, 인종 없는 인종주의에 대한 논의를 확대해야 할 필요성을 불러일으킨다.[35]

이러한 역사적, 문화적 배경들이 보여 주듯 인종주의는 단순히 다른 인종에 대한 개인적 편견의 산물이 아니라 지적, 도덕적, 미학적 가치를 지닌 '우월한' 인종이 '태생적'으로 열등한 인종을 착취하고 지배할 수 있다는 것을 정당화하는 이데올로기이며 법적, 정책적, 제도적, 문화적 차원에서 작동하는 구조적인 힘의 역학 관계이다. 그렇기에 억압적 이데올로기이며 구조인 인종주의를 논의하면서 식민주의와 인종 자본주의, 백인

---

34 '신인종주의'와 '인종 없는 인종주의'를 상호 호환적으로 쓰기도 한다. Étienne Balibar, "Is There a 'Neo-Racism'?," Étienne Balibar and Immanuel Wallerstein, *Race, Nation, Class Ambiguous Identities* (London & New York: Verso), 21. 인종 없는 인종주의(racism without races)와 관련해서는 "'Is there an option to go beyond racism?': Étienne Balibar and Immanuel Wallerstein on Race, Nation, Class," *Verso* September 3. 2019., https://www.versobooks.com/blogs/news/4428-is-there-an-option-to-go-beyond-racism-etienne-balibar-and-immanuel-wallerstein-on-race-nation-class?srsltid=AfmBOooWpkE3YJ-p245enHkrnHy1Rmt8ujH8aCBRSSzIEAWGFUNL9Uxg (검색일 2024. 9. 21.).

35 Stephen Cave and Kanta Dihal, "The Whiteness of AI," *Philosophy of Technology* vol. 3 (2020): 685-703; Ruha Benjamin, *Race After Technology: Abolitionist Tools for the New Jim Code* (Polity, 2019).

우월주의, 오리엔탈리즘 그리고 '이성애 가부장제'(heteropatriarchy)를 함께 논의하지 않을 수 없다. 이러한 이데올로기들은 모두 권력을 기반으로 하여 특정 부류의 인간이 다른 부류의 인간을 타자화하고 구조적으로 차별하는 메커니즘을 공유하기 때문이다. 이러한 힘의 역학 관계를 염두에 두면서, 한국 사회에서 인종주의를 논의할 때도 종족민족주의, 신자유주의적 자본주의 경제구조로 더욱 심화된 계급/계층 간의 갈등, 환경문제, 성차별, 출신 지역 그리고 능력주의/장애인 차별주의(ableism)와 어떻게 교차하고 관련하는지 살펴봐야 한다.

인종주의와 그리스도교는 무슨 관련이 있는가?

그렇다면 인종주의와 그리스도교를 왜 함께 논의해야 하는가? 그리스도교의 역사와 인종주의의 역사가 긴 만큼 이 질문에 대한 답변도 다양하다. 그중 한 가지 이유는 기나긴 인종주의 역사 속에서 그리스도교 성서와 교리가 다양한 구조적, 제도적, 이데올로기적 차원에서 행해진 차별과 배제 및 착취를 정당화하고 내면화하는 역할을 담당해 왔다는 것이다. 창세기 9:20-27의 '함의 저주'(the Curse of Ham) 이야기가 한 예다. 인종주의자들은 노아에게 비난을 받은 함을 아프리카인의 조상으로 간주하고 그 후손들이 저주받았다고 주장하여 흑인의 노예화를 정당화했다. 창세기 11:1-9의 바벨탑 이야기도 인종 분리를 정당화하는 데 사용되었다. 하느님이 인간의 언어를 혼잡하게 만들었다는 이유로 인종 간 분리가 신의 뜻이라는 해석이다. 레위기 25:44-46에서는 이스라엘 백성이 이방인을 노예로 삼을 수 있다는 내용이 나오는데, 이것이 외국인을 차별하는 성서적 근거로 사용되곤 한다. 그러나 이 구절은 고대 사회의 가부장적, 경제적, 법적 질서를 설명하는 것으로, 현대적 인종차별과 연결 지을 수는 없다. 신약성서 에베소서 6:5와 골로새서 3:22의 "종 여러분… 주인에게 순종하십시오"(새한글성서)라는 명령은 특히 19세기 미국에서 노예제를 정당화하는 도구로 사용되었다. 하지만 이 구절들은 그리스-로마 사회의 지배와 복종을 중심으로 구축된 사회구조의 영향 아래서 쓰인 것으로 성서를 관통하는 인간 존엄성의 메시지와 배치되므로 상황과 맥락을 고려하여 읽어야 한다.36 사도행전 17:26의 "그분(하느님)이 한 사람으로부터 인류의 모든 민족을 만드셔서 온 땅바닥 위에 자리 잡고 살게 하셨습니다"(새한글성서)라는 구절 또한 인종차별을 지지하는 데 사용되었지만, 본문의 맥락으로 본다면 오히려 모든 인류가 동일 기원을 가졌음을 강조하는 내용이다.37

---

36 페미니스트 신학자 엘리자베스 쉬슬러 피오렌자(Elisabeth Schüssler Fiorenza)가 만든 '키리아키'(kyriarchy)라는 용어는 희랍어 kyrios(κυριος, lord, master)와 archō(αρχω, rule, govern)를 합친 단어로 신약성서의 배경이 되는 사회를 설명한다. 키리아키는 상호 연결되어 작동하는 지배, 억압, 복종을 중심으로 구축된 사회 시스템을 가리키는 용어로, 젠더에만 기반을 둔 가부장제 개념을 교차적으로 확장한 것이다. 예를 들어 가부장제 개념으로는 여성 노예와 여성 주인의 관계를 설명할 수 없지만, 키리아키는 젠더로만 설명되지 않는 그 두 그룹의 지배와 복종 관계를 분석하고 설명할 수 있다. 키리아키는 성차별, 인종차별, 연령 차별, 능력주의, 이성애주의, 트랜스포비아, 계급주의, 식민주의, 군사주의, 종족민족주의, 언어주의 및 한 개인이나 집단이 다른 집단에 종속되는 것이 내면화되고 제도화된 여러 형태의 지배 구조를 포괄하는 개념이다. Elisabeth Schüssler Fiorenza, *But She Said: Feminist Practices of Biblical Interpretation* (Beacon Press, 1992).

37 성서와 인종주의의 연관성에 대해서는 Chase Alexander Thompson, *The Bible and*

이렇듯 인종주의를 정당화해 온 성서 해석이 있다면, 예수의 '백인 남성성'이 상징하는 것과 그 파장에 관한 신학적 논쟁도 빼놓을 수 없다. 예를 들어 에드워드 블룸(Edward J. Blum)과 폴 하비(Paul Harvey)는 공동 저서인 『그리스도의 (피부)색』(*The Color of Christ: The Son of God and the Saga of Race in America*)에서 지난 5세기 동안 미국에서 진행된 '백인' 예수 만들기와 그 이미지의 재생산 과정에서 작동한 백인우월주의, 인종주의, 미 제국주의 그리고 그리스도교 선교의 긴밀한 연관성에 대해 논의한다. 그들은 미국에서 새로운 이민자들의 증가가 "백인성(whiteness)의 범주와 그리스도의 모습을 백인 남성으로 더욱 엄격하게 규정" 짓게 하는 기폭제가 되었고 백인 예수의 이미지가 "제국주의를 상징하는 큰 백인 형으로서 '반은 악마 같고 반은 아이 같은' 외국인들에게 수출"되어 왔다고 주장한다.38 백인 예수 형상에 대한 저항의 이미지로 '흑인' 예수 및 '붉은' 예수의 형상이 제시되기도 했지만, 당연하게 받아들여지는 백인 예수의 모습을 극복하기에는 역부족이다. 예수의 이미지가 백인 남성으로 기정사실화된

Racism: What the Bible REALLY Says about Racism (n.p.: CreateSpace Independent Publishing, 2017); David M. Goldenberg, *The Curse of Ham: Race and Slavery in Early Judaism, Christianity, and Islam* (Princeton: Princeton University Press, 2005); Miguel A. De La Torre, *Reading the Bible from the Margins* (Maryknoll, NY: Orbis Books, 2002).

38 Edward J. Blum and Paul Harvey, *The Color of Christ: The Son of God & The Saga of Race in America* (Chapel Hill, NC: The University of North Carolina Press, 2012), 143, 159. 이 책에 관한 내용은 김나미, "그 '백인 남성'은 누구인가?,"「뉴스M」 2016. 1. 27., https://www.newsm.com/news/articleView.html?idxno=15709 (원출처: 웹진「제3시대」).

것은 백인우월주의 사회의 현상이지만, 한국의 많은 교회들도 이런 백인 남성 예수와 그의 '아버지'인 하느님을 당연하게 받아들이고 있는 것이 현실이다. 여기서 주목해야 할 인종주의 이데올로기는 예수의 피부색이 그저 흰색이라는 것이 아니라 예수와 하느님을 대표하는 '백인성'이 상징하는 것이다. 즉, 백인성은 '선함'과 '우월성'을 상징하며, 그것과 대조되는 검은색이나 갈색은 '종속적'이거나 '열등한' 상태 그리고 '악함'을 상징한다. 그런 위계질서가 하느님의 '창조 질서'라고 믿게 되면서 흑백 간의 인종적 위계질서뿐 아니라 젠더의 위계 관계 또한 신학적으로 정당화된다. 예수와 그의 아버지인 하느님은 백인인 동시에 남성이기 때문이다.39

인종주의와 그리스도교를 같이 논의하는 다른 이유는 인종주의와 인종화가 문명화(civilization)와 연관되어 있으며, 이 과정에서 그리스도교가 수행해 온 역할이 우리가 지금 문화와 타 종교를 이해하는 데도 여전히 영향을 끼친다는 것이다. 식민주의 역사를 보면 문명화의 척도가 종교에 의해 가늠되는 경우가 많았고, 가장 '진보'한 서구 백인 문명을 가능케 한 종교는 그리스도교, 그중에서도 개신교였다. '덜 문명화'된 비백인들의 종교는 '원시적'(primitive) 종교 또는 '컬트'(cult)나 '미신'(superstition), 심지어 '마술'(magic)로 분류되기도 했다.40 19세기 조선 시대에 조상 제사를

---

39 워머니스트(womanist) 신학자 재클린 그랜트(Jacquelyn Grant)는 예수의 남성성만을 얘기하는 것은 인종차별의 경험이 없는 백인 여성의 경험을 표준화하고 우선시하는 것이기에 예수의 남성성과 인종 모두를 비판적으로 재해석하고 구성해야 한다고 주장한다. Jacquelyn Grant, *White Women's Christ and Black Women's Jesus: Feminist Christology and Womanist Response* (Scholars Press, 1989).

놓고 가톨릭에서 벌어진 논쟁이나 대부분의 개신교에서 아직도 조상 제사를 용납하지 않는 입장, 선교사들이 무교를 미신으로 폄하했던 사례들, 무교가 종교가 아닌 무속으로 분류되었던 것도 종교들을 문명화의 척도로 간주해 온 문명화론과 연관성이 있다. 이승만 정권하에서도 '미신 타파'라는 명목하에 무교가 핍박을 받았고, 1970년대 초 농촌 지역의 근대화 작업이었던 새마을 운동으로 민간신앙의 흔적을 지우는 작업이 적극적으로 진행되기도 했다. 21세기에는 '개신교 강국' 또는 '선교 강국'이 된 한국의 그리스도교가 타 지역에 가서 그곳의 민간신앙이나 전통 신앙을 상대로 미신 타파와 비슷한 상황과 역학 관계를 재생산하고 있다.

무엇보다 인종화는 사회의 지배적인 성역할 규범과 성정체성 규범에 따라 판단되고 비하되는 과정을 통해 젠더화(gendered)하는 과정을 동반한다. 종교나 문명화의 우열을 측정하는 데 쓰였던 서구 식민지 담론의 수사학적 장치 중 하나는 '여성의 지위'였다. 즉, 여성을 존중하고 잘 대우하는 종교가 우월하다는 것인데, 그리스도교가 그런 '우월한' 종교로 당연시되었다. 반면 이슬람은 여성을 억압하는 종교로 간주되었는데, 무슬림 여성들의 의상이 이슬람 국가들의 비문명화의 상징이라는 것이었

---

40 미국 헌법에서 보장하는 기본 권리로서 '종교의 자유'가 미국 원주민들의 '전통'들에는 1978년까지 주어지지 않았다. 이와 관련하여 종교로서의 기본 권리를 헌법에서 보장받는 것이 필요하다는 입장이 있지만, 원주민들의 전통을 '종교'로 분류하는 것이 원주민들의 세계관을 왜곡하는 '식민지적 강요'라고 보는 입장도 있다. Paul Hedges, *Understanding Religion: Theories and Methods for Studying Religiously Diverse Societies* (University of California Press, 2021), 183.

다.[41] 인종주의 이해에 있어서 역사적으로 인종과 젠더, 종교, 식민주의 및 제국주의가 어떻게 연관되어 있는지 보여 주는 사례다. 젠더화, 성적 대상화를 포함한 인종화(gendered and/or sexualized racialization)가 종교와 연관되는 사례들은 9.11 이후 이슬라모포비아(Islamophobia) 담론에서 더욱 심하게 나타난다. 즉, 무슬림 여성들을 일반화하여 무슬림 남성 폭력의 피해자이자 가부장적 이슬람교에 의해 억압받는 수동적인 희생자로 묘사하거나, 한편으로는 테러리스트들을 낳고 기르는 여성들로 표상하는 경우다. 반면에 무슬림 남성들은 폭력적이고, (잠재적) 테러리스트이고, 가부장적이고, 여성 혐오적인 자들로 묘사된다. 몇 년 전 자국의 전쟁을 피해 제주도에 온 예멘 난민들의 수용 거부에서도 이러한 이슬라모포비아 담론이 재생산되었다. 예멘 난민 가운데 무슬림 남성들이 한국 여성에게 위험한 '성폭행범', 예멘 여성들의 '인권 침해자'로 묘사되는 반면, 한국의 불특정 남성들은 여성들의 '인권 수호자', '반성폭력 지지자'라는 대립 구조가 형성된 것이다. 예멘 난민 수용 거부 청원과 소셜 미디어에서 재생산되고 유통되는 이슬라모포비아 담론에서는 '한국 여성'을 타 민족/인종 남성으로부터 '보호'하는 '한국 남성'이라는 가부장적 종족민족주의가 드러났고, 한국은 마치 성폭력이 없고 여성의 인권이 보장되며 여성을 객체화하지 않는 문명화된 나라라는 담론을 생산하면서, 한국 사회에서 빈번하게 발생하는 성폭력, 성차별, 여성 혐오를 축소하고 지우는 기능을

---

41 Leila Ahmed, *Women and Gender in Islam: Historical Roots of a Modern Debate* (Yale University Press, 1993).

하기도 했다.42 한국 사회에서 이러한 담론의 (재)생산은 이 책이 주목하는 주제 중 하나다.

인종주의와 그리스도교를 함께 연구하는 또 다른 이유는 다양한 측면에서 한국 사회 인종주의의 독특성이 형성된 보다 광범위한 연원과 맥락을 파악할 수 있도록 돕는 동시에 인종주의의 초국적 연관성을 고찰할 기회를 제공하기 때문이다.

서구의 그리스도교가 비유럽 지역의 식민화와 노예화 및 차별 정책 등을 정당화했던 것과 마찬가지로, 그리스도교도 한국 사회에서 비백인 이주민과 난민들에 대한 인종차별과 인종적 위계를 토착화하는 데 두드러진 역할을 담당하고 있다. 이러한 과정에서 미국의 인종주의, 신자유주의 글로벌 시장 질서 등에 영향을 받는 한국 사회 인종주의의 독특성과 초국적 연관성을 살펴볼 수 있는데, 위에서 언급한 이슬람에 대한 편견은 이제 한국 사회에서도 이슬라모포비아의 형태로 구체적으로 드러나고 있다. 보수 개신교는 무슬림 주거지역에서 이슬람 사원 건축을 반대하는 혐오 시위를 주도하거나 무슬림 난민들의 정착을 반대하는 등 이미 한국 사회의 대표적인 이슬라모포비아 확산 세력으로 대두되었다.43 이슬라모

---

42 이제까지 한국에서 이슬라모포비아 담론의 (재)생산과 유포에 앞장섰던 개신교 우파 세력은 물론, '민족주의자'들과 일부 '페미니스트'들을 포함한 '일반 국민'들 사이에서 '여성 인권'과 '반성폭력'의 수사를 이용하는 이슬라모포비아 논리로 예멘 난민 수용 거부에 동참하는 "위험한 연대"가 형성되었다. 김나미, "'여성인권'의 이름으로 맺는 '위험한 연대': 예멘 난민수용 반대청원과 이슬라모포비아," 웹진 「제3시대」 2018. 6. 28. https://minjungtheology.tistory.com/992.

43 대구 이슬람 사원 갈등에 관해서는 육주원·이소훈, "대구 북구 이슬람사원 갈등을 통해 본

포비아는 무슬림에 대한 편견, 혐오 또는 문자 그대로 '공포'라는 제한된 의미를 넘어서서 반무슬림 인종주의(anti-Muslim racism)로 이해해야 하고, 서구의 오래된 반무슬림 인종주의에 대한 역사와 함께 21세기 글로벌 사회에 끼치는 미국의 정치적 영향력과의 연관성 속에서 살펴보아야 한다.[44]

미국의 글로벌 '대(對)테러 전쟁' 기치 아래 전개되어 온 글로벌 지정학적 맥락에서 무슬림이 다수인 국가 출신 남성들을 (잠재적) 테러리스트나 여성 혐오적 (성)범죄자로 간주하고, 무슬림 여성들은 '가부장적'인 무슬림 남성들과 이슬람 국가의 피해자로 여기는 경향이 아시아에서 패권 국가이면서 미국의 '동맹' 국가인 한국에서 나타나는 것도 이와 무관하지 않기 때문이다. 다시 말해서 이슬라모포비아는 개별 지역의 상황에 따라 다양한 형태로 드러나지만, 한국 사회에서만 발생하는 현상이 아니며 초국가적인 문제다.[45] 국경을 가로지르고 대륙을 넘나드는 여러 형태의 이주(migration)

인종주의의 위장술," 「아시아리뷰」 12-1 (2022): 33-65.

[44] 이슬라모포비아의 정의에 관해서는 Stephen Sheehi, *Islamophobia: The Ideological Campaign against Muslims* (Atlanta: Clarity Press, 2011); Nathan Lean, *The Islamophobia Industry: How the Right Manufactures Hatred of Muslims* (Pluto Press, 2012); Carl Ernst, ed., *Islamophobia in America: The Anatomy of Intolerance* (Palgrave Macmillan, 2013); Todd H. Green, *The Fear of Islam: An Introduction to Islamophobia in the West* (Minneapolis, MN: Fortress, 2015); Erik Love, *Islamophobia and Racism in America* (NYU Press, 2017); Khaled A. Beydoun, *The New Crusades: Islamophobia and the Global War on Muslims* (Oakland, CA: University of California Press, 2023).

[45] Sahar F. Aziz and John L. Esposito, eds., *Global Islamophobia and the Rise of Populism* (Oxford University Press, 2024).

및 이민(immigration)과 관련된 많은 문제가 한 국가 차원에서 해결될 수 없듯이, 이슬라모포비아를 포함한 인종 관련 문제와 그리스도교의 연관성 역시 초국적 시각을 통해 살펴보아야 한다. 동시에 개별 국가나 특정 지역의 역사적, 정치적, 사회적, 문화적 그리고 지정학적 상황과 맥락 속에서 어떠한 고유한 역동성을 생산하며 표출하는지 주목해야 한다.

하지만 글 서두에서 언급했듯이 그리스도교와 인종주의의 관계는 양가적이다. 즉, 그리스도교가 인종주의를 정당화하고 심화시키는 역할을 해 왔던 것은 명백한 역사적 사실이며 현재진행형이지만, 흑인 해방신학의 예에서 보듯이 억압받는 이들이 인종주의에 대해 비판적으로 인식하고 저항할 수 있는 해방적 자원이 되었던 것도 사실이며 여전히 그 가능성은 살아있다. 해방적 자원이란 인종주의의 뿌리를 비판하고 억압에 맞서 싸우는 것의 근거를 제공한다는 의미다. 흑인 해방신학자 제임스 콘(James Cone)이 말했듯이 "예수의 복음은 구원의 이론으로 설명될 수 있는 합리적인 개념이 아니라 억압받는 자들과의 연대 속에서 예수 안에 있는 하느님의 임재에 대한 이야기이며, 그로 인해 예수가 십자가에서 죽음을 맞이하게 된 이야기이다."[46] 콘은 그리스도교가 역사적으로 노예제와 인종차별을 지지하며 억압의 도구로 사용되었지만, 흑인들이 불의에 맞서 싸우는 과정에서 해방의 도구가 될 잠재력을 가지고 있다고 주장한다. 그는 십자가

---

46 James Cone, *The Cross and the Lynching Tree* (New York, Ossinings: Orbis Books, 2011), 150.

에 못 박힌 예수가 억압받는 자들의 경험을 체현하고 있다고 강조하며, 예수의 복음은 억압하는 자들, 지배자들의 복음이 아니라 가난하고 멸시받으며 소외된 자들의 복음이라고 말한다. 그리스도교의 본질이 고통받는 민중과의 연대에 있으며, 이를 통해 흑인 해방 투쟁을 위한 강력한 신학적 틀을 제공한다고 보는 것이다. 콘은 또한 인종주의에 기반한 부당한 권력에 대한 저항하는 흑인들의 투쟁이 예수가 선포한 하느님 나라를 향한 희망과 맞닿아 있다고 주장하며, 그리스도교는 억압받는 이들을 위한 해방과 연결될 때만이 진정성을 가질 수 있다고 강조한다. 역사 속에서 그리스도교가 억압자들에게 이용되었음에도 그 본래적 메시지를 재해석한다면 인종주의에 저항하는 신학적, 도덕적 기초로 회복될 수 있음을 역설하는 것이다.

이렇듯 그리스도교가 해방적 자원이 될 수 있음에도 한국교회와 신학에서는 아직 그 역할이 미미하다. 비백인 이주민과 난민들에 비교적 호의적인 공동체나 개인들도 그들이 '불쌍하므로' 도움을 주어야 한다는 온정주의적 시선과 이에 기반한 '수용'과 '통합'만을 강조하는 방식을 보인다. 이러한 접근에는 난민과 이주노동자들이 '우리'와 다르게 열등하고 가난하고 덜 문명화되었으니 보호하고 구제해야 할 대상으로 취급하는 인종적 우월주의가 깃들어 있다.[47] 온정주의는 난민이나 비백인 이주민들을 범죄자나 위협적인 대상으로 취급하지는 않지만, 그들이 우리와 다른 열등한 집단이므로 절대로 우리와 같은 '평등'한 존재가 될 수 없다고 여기므로, 폭력적

---

47 하상복, "황색 피부, 백색 가면," 545.

인종차별과는 동전의 양면이라 할 수 있을 것이다. 한국 사회에서 인종차별이 이미 심각한 수준임에도 인종차별이라는 용어 사용을 꺼리며 단순히 개인적인 잘못이나 예외적 사건으로 간주하는 경향 또한 온정주의적 시각과 관련이 있다. 특히 그리스도교 내에서 이러한 온정주의적 시각은 종종 인종적 소수자들을 구제나 봉사의 대상으로만 보는 태도로 나타난다. 이러한 시각은 구조 자체에 대한 비판을 희석시키고 현존하는 불의한 구조를 유지하는 결과를 낳아 오히려 억압적인 사회구조를 지속시키는 데 기여할 수도 있다. 예를 들어 인종적 소수자들의 문제를 게으름, 개인적인 죄나 도덕적 실패로 치부하며, 이를 해결하기 위해서는 단지 개인의 변화나 도덕적 회복이 필요하다고 간주하여 인종차별의 구조적 문제를 외면하게 하며 그리스도교적 사랑의 이름으로 인종적 위계질서를 유지하는 것이다. 이러한 온정주의는 그리스도교의 해방적 자원과 거리가 멀다.

그리스도교가 진정으로 해방의 도구가 되기 위해서는 인종적 소수자들의 고통에 대한 구조적 이해 그리고 무엇보다 인종주의를 정당화하는 데 일조한 그리스도교 신학의 해체와 재구성이 절실히 요청된다. 이 책의 주된 목적 중 하나는 그런 신학의 해체와 재구성에 초점을 두면서 아직 실현되지 않은 그리스도교의 해방적 자원을 부각시키는 데 있다. 저자들은 억압의 도구로 사용되어 왔고 여전히 사용되는 그리스도교 신학과 그러한 신학에 근거한 종교 행위들의 변화 없이는 인종주의의 종식이 가능하지 않다는 것에 동의하며, 이러한 의미에서 비판적 인종 이론을 유용한 분석틀로 사용한다. 비판적 인종 이론은 인종주의가 "일상적이며, 평범하고, 사회에 내재"되어 있으며, "인종 간 관계의 변화(개선과 악화를 모두 포함)는 이상주의나 이타주의 또는 법치주의 때문이 아니라 지배 집단의 이해관계를 반영"한다는 시각을 제공한다.[48] 즉, 인종주의의 구조적인 문제를 직시하지 않고는 극복할 수 없는 한국 사회의 인종주의를 살펴보고 선제적으로 대응할 수 있도록 돕는다.

두 권으로 구성된 이 책에서 저자들은 한국 사회의 인종주의를 구조적인 문제로 보면서 보다 면밀한 신학적인 연구를 통해 이러한 해체와 재구성 작업을 시도한다. 앞에서 언급했듯이 인종과 인종화는 단일한 정의로 규정할 수 없는 복합적인 개념이다. 이 책의 저자들 역시 개념이 사용되는 맥락과 상황에 따라 인종과 인종화를 각기 다르게 이해하고 정의한다. 논의를 보다 다양하고 풍부하게 만들기 위해 개념을 하나로 통일하려는 시도는 지양하고 독자의 해석과 판단에 맡기기로 한다. 서로 다른 신학적, 실천적 배경을 가진 열한 명의 신학자, 활동가들의 글을 모은 이 책이 교회 안과 밖에서 인종주의에 대한 관심을 촉구하고 종식을 위한 연대에 기여할 수 있기를 바란다.

---

48 Richard Delgado and Jean Stefancic, *Critical Race Theory: An Introduction* (NYU Press; 2017, 3rd edition), 13.

1장

유대와 갈릴리, 남한과 북한에 '인종'이 있는가?

최진영

유대와 갈릴리, 남한과 북한에 '인종'이 있는가?

최진영*

들어가는 말

최근 들어 한국 사회에서 인종과 인종주의는 중요한 주제로 다루어지기 시작했다. 그동안 인종에 대해 무관심했던 것은, 한국은 단일민족이며 다인종 사회가 아니라는 인식 때문일 것이다. 근현대사를 거쳐오며 '민족' 개념은 익숙한 데 비해, '인종'이란 말이 이제 한국인들의 관심거리가 된 것은 이주민, 외국인, 난민 등의 등장과 관련이 있다. 하지만 근래의 연구들은 인종 개념이 한국의 근대적 자기 정체성 형성에 영향을 끼친

---

* 콜게이트 로체스터 크로저 신학대학원 교수

점을 다루고 있다. 예를 들면 19세기 말 조선에서 '인종'이란 용어가 '민족'보다 더 지배적으로 사용되었으나, 20세기 초 러일전쟁 이후 일본의 아시아 지배 책략이 구체화되면서 대한제국 '민족'이 '인종'을 대체하게 되었다는 것이다.[1] 이렇게 특수한 역사적, 사회적 정황 속에서 사용되거나 폐기된 '인종'을 끄집어내어 다루는 이유는 인종에 대한 개념이 한국 사회 현실에서 변화된 형태로 여전히 작동하고 있기 때문이다. 한국 사회가 소위 다문화 사회로 접어듦에 따라 인종의 차이와 다양성이 가시화되기 시작했고 타자에 대한 의식, 차별과 혐오에 비판적인 인식도 확대되었다. 이 타자들 가운데는 탈북민도 포함되는데, 그들은 남한과 동일한 한민족이자 적대적 국가인 북한 출신인 까닭에 독특한 위치를 점한다.

이 글의 목적은 민족, 인종, 언어, 지정학적인 면에서 동질성을 공유하는 북한의 타자화 현상을 인종화(racialization) 개념을 통해 고찰하는 데 있다. 탈북민은 남한 사회 안에 공존하면서도 여전히 '북'이라는 그림자로부터 자유로울 수 없는 경계선상의 존재들이기에, 북한의 타자화와 함께 북한의 인종화 맥락 안에서 고려하려 한다.[2] 한민족인 북한에 대해 인종이란 단어를 붙이다니 어불성설로 들릴지 모른다. 인종 개념에 대해서는 이후에

---

[1] 나인호, "'인종'에서 '민족'으로: 한국적 인종주의의 탄생, 1880~1910"; 윤영실, "'세 제국들 사이'의 식민지 '민족': 1990년대 말 제국주의적 인종 담론과 한국 민족 개념의 역사적 생성," 이화여자대학교 아시아여성학센터 엮음, 『한국의 인종, 민족, 반/다문화』, 인종과젠더 총서 1 (동연, 2021), 13-42, 43-82.
[2] 타자화가 특정 개인이나 집단을 나와 다른 존재로 분리하고 대상화하는 과정이라면, 인종화는 이 객체에 '인종'이라는 범주를 적용함으로 차이를 본질적인 것으로 여기게 만든다.

좀 더 자세히 논하겠지만, 인종화란 간단히 말해 사람들을 특정 인종에 배정하는 과정, 즉 어떤 특정한 그룹에 근본적으로 다른 집단성을 부여하는 과정이다.3 이 과정에서 차이를 위계화하고, 그 차이에 자연적인 속성을 부여하게 된다. 다시 말해 인종화는 특정 인종이나 종족에 속했기 때문에 경험하는 조직적인 차별, 분리, 박해, 학대와는 구별되며, '우리'와 '그들'을 다른 집단으로 만들며 위계화하는 과정이라 할 수 있다.

한국의 인종적, 민족적 정체성은 19세기 초부터 20세기 말 제국주의와 관련하여 격변하던 아시아의 역사 그리고 일제강점기로부터 한국전쟁과 산업화 시기를 거쳐 신자유주의 자본주의에 급속도로 편입되는 과정에서 끊임없이 변천해 왔다. 이 인종-민족적 자기 정체성의 내부에 존재했던 북한은 냉전과 한국전쟁 그리고 전쟁 후 남한의 급속한 자본주의 질서로의 편입을 거치면서, 그 시기마다 필요에 따라 타자화되어 왔다. 이 글은 역사적으로 동일 민족으로 여겨졌던 북한과 북한 주민 그리고 탈북자들을 타자화하는 과정에서 신자유적 정치경제의 관점과 인종화 논리가 복합적으로 작용했음을 전제한다. 한국의 인종주의는 독립적 현상이 아니라 전 세계적으로 뿌리 깊게 확산되어 있는 인종주의와도 관련이 있다. 한 사회의 문제가 국제적 문제와 무관할 수 없는 오늘, 그 문제를 다루기 위해서는 전 지구적 연대와 협력이 요구된다.

---

3 통상적으로는 실제 또는 상상적인 인체 표현형의 차이들에 근거해 구별되는, 생물학적으로 재생할 수 있는 그룹들로 범주화하는 역동적 과정을 이른다. Robert Miles and Malcolm Brown, eds. *Racism*, 2nd ed. (New York: Routledge, 2003), 101-102. 그러나 이 글에서는 인종화를 생물학적 범주에 제한하지 않을 것이다.

우리 자신과 다양한 타자와의 관계를 이해하는 데 있어 인종과 그리스도교가 어떻게 상호작용하는지를 살피고자 할 때, 이 글은 아래와 같은 강조점과 제한점을 가진다. 인종과 종교의 교차성을 찾아보는 데 있어서 이 글이 기여할 수 있는 부분은 그리스도인들에게 권위를 가지고 있는 경전인 성서에서의 인종 개념을 탐구하는 것이다. 특히 신약성서에 나타난 초기 그리스도인들의 인종적 사유가 북한이라는 타자를 인종화하는 것과 관련하여 그리스도교의 사상과 실천에 어떤 의미와 영향을 가지는지를 성찰해 볼 것이다. 이렇게 역사적, 문헌적, 문화적으로 다른 대상을 교차적으로 다루는 데는 몇 가지 난점이 존재한다. 첫째, 인종화를 논하는 데 있어서 다양한 인종 관련 개념들이 존재하나, 이 글에서 이론적 논의를 다 포괄하는 것이 불가능하므로 도움이 되는 개념들을 선택적으로 다룰 것이다. 둘째, 북한의 인종화를 논하는 주체와 관점에 따라 다른 방식의 논의와 다른 결과가 도출될 텐데, 이 글의 성격과 저자의 제한된 지식으로 다양한 입장과 연구를 철저히 다루지 못함을 인정해야겠다. 마지막으로 성서학에 인종 개념을 적용하는 연구들이 여전히 발전 단계인 상황에서, 그 제한된 논의를 한국의 특수한 인종화 현상과 관련시키는 것은 매우 실험적인 것이다. 이러한 제한점들에도 불구하고 이 글에서는 신약성서에 나타난 대표적인 인종적 사유의 흔적을 다루고, 다양한 인종에 관한 정의와 관련 개념들을 간략히 살펴본 뒤, 성서적, 이론적 인종 사상이 북한과 탈북민의 인종화에 유의미하게 관련될 수 있도록 논의할 것이다.

초기 그리스도인들의 인종적 사유

인종에 관해 오래된 지배적 관점은 생물학적인 차이에 따라 인간을 분류하는 것이었다. 이렇듯 인종주의는 인간을 혈통에 따라 유전적으로 구별된 집단으로 구분하며, 나아가 유전적 결정성이 기후, 지질, 지리적 환경의 영향을 받는다는 전제를 가지기도 한다. 놀랍게도 가계, 지리적 출신, 환경 등이 인간의 형질 변이에 영향을 미친다는 생각과 그러한 요인들이 만들어 낸 다른 인간 집단에 대한 고정관념은 고대에도 존재했다. 텔아비브대학의 고대사 명예교수 벤자민 아이잭(Benjamin Isaac)은 고대 그리스로마 시대에 근대적인 인종주의는 존재하지 않았지만, 유전적 또는 불변하는 외부적 영향으로 인해 특정 집단의 우월성을 가정한 원형적 인종주의(proto-racism)가 존재했다고 주장한다. 이와는 대조적으로 인간이 통제할 수 있는 행동이나 사회적 관계로 인해 초래된 차이에 대한 가정은 종족적 편견(ethnic prejudice)이라고 일컫는데, 이는 문화적 차이에 대한 태도라고 볼 수 있다.[4] 예를 들어 고대 사회에도 유대인들에 대한 편견이 널리 존재해 로마의 정치가이자 저술가였던 키케로와 같은 이는 유대인과 시리아인은 열등해서 노예로 태어났다고 서술했다. 유대 역사가 요세푸스도 유대인들은 다른 이들의 종이 되는 것을 오랫동안 배워 왔다고 했다.[5]

---

4 Benjamin Isaac, *The Invention of Racism in Classical Antiquity* (Princeton, NJ: Princeton University Press, 2004), 37-38.
5 Cicero, *De Provinciis Consularibus*, 5.10; Josephus, *Jewish War* 6.37-42.

초기 그리스도인들도 인간을 종에 따라 나누고 위계화하며 다른 집단 사람들에 대한 편견으로부터 자유롭지 못했다. 신약성서 역시 그러한 의식을 반영하고 있다. 성서를 읽을 때 우리는 자연스럽게 '유대교' 또는 '유대주의'를 인종적, 종교적으로 동질적인 집단으로 간주하는 경향이 있지만, 역사적으로 고대 팔레스타인과 디아스포라의 유대인들은 다양한 정체성을 가지고 있었다. 고전학자들은 '유다이오이'(Ioudaioi) 또는 '예후딤'(Yehudim)이라고 불린 종족이 폐쇄된 집단이 아니라 다양한 태생, 지역, 역사, 문화를 공유했음을 밝혀냈다. 팔레스타인 밖 로마의 식민지에 살았던 유대인들은 거주지역 사람들의 조상을 자신들의 조상처럼 여기는 데 거리낌이 없었으며, 따라서 '유대인' 종족/민족이라고 하는 획일적인 정체성이 아닌 이중 또는 다중 종족성의 사람들이 많았다는 것이다. 사도행전에 이러한 예들이 많이 등장한다: "아굴라라 하는 본도에서 난 유대인"(행 18:2), "알렉산드리아에서 난 아볼로라 하는 유대인"(18:24), 길리기아 다소의 시민이면서 로마시민이기도 한 유대인 바울(21:39; 22:3, 28).[6] 이들은 유대가 아닌 로마 전역에 흩어져 사는 디아스포라 유대인들이었다. 여기서 어디에서 '난' 사람, 즉 출생지와 관련한 그룹 정체성을 표현하는 헬라어로 '게노스'(genos)가 쓰인다. 헤로도토스의 저술 같은 고전 문헌에도 게노스는 출생에 따라 하나의 혈통으로 구별되는 집단으로 간주된다. 다른 한편

---

[6] 사도행전과 바울서신의 인물들의 디아스포라와 인종/종족적 정체성에 대한 논의는 곧 출간될 Jin Young Choi, "A Transnational Feminist Reading of Early Christian Diaspora: The Prisca Case," Mitzi J. Smith, Luis Menéndez-Antuña, and Raj Nadella, eds., *Oxford Handbook of the Bible, Race and Diaspora* (Oxford: Oxford University Press, 2025).

지리적, 정치적, 문화적 정체성을 이르기 위해 '에스노스'(ethnos)라는 말이 널리 사용되었는데,7 1세기 로마제국에서 유대인들은 자신들을 에스노스로 인식한 한편, 다른 종족/민족들은 집단적 타자로서 '에스네'(ethnē)로 일컬었다.8

유대인 그룹에서 등장한 최초의 그리스도인들은 자신들이 유대인 에스노스에 소속되어 있음에 의문을 제기하지 않았다. 그런데 비유대인들이 공동체에 들어오기 시작하면서 문제가 발생한다. 예컨대 "그리스도인이 되기 위해서 할례를 받아야 하는가" 하는 질문이 제기된 것이다. 할례는 하나님과 계약을 맺은 백성이라는 유대인 종족 정체성의 표지였다(물론 이는 남성들에게만 해당되었다). 유대교 정체성이 강한 그룹은 할례를 요구했고, 바울과 같은 디아스포라 유대인 그리스도인들은 할례는 필수적이지 않다고 보았다. 제2성전기 유대교(Second Temple Judaism)와의 관계를 반영하는 초기 그리스도교 문헌, 특히 신약성서를 읽는 독자들은 유대교를 그리스도교의 관점에서 획일적인 종교 시스템으로 보는 데 익숙하지만, 그리스도교가 유대교 또는 유대주의와의 관계를 재정립되도록 하는 과정은 오직 종교적인 차이로부터 시작된 것이 아니었다. 갈라디아서 3:28은

---

7 C. P. Jones, "ἔθνος and γένος in Herodotus," *Classical Quarterly* 46, no. 2 (1996): 315-320. 이 두 용어를 영어나 우리말로 번역하는 데는 어려움이 있다. 고대에 '인종'(race) 개념을 적용하는 것을 부적합하다고 여기는 이들은 '종족' 또는 '민족'(ethnicity)이란 용어를 선호한다. 이 글에서는 뉘앙스에 따라 '인종', '종족', '민족'을 교체하여 사용할 것이다.
8 신약성서에서 이 단어는 '이방인'(Gentile)으로 번역되지만, 어떤 본문에서는 '다른 민족들(nations)'로 읽는 것이 더 정확한 의미를 전해준다.

"유대인이나 헬라인이나 종이나 자유인이나 남자나 여자나 다 그리스도 예수 안에서 하나"라고 하는 초기 그리스도교인들이 세례받을 때 했던 고백문을 보존하고 있다. 이 선언은 그리스도인이 되는 순간 인종이나 민족의 구분과 정체성이 사라짐을 의미하는 것일까? 신약학자 데니스 킴버 뷰얼(Denis Kimber Buell)은 초기 그리스도인들의 이러한 기풍이 인종의 특수성을 초월하는 징표라고 보지 않는다.9 반대로 그들이 자신들의 정체성을 유대인도 헬라인도 아닌 '새로운 인종'(new race)으로 이해하는 '인종적 사유'(ethnic reasoning)을 펼쳤다고 주장한다. 즉, 초기 그리스도인들이 자신들을 다른 인종, '제3의 인종'으로 이해했다는 것이다.

이러한 해석은 오늘날 그리스도교를 이해하는 데 비판적 함의를 가진다. 바울서신의 구절들에 근거해서 그리스도교는 인종, 지위, 젠더의 차별을 철폐한 포용적이고 보편적인 종교라고 보지만, 이러한 주장은 유대교를 편협하고 율법주의적 종교로 보는 비교적 관점을 전제로 하기 때문이다. 그리스도교는 인종을 초월하는 보편적인 종교인 반면, 유대교는 인종적으로 특수한 배타적인 종교라는 구조적 이분법은, 튀빙겐 학파를 창시한 바우어(F. C. Baur)로부터 바울서신 연구의 새 관점(new perspective)에 이르기까지 현대 성서학과 서구 그리스도교에 면면히 배어 있다. 그리스도교의 보편주의를 옹호하는 해석은 식민주의를 고취하고 유럽 그리스도교의 우월성을 확고히 하는 데 기여했다. 현대 신약 비평이 유럽 식민주의

---

9 Denis Kimber Buell, *Why This New Race? Ethnic Reasoning in Early Christianity* (New York: Columbia University Press, 2005).

정점에서 발전된 것은 이와 무관하지 않다.10 따라서 데이빗 호렐(David G. Horrell) 같은 학자는, 초기 그리스도교의 포용은 그 자신을 하나의 에스노스로 형성해 가는 과정의 일부였으며 유대교와 초기 그리스도교 둘 다 특수성을 주장하면서도 포용적인 인종적 형성 과정을 겪었다는 논의를 펼친다.11 요약하자면 이러한 소수의 비판적 해석은 백인 중심 서구 그리스도교의 우월주의와 반유대주의적 인종주의를 반성하면서, 초기 그리스도교인들 역시 자신들을 특수한 하나의 인종으로서 이해했다고 주장한다.

그런데 '그리스도교-보편주의' 대 '유대교-특수주의'라는 이분법을 극복하려고 하는 이러한 해석은 여전히 인종적 사유를 서구 중심의 그리스도교 대 유대교라는 이분법적 구도 안에서 전개하고 있는 것으로 보인다. 마치 유대인들과 초기 그리스도인들이 '자기'와 '타자'의 범주를 유대인 대 비유대인(이방인)에 적용했던 것처럼, 반유대주의의 뿌리 위에 형성된 서구 그리스도교와 성서학을 비판적으로 성찰하는 이 해석은 '자기'와 '타자'를 그리스도교 대 유대교의 관계에 제한하고 있다. 이러한 접근은 두 그룹 외의 다른 인종적 존재들 그리고 이러한 인종적 타자들을 만들어 내는 로마제국 체제를 고려하는 데 관심을 기울이지 않는 약점이 있다.

---

10 Shawn Kelley, *Racializing Jesus: Race, Ideology, and the Formation of Modern Biblical Scholarship* (London: Routledge, 2002).

11 David G. Horrell, *Ethnicity and Inclusion: Religion, Race, and Whiteness in Constructions of Jewish and Christian Identities* (Grand Rapids, MI: Eerdmans, 2020).

필자는 디아스포라 그리스도인들이 자신들의 정체성을 '새로운 인종'으로 사유하였다고 하는 관점을 지지하면서도, 서구 그리스도교와 성서학이 유대교를 역사적 특수성을 초월한 일원적 종교로 만들어 가는 데도 일정한 기여를 해 왔다고 본다. 여기에 개입된 인종적 사유를 탐구하는 것은 또 하나의 연구 주제가 될 것이다.

유대인 에스노스를 인종적으로 고려하는 데 있어서 해석적으로 또 한 가지 중요한 점은, 유대교 문헌과 성서에서 유대인들을 칭하는 단어인 헬라어 '유다이오이'(Ioudioi)를 어떻게 번역하는가의 문제다. 유대인들이 하나의 에스노스라고 할 때, 그룹 정체성의 기준은 무엇이었는가? 통상적으로 '유대인 됨'은 태생적인 것과 아울러 언어와 풍습과 종교를 공유함에 의해 규정된다. 고대에는 오늘날 이해하는 바와 같은 '종교'라는 구별된 개념이 없었지만 말이다. 특히 율법과 성전은 실제적 또는 상징적 중요성을 가진다.

유대인 학자 쉐이 코엔(Shaye J. D. Cohen)에 따르면 기원전 2세기 헬레니즘의 영향으로 본래 태생에 의해서만 유대인이 되는 것이 가능했던 것이 정치적 제휴나 개종을 통해서도 가능하게 되었다고 한다.[12] 앞서 언급한 사도행전의 구절들에서 관찰할 수 있듯이 디아스포라 유대인들은 자신들이 거주하는 식민지의 지역민들과 같은 혈통을 가진 사람들로 인식되는 것에 대해 문제를 느끼지 못했다.[13] 예컨대 유대인이면서 이집트인이고

---

12 Shaye J. D. Cohen, *The Beginnings: Boundaries, Varieties, Uncertainties* (Berkeley: University of California Press, 1999).

동시에 로마 시민이 되는 것도 얼마든지 가능했던 것이다. 마치 한국인의 정체성을 유지하면서 미국인으로 살아가는 것이 가능하듯이 말이다. 이처럼 지리적, 영토적 소속도 유대인 됨을 구성하는 요소에 포함된다고 할 때,[14] 헬라어 유다이오이를 다른 식으로 번역할 여지가 생긴다. 이 단어를 통상적으로 유대인(Jews)으로 번역해야 하는지 아니면 유대 출신의 사람(Judeans)으로 번역해야 하는지 논의가 있어 왔지만, 아직도 일치된 의견은 존재하지 않는다. 전자는 어느 지역에 거주하는지와 상관없이 포괄적으로 유대(교)인을 이르는 말일 수 있고, 후자는 유대라는 영토에 거주하거나 관련성을 가지는 보다 좁은 의미의 유대인 정체성을 지칭한다. 이 두 가지 중 어떤 한 의미가 절대적으로 옳고 그르기보다는, 맥락에 따라 이해해야 한다. 예컨대 바울과 같은 디아스포라는 유대인들(Jews)을 다른 인종/민족들과 비교되는 하나의 에스노스로 보는 것은 자연스러웠을 것이다. 한편 요한복음에서 일괄하여 묘사하는 예수의 적대자들은 유대 출신 또는 거주 유대인들(Judeans, 이하 '유대 사람들')로 옮기는 것이 더 적합할 수 있다.[15] 두 단어를 모두 고려하는 것이 유대주의의 다양성을 이해하는

---

13 Cynthia M. Baker, "From Every Nation under Heaven," Laura Nasrallah and Elisabeth Schüssler Fiorenza, eds., *Prejudice and Christian Beginnings: Investigating Race, Gender, and Ethnicity in Early Christianity* (Minneapolis, MN: Fortress Press, 2009), 91, 95.

14 John M. Barclay, "Ἰουδαῖος: Ethnicity and Translation," Katherine M. Hockey and David G. Horrell, eds., *Ethnicity, Race, Religion: Identities and Ideologies in Early Jewish and Christian Texts, and in Modern Biblical Interpretation* (London: T&T Clark, 2018), 49.

데 도움이 된다고 본다.

유대와 갈릴리

복음서에서 예수와 예수의 제자들은 유대인들(Jews)이지만, 유대 사람들(Judeans)이 아니다. 그들은 갈릴리 사람들이었다. 예수께서 예루살렘에 가서 잡힌 뒤 도망한 베드로가 대제사장 가야바의 집 뜰에서 예수의 재판을 기다리고 있을 때, 사람들은 그의 '말소리', 즉 그의 갈릴리 방언을 듣고 그가 갈릴리 사람, 나사렛 예수와 함께 있던 사람이라는 것을 확실하게 알아차린다(마 26:69-73). 유대 사람들과 갈릴리 사람들은 인종/종족적으로 다른 사람들이었을까?16 어떤 인종 개념을 사용하는가에 따라 그리고 고대 이스라엘의 역사를 이해하는 입장에 따라 답이 달라질 것이다.

어떤 학자들은 유대 지역에서 출현한 하스모니아왕국이 북으로 영향력을 확대했을 때 유대 지역의 사람들이 갈릴리로 이주해 온 점을 강조하면서,

---

15 이것은 단지 번역의 문제가 아니라 지정학적, 이데올로기적 이슈다. 어떤 유대인 학자들은 Judeans라는 용어가 고대의 유대인들과 오늘날의 유대인들의 연속성을 지워버릴 수 있기 때문에 이 용어의 사용을 반대한다.

16 마태복음에 나타난 예수의 인종(화)에 관한 해석으로 Jin Young Choi, "Weren't You with Jesus the Galilean?: An Intersectional Reading of Ethnicity, Diasporic Trauma, and Mourning in the Gospel of Matthew," Mitzi J. Smith and Jin Young Choi, eds., *Minoritized Women Reading Race and Ethnicity: Intersectional Approaches to Constructed Identity and Early Christian Texts* (Lanham, MD: Lexington Books, 2020), 1-21.

갈릴리 사람들도 유대인으로 간주해야 한다고 주장한다.[17] 이것이 학계의 일반적인 입장이다. 그러나 하스모니아왕국에 합병되기 전 갈릴리에 외부인들이 정착한 역사는 아시리아제국 시대까지 거슬러 올라간다. 이후에도 페르시아와 헬레니즘 국가들의 식민 통치 아래 이방인들의 자손들이 이주했다는 고고학적 증거들이 있다. 리차드 호슬리는 주장하기를, 유대 사람들은 페르시아 지배 당시 성전과 율법을 중심으로 하는 예루살렘 체제 아래 살았으며, 이와 달리 갈릴리 사람들은 북이스라엘의 자손들로서 수세기를 분리된 통치자들 아래 살면서 기원전 104년 하스모니아의 예루살렘의 통치에 편입되고 율법을 따르게 되었다고 한다.[18] 따라서 그는 갈릴리 사람들이 유대 지역의 사람들과 같은 종족적 기원을 가지지 않는다고 본다. 요세푸스도 종종 갈릴리인들을 유대인들이나 이두매인들과는 다른 에스노스로 구별하여 언급하곤 한다.[19] 이 글의 주제와 관련하여 특별히 관심이 가는 시기와 사건은 예수 시대의 팔레스타인에서 일어난 영토의 분할이다. 요세푸스의 『유대고대사』에 따르면 기원전 57~55년 하스모니아왕국 아래 이 지역은 다섯 구역으로 나뉘고, 각 지역은 귀족회의인 산헤드린에 의해 다스려졌다. 기원전 40년 유대인의 왕 헤롯은 로마의

---

17 Mark Chancey, "The Ethnicities of Galilee," David A. Fiensy and James Riley Strange, eds., *Galilee in the Late Second Temple and Mishnaic Periods, vol. 1: Life, Culture, and Society* (Minneapolis, MN: Fortress Press, 2014), 116-117.

18 Richard A. Horsley, *Jesus and the Politics of Roman Palestine* (Columbia: University of South Carolina Press, 2014), 136.

19 Richard A. Horsley, *Archaeology, History and Society in Galilee: The Social Context of Jesus and the Rabbis* (Valley Forge, PA: Trinity, 1996), 27.

도움으로 하스모니아 지배의 막을 내린다. 기원전 4년 헤롯왕이 죽자, 그의 왕국은 다시 네 지역으로 나뉘어 그의 후계자들에 의해 통치되었다. 안티파스는 서기 39년까지 갈릴리를 다스렸다. 아켈라오는 유대, 사마리아, 이두매를 다스렸는데, 서기 6년 로마 황제가 그를 폐위한 뒤 그의 영토는 로마의 직접 지배를 받는 속주가 되었다. 비록 유대와 갈릴리와 다른 인접 지역들은 이후 로마와 두 차례의 대규모 항쟁을 포함하여 공통의 역사적 경험을 하지만, 유대와 갈릴리의 사람들은 정착과 식민지 분할이라는 역사적 과정을 통해 구별되는 영토적 정체성을 가졌을 것이다.

이 점에서 유대와 갈릴리의 역사적 형성이 제2차 세계대전 이후 냉전 상황에서 외세의 개입에 의해 남과 북으로 분단된 우리나라의 역사와 유사점이 있다고 본다. 한반도와 팔레스타인은 지정학적 요충지이기 때문에 고대로부터 근현대에 이르기까지 외세의 침탈과 지배가 끊이지 않아 왔다는 공통점을 지닌다. 유대와 갈릴리가 동일한 종족/민족 정체성을 가지고 있었는지, 여기서 종족이나 민족은 어떤 의미가 있는지에 대해 여러 가지 의견이 있을 수 있다. 영토와 역사를 공유하는, 특히 외부의 식민 세력의 영향을 받은 두 집단이 각각 자기 정체성을 수립하면서 동시에 인접하거나 내부에 있는 타자들을 다룰 때, 국가, 민족, 인종의 경계는 유동적일 수밖에 없다. 유대인을 하나의 종교에 기반을 둔 인종적으로 고정된 집단으로 그리고 그리스도교의 가장 가까우면서도 먼 타자로 구성하는 것도 인종화의 일종이라고 생각한다. 성서 텍스트 안에서 인종화의 사유가 발견될 뿐 아니라 성서 텍스트를 해석하는 과정에도 인종화의 사고가 개입된다. 타자를 구축함으로 자신의 정체성을 사유하고 수립하는 과정은 이데올로기적 특징을 갖는다. 고대의 갈릴리를 포함한 모든 지역의 사람들이 유대인이라는 한 종족/인종의 집합체였다는 주장에는 오늘날의 정치적 동기도 개입된다. 오늘날 그 땅에는 팔레스타인 원주민, 아랍 유대인(Mizrahi Jews), 유럽계 유대인(Ashkenazi Jews) 등 다양한 인종, 종교, 지리적 기원, 언어를 가진 사람들이 존재한다. 그러나 1948년 이스라엘 국가 수립(팔레스타인 사람들에게는 '재앙'을 뜻하는 Nakba) 이후 아슈케나지 유대인 중심의 시온주의 이데올로기가 정착 식민주의와 인종주의를 정당화하는 데 사용되어 왔고, 여기에 성서와 성서 해석은 역사적으로 큰 역할을 해 왔다.

역사적 예수와 복음서 등 초기 그리스도교 문헌 연구에서 인종화에 관한 질문이 오늘날 이스라엘과 팔레스타인이 한 영토에서 어떻게 공존할 것인가 하는 문제에도 관련되듯이, 한반도에서 '우리'와 '그들'이라는 정체성은 신화와 역사를 통해, 과거와 현재에 이어진 인종적 사고를 통해 형성되어 왔다. 이스라엘과 팔레스타인의 평화가 그 영토나 중동에 국한된 이슈가 아닌 것처럼, 북한과 남한의 관계 유지와 공생은 아시아-태평양, 나아가 세계 평화에 중요한 요소다. 그리스도교와 유대교와의 관계 그리고 유대와 갈릴리의 관계에 있어서 인종적 논의를 남한과 북한의 인종적 타자성이라는 주제에 적용하는 문제는 여전히 실험적이라고 할 수 있다. 두 영역의 논의의 간격을 메꾸기 위해 제한되나마 인종과 인종주의 담론의 최근 흐름을 이해하는 것이 도움이 될 것이다.

인종주의, 신인종주의, 인종화

앞서 말한 바처럼 유전적 또는 표면적 유형(phenotype)과 같은 생물학적 차이를 근거로 인간 개체와 그룹이 분류되어 온 것은 고대의 역사까지 거슬러 올라가지만, '인종'의 관념은 16세기부터 19세기까지 계속된 대서양 노예 무역을 통한 유럽 식민주의에 의해 구체화되었다. 이상적 인간의 정형을 유럽 백인 남자라고 상정할 때, 아프리카 대륙의 검은 피부의 사람들은 인간에 미치지 못하는 열등한 존재로 전락한다. 비인간적 대상으로부터 사회적, 경제적 이익을 뽑아내는 것은 도덕적, 종교적으로 문제가 되지 않았다. 이렇게 비백인 인종들을 열등한 인간 또는 비인간으로 취급하는 인종주의는 식민주의 수탈과 자본 축적을 추구해 온 인종적 자본주의(racial capitalism)의 형태로 깊이 각인되어 있었다.

프란츠 파농(Frantz Fanon)은 그의 책 『대지의 저주받은 사람들』에서 식민주의가 아프리카인들과 흑인들 가운데 차이를 제거하는 과정을 '사고의 인종화'(racialization of thought)라고 부름으로써 '인종화' 개념을 비판적으로 사용하는 길을 열었다.[20] 식민주의자들이 흑인 전체를 소위 '니그로'라

---

[20] 옥스포드 영어사전에 따르면 1899년에 '인종화'란 말이 처음 사용되었다고 한다. 다음 책에 포함된 에세이들은 인종화 개념 형성에 파농이 끼친 영향을 다루고 있다. Karim Murji and John Solomos, eds., *Racialization: Studies in Theory and Practice* (Oxford: Oxford University Press, 2005), 6-7. '인종주의'라는 말은 우생학적 연구가 시작되었던 1900년대 초에 등장했다. 프란츠 파농/남경태 역, 『대지의 저주받은 사람들』(서울: 그린비, 2010; 불어 초판, 1961).

는 용어로 부른 것이 그 예다. 파농은 이러한 인종적 사고가 흑인 지성인들에게도 내재화되어 자신의 민족이나 나라보다 아프리카 문화를 주창하는 유사 인종적 사고를 하게 되었다고 지적한다. 인종화는 특정 집단에 인종을 부여하는 과정이면서, 인종적 타자들을 집단화하는 과정인 것이다. 파농은 유럽식의 인종화 사고를 모방하지 않으며 그 영향에서 벗어나는 반식민주의를 주창했다. 이 점에서 반식민주의는 반인종주의 또는 반인종화(anti-racialization)와 동일 선상에서 이해된다.[21] 이하에서 언급하겠지만 일본 제국주의가 황색인종의 대단결을 선전했을 때, 개화기 조선의 지식인들은 황인종이 인종적으로 우월하다는 이념을 흡수하였다. 물론 유럽의 식민화는 백인의 흑인 인종화 과정을 필요로 하는 데 비해, 일본이 시도한 아시아 국가들의 인종화는 황인종 안에 위계를 정당화하는 논리를 요구한 점에 차이가 있다. 이렇듯 유럽 식민주의의 인종주의 이데올로기는 신체적 특징, 특히 피부색에 따라 인종을 구분하고, 나아가 그러한 생물학적 분류에 문화적, 도덕적 특성들을 부여하며 인종을 서열화한 데 반해,[22] 서구 열강의 위협과 일본 식민주의를 동시에 경험한 아시아의 나라들은 독특한 인종적 사고 과정을 거치게 되었다.

 제2차 세계대전이 끝나고 종족/민족들이 식민 통치로부터 해방되고 독립하면서 개별 국가의 민족의식이 고취되었다. 영국과 같은 나라에서는

---

21 Murji and Solomos, *Racialization*, 7.
22 Richard Delgado and Jean Stefancic, *Critical Race Theory: An Introduction* (New York: New York University Press, 2001), 153; Steven Fenton, *Ethnicity, Key Concepts* (Cambridge, UK: Polity), 113, 123.

이미 세계대전 이전에 반가톨릭, 반셈족, 반아일랜드 정서가 팽배했는데, 이러한 현상이 인종 없는 인종주의에 대한 논의를 가능하게 하였다.[23] 이처럼 21세기에 들어서면서 인종주의는 생물학적인 차이보다는 문화적 차이에 근거해 배제와 차별을 합리화하는 다른 형태로 변형하였다는 주장이 등장한다. 인종 대신 특정 집단의 언어, 종교나 문화, 의식주 습관 등 '문화적 기표'를 이유로 특정 집단을 배제하는 신인종주의가 대두한 것이다.[24] 외국인 혐오가 그 대표적인 예인데, 외국인은 그들의 인종 때문에 거부되는 것이 아니라 그들의 문화가 주류인 '우리' 문화와 양립할 수 없으며 심지어 위협적이기 때문이다. 이는 열등한 '타자'가 누구인지를 구성하는 데 중점을 두는 인종주의와 달리 '우리-그들' 이분법에서 우리를 강조하는 토착민주의(nativism)와도 맥락을 같이한다. 신인종주의에서 인종은 명시적인 담론이 되지 않을 뿐 '문화', '종족', '문명' 등의 용어가 인종적 구별을 대체하는 개념들로 사용된다. 이 점에서 신인종주의는 문화적 인종주의 또는 인종 없는 인종주의와 맥락을 같이한다.[25] 문화의 차이를 강조하는 새로운 형태의 인종주의는 인종을 분류하는 유사과학적

---

23 Murji and Solomos, *Racialization*, 12-13.
24 김현미, "어떻게 국민은 난민을 인종화하는가?," 『난민, 난민화되는 삶』 (서울: 갈무리, 2020), 285. Étienne Balibar, Immanuel Wallerstein 같은 학자는 현대 사회에서 인종주의의 본질과 표현이 어떻게 생물학적 구분에서 문화적 차이에 따르는 것으로 변화되었는지를 설명한다. Étienne Balibar and Immanuel Wallerstein, *Race, Nation, Class: Ambiguous Identities* (London & New York: Verso, 1991).
25 David L. Eng, *The Feeling of Kinship: The Queer Liberalism and the Racialization of Intimacy* (Durham, NC: Duke University Press, 2010), 2.

인종 개념 없이도 인종주의가 존재한다는 것을 역설적으로 알려주며 인종주의가 더 교묘한 방식으로 작동함을 보여 준다고 할 수 있다. 즉, 신인종주의자들은 생물학적 인종을 직접 언급하지 않기에, 인종주의자가 되지 않으면서 문화다원주의를 주장할 수 있다.

다문화 그리고 '포스트 정체성'(post-identity) 사회를 표방하는 미국의 경우 자유와 진보의 이름 아래 인종을 집요하게 부인하지만, 소위 '포스트 인종주의'(post-racial) 사회는 피부색에 따른 인종적 차별을 보지 못하게 하는(color-blind) 신자유주의 정치학에 의존하고 있다.[26] 비록 국가의 제도적 인종차별이 철폐되고 사적인 영역에서 인종적 통합과 다문화가 이루어진 것 같지만, 비백인들이 영속적으로 인종적 위계와 사회경제적 지위에서 열등하고 낮은 위치에 있을 수밖에 없는 것은 백인성(whiteness)이 여전히 중요한 '소유'의 범주로 자리하기 때문이다. 이런 점에서 피부색을 보지 못한다고 하는 신념이 백인 우월적 자유주의를 옹호하는 데 이용될 수 있는 점을 유의해야 한다. 나아가 신인종주의는 한 그룹의 문화를 고정된 것으로 보는 문화본질주의를 표방한다는 점에서 생물학적 인종주의가 인종적 차이를 내재적이고 불변하는 것으로 보는 것과 같은 오류를 범한다.

---

[26] '인종 없는 인종주의'에 관련한 최근의 인종 비판 이론으로는 Eduardo Bonilla-Silva, *Racism without Racists: Color-Blind Racism and the Persistence of Racial Inequality in America*, 6th ed. (Lanham, MD: Rowman & Littlefield Publishers: 2021). 한국사회사학회, 이화여자대학교 아시아여성학센터, 서울대학교 아시아연구소 동북아센터는 "'인종' 없는 인종주의?: 아시아의 관점에서 인종화 연구하기"라는 주제로 공동학술대회를 개최하였다. 아시아의 맥락에서 '인종화' 담론을 발전시키는 중요한 시도인데, 아쉽게도 인종, 인종주의 그리고 인종 없는 인종주의에 대한 이론적인 논의가 부재했다.

신인종주의를 비판함에 있어 한국에서의 인종화를 다루는 우리의 논의에서 중요한 점은 피부색에 따른 인종이 아닌 문화를 강조하는 것이 신자유주의 경제의 배경에서 비롯되었다는 점이다. 영국과 유럽의 정치사에서 신인종주의는 1960년대 영국 보수당의 에녹 파월(Enoch Powell) 전 복지부장관의 강경 반이민 정책의 성공에 따른 뉴라이트(New Right) 정치를 배경으로 탄생하였다. 신인종주의는 외부인들을 향한 적대감에 대한 자연적 근거로서 문화적 차이를 강조하면서 '삶의 방식'(a way of life)을 문제 삼는다.[27] 그런데 문화적 차이를 강조하는 이 담론에는 역사적 배경이 있다. 제2차 세계대전 후 계급과 노동조합에 반하는 개념으로서 '민족'과 '국민'에 대한 강조가 이루어지면서, 그와 동일한 의미로 '문화'적 차별성을 강조하는 (신)인종주의가 우익 담론으로서 형성된 것이다. 즉, 뉴라이트 담론으로서 신인종주의는 영국의 경제를 재구축하는 신자유주의 경제의 이데올로기와 맞물려 있다. 자유시장 원칙과 제국의 문화적 유산과 전통적 도덕을 보존하고자 하는 사회권위주의가 결합한 결과로, 백인으로 대표되는 영국의 정체성은 민족/국가, 가정, 영국적(백인적) 삶의 방식으로 집약된다. 그리고 한 가지 더하자면 여기서 민족/국가는 그리스도교에 의해 대표된다.[28] 영국의 뉴라이트 정치와 신자유주의 경제의 역사적 맥락에서 발현한 신인종주의는 인종이 문화로 대체된 것뿐만 아니라 이러한 표면적

---

27 Avta Brah, *Cartographies of Diaspora: Contesting Identities* (London: Routledge, 1996), 163-168.
28 Ibid., 163.

전환에 백인우월주의, 국가주의, 신자유주의, 극우주의가 어떻게 결합하여 작용했는지를 이해하도록 도와준다.[29]

이처럼 신인종주의는 생물학적 인종주의의 위계에 호소하지 않고서도 문화, 민족 또는 국가적 정체성을 빌미 삼아 배제와 차별을 정당화하는 수사와 정책을 실행한다. 이로 인해 국민 내부에서도 종족/인종 중심주의와 비시민들에 대한 차별이 존재하게 된다. 한국 사회에서는 피부색이나 다른 표면적 유형에 근거한 인종차별이 크게 문제화되지 않는 반면,[30] 문화적 차이에 따른 인종주의 또는 일상적 인종주의는 사회 전반에 퍼져 있는 것으로 인식된다.[31] 특히 한국이 식민화, 전쟁, 근대화를 거치고 신자유주의의 질서에 편입되면서 지정학적 관련 속에서 강화된 민족/국가주의의 인종주의적 성격을 고찰하는 것은 남한과 북한의 우리/그들 관계 안에서 드러나지 않았던 북한의 인종화를 고찰하는 일에 도움이 된다.

---

29 전 세계적으로 번지고 있는 극우주의는 국가주의의 기치 아래 이민자, 망명자, 유색인종 외국인을 국가의 가치와 안전을 위협하는 대상으로 간주하며 내부 그룹의 정체성을 강화한다. 미국의 트럼프 대통령, 영국의 브렉시트(Brexit), 프랑스의 극우 국민전선당(National Front Party)의 마린 르펜(Marine Le Pen), 네덜란드의 자유당(Party for Freedom)의 헤이르트 빌더르스(Geert Wilders) 등이 대표적인 예다.

30 그럼에도 백인성에 대해 우월적 가치를 부여하는 것이 공공연하게 또는 무의식적으로 사회 전반에 퍼져 있는 점을 지적해야 한다. 무엇보다 한국은 반흑인 사회이다. 반흑인 인종주의가 심각하게 고려되지 않는 이유는 흑인의 존재가 위협적일 만큼 대다수도 아니고 두드러지지 않기 때문일 것이다. 한국인의 반흑인성에 대해 정회옥, 『한 번은 불러보았다, 짱깨부터 똥남아까지 근현대 한국인의 인종차별과 멸칭의 역사』 (위즈덤하우스, 2022), 2부 2장.

31 한국 사회에서 일상적이고 반복적으로 실천되어 상식과 규범이 되어 가고 있는 일상적인 인종주의(banal racism)에 대해 김범선·조영한, "한국의 일상적 인종주의에 대한 고찰: 다문화가정 자녀에 대한 뉴스 담론을 중심으로," 「한국언론학보」 65-1 (2021): 71-103.

단일민족이라고 하는 혈통적 접근이나 문화적 차이를 강조하는 입장 등이 고려될 수 있으나, 신자유주의 질서 아래 급격하게 변화하고 있는 남과 북의 국가 의식과 관계에 표면적으로 드러나지 않는 인종화의 과정은 보다 심층적인 논의의 필요성을 요구한다.

북한의 인종화

적지 않은 연구들이 한국의 근대 민족주의 의식이 인종주의와의 관련 속에서 형성되었고, 특히 피부색에 따라 인종을 위계화하는 사고가 팽배했음을 지적하였다.[32] 즉, 서구 열강이 한반도에 진출하면서 그리고 일본의 식민지 지배 과정을 겪으면서 서구적 인종 의식이 수입되었다고 한다.[33] 1880년대부터 조선의 개화파 지식인들은 개화와 문명을 추구하고 있던 일본이 주도하는 동문동종(同文同種), 즉 두 나라의 문자와 인종이 같다는 아시아연대론을 받아들였고, 이러한 사상은 러일전쟁으로 백인종에 대항해 황인종의 단결을 도모하는 황백대결론 또는 황인종주의에 의해 강화되었다.[34] 그러나 일본의 아시아 연대와 아시아 침략은 동전의 양면이었다.

---

[32] 배성준, "국민주의와 인종주의 — 국민주의는 어떻게 작동하는가?," 「역사비평」 104 (2013): 348-386, 375. http://contents.history.go.kr/front/km/print.do?levelId= km_029_0070_0030_0010&whereStr=.

[33] 박노자, "한국적 근대 만들기 1 — 우리 사회에 인종주의는 어떻게 정착되었는가," 「인물과 사상」 45 (2002), 160.

일본은 한국의 강제 병합을 정당화하기 위해 고대에 한국과 일본은 공통의 조상을 가진 한민족이었다는 역사적 서사를 만들었다. 한국은 약한 '분가'인 반면 일본은 부유하고 강한 '본가'로서 혈연적 유대 관계가 있으니, 병합을 통해 고대 관계를 회복하여야 한다는 주장을 펼친 것이다.35 한편 백인종 제국주의 침략에 맞서 독립과 근대화를 추구하면서 형성된 조선의 정체성은 동시에 아시아연대론을 주창하는 일본 제국주의의 침략성이 전제한 열등한 인종으로서 식민지 조선이었다.

이렇게 백인 인종을 타자화하면서 동시에 황인종 내에서 위계를 만드는 인종화는 동아시아 전반에 열강의 침입과 식민화의 위기 속에서 혈연에 기반을 둔 단일민족의 관념을 근간으로 하는 민족(nation) 개념을 형성하고 민족주의를 고취시켰다.36 이러한 한국의 한민족 집단 정체성의 이데올로기를 '종족민족주의'라는 말로 표현할 수 있겠다. 동아시아에서 가장 먼저 민족국가를 수립한 일본의 지배 이데올로기가 '천황 앞에 평등한 신민(臣民)'이라는 국민을 창출한 '가족국가론'이었다면, 조선은 식민화의 과정에서 단군의 자손이라는 혈통적 계보를 민족 형성의 근간으로 삼았다.37 배성준에 따르면 조선 후기에 이미 단군을 '국조'로 기술한 문서가 있지만,

---

34 박노자, "한국적 근대 만들기 2 — 인종주의 또 하나의 얼굴," 「인물과사상」 46 (2002), 141.
35 Seungyop, Shin, "Resembling the Opponent: Nationalist and Colonialist Historiographies in Modern Korea," *Acta Koreana* 21, no. 2 (2018): 525-551.
36 배성준, "국민주의와 인종주의," 371. 배성준은 '민족주의'란 용어 대신 '국민주의'를 사용한다.
37 앞의 글, 373; 백동현, "러일전쟁 전후 '민족' 용어의 등장과 민족인식," 「한국사학보」 10 (2001): 160, 164.

1908년 즈음에는 단군의 혈통적 계보를 일원화하면서 조선 인종을 보존하자는 '보종론'(保種論)이 등장했으며, 이로써 국민(민족)의 형성이 예고되었다고 한다.38 식민화의 과정에서 강화된 순혈주의를 바탕으로 하는 민족주의는 대한민국의 수립과 한국전쟁을 거치면서 탈식민의 국민주의, 즉 단일민족의 이데올로기인 '일민주의'로 고착화되었다.39

이렇듯 전근대 한국 사회에는 인간을 피부색이나 신체 표현형에 따라 구분하는 관점이 존재했으나, 일본의 아시아 패권주의와 식민주의 영향 아래 민족주의가 인종주의를 흡수하게 되었다. 대신 인종주의는 황인종 내부에서의 차별화라는 양상으로 나타나게 되었다. 또한 단일한 인종으로 구성된 민족이라는 이데올로기와 더불어 서구의 직접 식민 지배를 모면했던 한국 사회에서 인종과 인종주의는 큰 사회적 이슈나 지배적인 담론이 되지 않았다.40 이런 역사적 배경에서 혈통, 언어, 문화, 영토성에 있어서 '우리'의 동질성을 공유하는 북한이라는 타자를 인종 개념을 통해 고려하는 것은 무모해 보일지 모른다. 남한은 민족국가로서 사회 안에 다른 인종/종족 소수자들을 포함하는 한편, 혈통적으로 동일 민족인 북한은 국가 밖에 모호하게 존재한다. 대한민국 헌법 제3조에 따르면 "대한민국의 영토는 한반도와 그 부속도서"이다. 이에 따라 "북한 주민은 대한민국 국민이고

---

38 배성준, "국민주의와 인종주의," 376.
39 앞의 글, 380.
40 인종을 유독 눈에 띄게 하는 존재는 '혼혈인들'이었는데, 이는 한민족의 순수한 혈통을 강조하는 순혈주의 때문이다.

북한을 이탈한 북한 주민인 탈북민도 한국 국적을 가진다."[41] 그러나 현실적으로 남한과 북한이 두 국가체제라는 특수한 입장은 nation이란 개념을 민족과 국가로 구분하여 쓰도록 만든다. 여기에 인종 개념을 적용하면 문제는 더 복잡해지지만, 북한과 남한이 자기와 타자를 형성하는 과정에 어떻게 인종화가 작용하고 있는지를 세 가지 측면에서 접근해 볼 수 있다. 첫 번째는 북한이 주체로서 진행하는 인종화다. 두 번째는 북한을 대상으로 행해진 인종화다. 마지막으로는 한국에 '우리'이면서 '그들'인 모호한 정체성을 가진 탈북민의 인종화. 여기서 탈북민은 대상이면서 주체이기도 하다.

우선 북한이 단일민족 정체성을 이해하고 남북 관계를 규정하는 데 있어 어떻게 인종적 사고가 작동하는지 살펴보자. 민족과 국가라는 정체성 외에도 북한과 남한이 무엇보다 단군이라는 같은 조상을 가진 한 혈통이라고 상정할 때, 여기 인종 개념이 관여한다. 남한이 인종과 인종화에 관한 사회적, 학문적 관심을 크게 기울여오지 않은 반면, 북한은 국가의 정체성을 정립하는 데 있어 끊임없이 인종적 사고를 해 왔다. 북한은 순혈주의와 유사한 개념인 '핏줄 국가'(lineage based nation)라는 표현을 사용한다.[42] 북한은 유독 순수 인종임을 강조하며 조선화, 김일성 민족 등 혈통, 친족, 가족에 집중된 국가 정체성을 천명해 왔다. 1990~1994년 사이

---

[41] 박정원, "'재중 탈북민' 강제 북송의 법적 문제와 대응,"「법제논단」(2024): 9-36. 10.23028/moleg.2024.706.001.
[42] 이형우,『피줄국가 북한: 구석기 · 인류 · 인종』(서울: 박영사, 2024).

북한이 민족의 원시조를 단군으로 재천명한 것은 구석기 연구 등 고인류학에 있어 국제적으로 월등한 위치에 있는 가운데 국가 정체성을 확고히 하려는 노력과 무관하지 않다. 북한은 다윈의 인류 진화에 대한 이론도 적극 수렴하였다. 외부의 영향 없이 면면히 이어온 '핏줄'은 역사적 합법칙성에 따른 북한의 이상적 진화를 보여 준다. 이형우의 주장에 따르면 식민지 조선이 근대화의 과제 앞에 사회진화론을 받아들였다면, 북한은 여전히 체질인류학을 발전시킴으로 사회진화론을 고수하며 이런 식으로 자신들만의 "독특한 역사적 과정으로 인종을 개념화하고 실천하였다."[43]

이렇게 혈통에 근거한 단일민족을 수호하는 북한에게 남한의 다민족, 다인종 사회는 "남조선을 이민족화, 잡탕화, 미국화하려는 용납 못 할 민족말살론"으로 간주된다.[44] 북한은 이러한 "겨레의 지향에 배치되는 반민족론"을 "북과 남을 혈통이 서로 다른 지대로 만들고" 민족을 영구 분열시키려는 시도라고 본다. 남한의 '혼혈인 문제'도 미국의 남조선에 대한 군사적 강점의 산물로 보는 등 북한에게 인종/민족 순수성의 문제는 지배주의, 식민주의에 대한 저항과 밀접한 관련이 있다. 다시 말해 민족의 단일성은 제국주의에 대항하고 통일을 추구하는 데 있어 필수적인 정신적 원천인 것이다. 그러나 마이어스(B. R. Meyers)는 그의 책 『가장 순수한 인종』(*The Cleanest Race*)에서 순혈주의에 기반을 둔 북한의 국가 이데올

---

43 앞의 책, 225.
44 "'다민족, 다인종사회'론은 민족말살론," 「노동신문」 2006. 4. 27., http://www.kcna.co.jp/calendar/2006/04/04-27/2006-0427-009.html.

로기의 기원은 공산주의나 스탈린주의의 좌파 이념도 아니고 신정통 유교의 영향도 아닌, 편집증적 종족국가주의이며 일본의 식민주의에서 물려받은 극우주의(fascism)라고 주장한다.45 북한이 순수하고 연약한 어린 인종(child race)이라는 것은 인민들이 김일성을 아버지로, 김정일을 어머니로 숭앙하는 데서 드러난다. 마이어스는 북한은 물론 남한에도 퍼져 있는 반미주의를 인종주의 이데올로기 그리고 극도의 외국인 혐오라고 규정한다.46 그러나 비평가들은 부모-자식의 상징이나 '모국'과 같은 수사는 레닌과 스탈린에게도 보이고, 마오가 이끈 중국에도 강한 외국인 혐오와 인종주의가 존재했는데, 북한의 인종주의가 전시 일본 제국의 유사 극우주의로부터 유래한다는 마이어스의 주장은 설득력이 없다고 본다.47

극우주의는 기본적으로 자본주의의 사회 경제구조에서 탄생하며 반국

---

45 B. R. Myers, *The Cleanest Race: How North Koreans See Themselves and Why It Matters* (Hoboken, NJ: Melville House, 2010), 166; 고명희·권오열 역, 『왜 북한은 극우의 나라인가』 (서울: 시그마북스, 2011).

46 북한의 인권 문제가 국제사회의 주목을 받아 왔지만, 2019년에는 한국 내 북한 인권 단체들이 유엔 인권이사회 '보편적정례인권검토'(Universal Periodic Review, UPR)에 북한의 인종차별과 혐오에 관한 문제를 제기하는 등 북한이 체제 유지를 위해 인종주의와 차별을 선동하고 있다는 의견이 제기되었다. "한국 인권단체, 북한 매체의 인종차별 표현 관련 각국에 서한 발송," 「BBC News 코리아」 2019. 3. 22., https://www.bbc.com/korean/news-47663171.

47 Alzo David-West, "North Korea, Fascism and Stalinism: On B. R. Myers' The Cleanest Race," *Journal of Contemporary Asia* 41, no. 1 (2010): 146-156. 10.1080/00472336.2011.530043; Charles K. Armstrong, "Trends in the Study of North Korea," *Journal of Asian Studies* 70, no. 2 (2011): 360-361, https://doi.org/10.1017/S0021911811000027.

제주의, 반물질주의 등의 특징을 보이는데, 이런 점에서 북한을 극우주의와 동일시할 수 없다.48 김수지는 마이어스의 주장이 북한을 유아화(infantilize)하는 오리엔탈리즘을 반영하고 있다고 비판한다.49 북한의 극우주의와 인종주의를 구성한 마이어스의 책은 북한의 선전 자료를 통해 연구를 수행한 것으로, 북한에 대한 서구의 왜곡된 시각을 전형적으로 반영하고 있다. 재미 북한 전문 연구자 박한식은 북한의 종족국가주의와 우월주의는 외세에의 저항과 민족 자부심을 근간으로 하는 주체사상에 기인한다고 본다.50 그리고 이러한 사상은 국제사회에서 북한의 입지가 더욱 불리해지는 가운데 김일성으로부터 김정은에 이르기까지 지속되어 온 것이다.

그러나 분단과 냉전 이후 남한과 북한이 공유했던 순혈주의를 바탕으로 한 단일민족 이데올로기는 최근 변화를 겪기 시작했다. 2023년 12월 30일 김정은 위원장은 노동당전원회에서 "우리가 동족이라는 수사적 표현 때문에 미국의 식민지 졸개에 불과한 괴이한 족속들과 통일 문제를 논한다는 것이 우리의 국격과 지위에 어울리지 않는다"라고 선언했다.51 '동족'은 더 이상 두 체제 한 민족의 정체성이 아니라 '수사적 표현'에 불과하다. 남한은 한 혈통 또는 친족이 아니라 상이한 '족속'이다. 김정은 위원장은

---

48 David-West, "North Korea, Fascism and Stalinism," 150.
49 Syzy Kim, "(Dis)Orienting North Korea," *Critical Asian Studies* 42, no. 3 (2010): 481-495. 10.1080/14672715.2010.507397.S2CID 145246911.
50 H. S. Park, *North Korea: The Politics of Unconventional Wisdom* (Boulder, CO: Lynne Rienner, 2002).
51 https://www.yna.co.kr/view/AKR20231231010352504.

2024년 1월 최고인민회의 시정연설에서도 "남조선" 대신 "동족 의식이 거세된" "대한민국"이란 명칭을 사용하면서, 북남 관계를 "더 이상 동족 관계, 동질 관계가 아닌 적대적인 두 국가 관계, 전쟁 중에 있는 완전한 두 교전국 관계"라는 점을 재차 확인했다. 국책 연구 기관인 통일연구원의 한 분석에 따르면 남한에 대한 이러한 북한의 인식 변화는 핵무장의 고도화에서 강조되는 '군사화'를 반영한다고 한다.[52] 그리고 이러한 군사화는 한미일 자유주의 삼각 동맹과 북중러 북방수정주의 동맹의 대결 구도가 고조된 신냉전 상황에 따른 '국제화'의 전략적 맥락에서 파악될 수 있다. 평화적 연방제 통일에서 군사력에 기초한 무력 평정 원칙으로 선회한 데는 이처럼 국제정치의 맥락에서 "고립과 포위에서 벗어나 생존을 도모"하고자 하는 의도가 있을 것이다.[53] 그러나 동시에 우리는 이 선언들에서 전례 없는 단일민족 의식의 변화를 엿볼 수 있다. 2024년 시정연설에서도 김 위원장은 "삼천리금수강산", "8천만 겨레" 등 "북과 남을 동족으로 오도하는 낱말을 사용하지" 않을 것, "동족, 우리 민족끼리, 평화통일 등의 상징으로 비추어질 수 있는 과거 시대의 잔여물을 처리"하기 위한 대책을 세울 것, "공화국의 민족 력사에서 통일, 화해, 민족이라는 개념 자체를 완전히 제거"해 버릴 것을 주창했다.[54]

---

[52] 김진하 외, "김정은 정권 대남전략 전환 분석," 통일연구원 (2024), https://repo.kinu.or.kr/bitstream/2015.oak/15347/1/김정은%20 정권%20대남전략%20전환%20분석_편집7차%20-%20 책갈피.pdf.

[53] 앞의 글, 52.

[54] 「노동신문」 2024. 1. 16., http://www.rodong.rep.kp/ko/index.php?OEAyMDI0L

이러한 입장이 급변하는 남북의 정세 속에 그리고 신냉전 구도 속에 지속될지, 변화할지는 예측할 수 없다. 현재 우리가 알 수 있는 것은 북한이 국제적으로 고립된 상황 속에서 끊임없이 종족국가주의를 기반으로 자신의 국가적, 대외적 정체성을 확고히 하는 동시에 민족공동체의 구성원이자 타자인 남한을 다른 방식으로 규정하려는 시도를 해 왔다는 것이다. 이 글에서 지면과 자료의 한계로 인해 다루지 못한 부분은 북한 주민들이 과연 국가의 지배적인 인종적 이데올로기를 그대로 수렴하고 있는지에 관한 것이다. 이어서 대한민국이 인종/민족적 동질성을 보유한 국가체제 상의 타자인 북한을 어떻게 구성하거나 재현해 왔는지를 다룬 뒤, 탈북자들이 경험하는 인종화 과정을 논의하면서 북한 (이탈) 주민의 주체성을 제한되나마 고려해 볼 것이다.

북한과 탈북민의 타자화

남한에게 북한은 한국전쟁을 통해 탄생한 한민족적 타자이다. 특정 민족 내의 타자들은 시민전쟁에 의해 생성될 수 있지만, 한국전쟁은 남북한 두 주체만의 전쟁이 아니라 패권적 타자들이 개입한 냉전의 산물이었다. 브루스 커밍스(Bruce Cumings)는 오리엔탈리즘과 인종주의가 미국에서 오

TAxLTE2LU4wMDFAMTlAQOydvOuzuEAxMTE5MQ==.

랜 역사를 가지고 있으며 태평양전쟁과 한국전쟁을 수행하는 데 지대한 영향을 미쳤다고 한다.[55] 미국이라는 우방의 지원으로 수립된 남한은 미국의 북한을 향한 오리엔탈리즘 관점의 영향으로부터 자유롭지 못하다. 오리엔탈리즘이란 동양과 서양을 두 개의 분리된 세계로 구성하며 타자인 동양에 대해 서양의 우월성을 정당화하는 지식의 체계이다.[56] 인종적 위계가 지배적인 서양 문화는 동양이라는 타자를 야만으로 묘사하는 동시에 서양이 이 타자에게 가하는 폭력을 지워버린다. 그래서 오리엔탈리즘과 전쟁에는 상호 관계가 성립한다. 서양이라는 자기(self)의 존재론적 안전을 확보하고 욕망을 정당화하기 위해 전쟁이 필요한 한편, 전쟁을 정당화하기 위해 위협의 요인으로서 오리엔탈리즘을 계속해서 생성해 내야 하는 것이다.[57] 나아가 오리엔탈리즘의 담론적, 군사적 폭력은 서구 식민주의의 자본주의적 욕망과도 밀접한 관련이 있다. 커밍스는 19세기 아시아 무역 파트너를 확보하기 위해 미국의 군 관료, 정책 입안자, 학자들이 함께 만들어 낸 미국판 오리엔탈리즘이 한국전쟁에서 공산주의 북한을 적으로 악마화하고 비인간화하며 폭격과 학살을 자행하는 것을 가능케 했다고 한다.[58] 서구 식민주의의 담론적 무기가 동양을 타자화하는 오리엔

---

55 Bruce Cumings, "American Orientalism at War in Korea and the United States: A Hegemony of Racism, Repression, and Amnesia," Tarak Barkawi and Ketih Stanski, eds., *Orientalism and War* (London: Hurst, 2012).

56 사이드는 오리엔탈리즘의 핵심은 차이(difference)의 이데올로기라고 한다. Edward W. Said/박홍규 역, 『오리엔탈리즘』(서울: 교보문고, 2015; 영문 초판, 1978).

57 Patrick Porter, *Military Orientalism: Eastern War through Western Eyes* (London: Hurst, 2009).

탈리즘이었듯이, 미국의 오리엔탈리즘은 지정학적, 경제적 이익을 추구하는 가운데 시작되었고 냉전의 상황 속에서 군사적 패권주의와 함께 북한의 인종화가 이루어졌다. 서구의 신자유주의 자본주의 정치 체제가 중동과 아시아를 파벌, 분쟁, 반란으로 점철된 후진 국가들로 표현하며, 따라서 서양의 제재와 개입을 필요로 하는 공간으로 보는 것과 일관성이 있다. 서구 미디어는 북한과 이란을 핵을 보유한 '오리엔탈 독재'라고 표현해 왔으며, 비서구 국가는 핵탄두를 다루는 데 있어 신뢰할 수 없다는 관점을 표현하기 위해 '핵 오리엔탈리즘'이라는 말을 만들어 냈다.[59] 미국과 서구의 매체는 북한을 원시적 후진성을 벗어나지 못하는 전체주의 국가로 보는 관점을 통해 북한과 남한의 간격을 더 벌려 놓았다.

냉전이 종식된 뒤에도 북한 붕괴가 불가능하다는 것을 아는 미국은 경제 제재와 정치적 고립을 이용한 북한 붕괴 전략으로 선회했다. 특히 1990년대 이후부터 미국은 이미 북한에 대한 악마화를 본격적으로 가동하기 시작했다.[60] 1980년대 영국의 대처 수상과 미국의 레이건 대통령이

---

58 Commings, "American Orientalism," 44. 클라인은 미국이 제2차 세계대전 후에 군사력을 국제적으로 확장하기 위해 인종적 관용과 포용을 공식 이데올로기로 내건 한편, 잡지, 소설, 영화 등 문화적 매개를 통해 아시아를 어떻게 오리엔탈리즘의 시각으로 묘사하는지를 분석한다. Christina Klein, *Cold War Orientalism: Asia in the Middlebrow Imagination, 1945-1961* (Oakland, CA: University of California Press, 2003).
59 Tarak Barkawi, "Nuclear Orientalism," *Aljazeera* 2013. 4. 17., https://www.aljazeera.com/opinions/2013/4/17/nuclear-orientalism.
60 박한식, "한국전쟁 70년… 미국의 '북한 악마화' 넘어서야 끝난다,"「한겨레신문」 2020. 6. 12., https://www.hani.co.kr/arti/politics/defense/948637.html.

주도한 신자유주의가 새로운 국면을 맞을 때다. 공교롭게도 1994년부터 1998년까지 북한은 지독한 가뭄과 홍수로 극한 기아 상태를 경험하며 '고난의 행군'을 감내했다. 구소련의 붕괴로 공산권 구상무역이 소멸한 데다가 취약한 사회적 인프라와 함께 공공 배급 제도를 실행하는 정치경제 체제의 한계가 사태를 악화시켰다는 비판들이 쏟아져나왔다.[61] 동시에 식량 원조의 유용에 대한 우려에도 불구하고 식량 공급에 쓰이지 않은 돈이 지하시장경제를 활성화하는 긍정적 결과를 가져왔다는 분석도 있었다.[62] 그러나 전 지구적 신자유주의 경제구조와 미국 등 열강의 대북 제재를 고려할 때, 과연 북한의 시장경제 도입 또는 활성화가 영속적인 식량 문제를 해결해 줄 수 있을지는 미지수다. 특히 북한은 앞으로도 더 가속될 기후 위기 재난에 매우 취약한 사회다. 이렇게 1990년대의 신자유주의 세계 경제체제와 북한이 내부적으로 경험한 재난과 기아는 국가의 대외적 위상에 큰 변화를 가져왔다. 국제사회는 그 어느 때보다도 북한을 인권이 유린된 후진 사회로 단정하며 빈곤과 영양결핍으로 고통받는 북한 사람들의 모습을 부각시켰다. '은둔의 왕국'에 사는 사람들의 실상이 노출되기 시작한 것은 같은 시기인 1990년 이후 수만 명의 북한

---

61 최현정, "이슈브리프 2014-22: 2014 기상이변과 북한사회의 위기 가능성," 아산정책연구원 (2014), https://www.asaninst.org/contents/2014년-기상이변과-북한사회의-위기-가능성/. 기아로 인한 사상자의 수는 수십만에서 백만으로 추정되며, 이와 관련된 다양한 보도가 존재한다.

62 Stephan Haggard and Marcus Noland, *Famine in North Korea: Markets, Aid, and Reform* (New York: Columbia University Press, 2007).

주민이 국경을 넘어 북한을 이탈하기 시작한 것과도 맞물린다.[63] 중국으로의 경로를 택한 이들은 다시 북한으로 돌아가는 경우가 많았으며, 영구히 조국을 떠나고자 한 사람들은 주로 남한에 정착했다.

한국 내 정착 탈북민에 대해 논의하기 전에, 북한을 재현하는 또 다른 사람들을 언급할 필요가 있다. 이지현은 해외 북한 식당이라는 초국적(transnational) 공간에서 파견된 북한 여성 노동자들이 어떻게 '북한적인 것'을 수행하는지를 젠더, 인종, 계급의 교차적 관점에서 탐구한다.[64] 고난의 행군을 이겨낸 북한은 주민 일부를 노동자로 선발하여 중국, 러시아, 동남아시아 등 해외에 파견하기 시작하였고, 이는 2000년대부터 전 지구적 시장경제 및 국제 이주 추세에 따라 더욱 본격화되었다. 해외 북한 식당 파견 노동자들은 모두 젊은 여성들로서 전 세계적 이주노동이 여성화되어 온 추세와 유사한 맥락이 있다. 그들은 음식 서빙뿐 아니라 공연을 통해 가부장적 독재 국가에서 '순종적'으로 길들어진 '젠더화된' 몸과 동양적인 아름다움 수행을 동시에 재현해 낸다. 북한 식당은 초국적인 자본주의 시장의 한 공간으로서, 북한적인 것은 중산층 '코스모폴리탄', 주로 백인과 남한 사람들에 의해 소비된다.[65] 북한이 신자유주의 경제질서 안에 들어오기 시작한 부분적 맥락을 보여 준다고 할 수 있다. 북한 여성 노동자에

---

63 Ralph Hassig and Kongdan Oh, *The Hidden People of North Korea: Everyday Life in the Hermit Kingdom*, 2nd ed. (Ranham, MD: Rowman & Littlefield, 2015).
64 이지현, "초국적 공간에서 북한 여성의 노동과 재현의 정치: 젠더, 인종, 계급의 교차와 '북한적인 것'의 구성," 「한국여성학」 39-1 (2023): 137-170.
65 앞의 글, 159.

대한 오리엔탈리즘의 시선을 통해 서양의 타자인 북한이 젠더화/인종화되는 것을 보여 주는 이 연구에서 아쉬운 것은, 해외 파견 노동자들이 자신의 노동과 예술 활동을 통해 북한적인 것을 수행하는 데 있어 어떻게 자신의 주체성을 구성하고 있는지를 충분히 강조하지 않은 점이다.

북한의 해외 파견 노동자들은 철저하게 국가의 감시와 통제 아래 있다. 반면 북한 이탈 주민들은 감시와 여러 위험을 무릅쓰고 생존을 위해 국경을 넘은 사람들이다. 그러나 생사를 넘나드는 탈북 행로를 거쳐 남한에 도달했을 때 동족인 그들이 경험하는 것은 '후퇴하고, 무식한, 시골 출신'이라는 경멸적 시선이다.[66] 제니퍼 허프(Jennifer Hough)는 2013~2015년 그리고 2018~2019년에 남한에 거주하는 130명 탈북민을 대상으로 심층면접 조사(ethnographic) 연구를 통해 인종과 유사한 종족적 표지인 언어, 특히 어조와 억양이 탈북민들의 인종화에 작용한다고 주장한다.[67] 다시 말해 이 인종화의 과정에는 언어와 말하는 방식 같은 분별할 수 있는 차이를 바탕으로 한 문화적 특성이 타자성과 열등성을 결정짓는 요인으로 작용한다는 것이다. 다른 인종적 소수자들과 달리 탈북민들은 한민족 구성원으로서 남한에 도달한 동시에 시민권과 정착 교육을 받는 특권을 누리지만, 어투와 같이 구별 가능한 외양적 차이 때문에 사회에서

---

66 Armstrong, "Trends in the Study of North Korea," 359.
67 Jennifer Hough, "The racialization of North Koreans in South Korea: diasporic co-ethnics in the South Korean ethnolinguistic Nation," *Ethnic and Racial Studies* 45, no. 4 (2022): 616-635, https://www.tandfonline.com/doi/abs/10.1080/01419870.2021.1921237.

외부인으로 인지되며 차별을 경험하게 된다. 언어뿐 아니라 오랜 기간 영양결핍으로 인해 북한 사람들의 몸과 키는 남한 사람들에 비해 왜소한 점도 관찰되었다. 소비자본주의로 인해 유별나게 외모 지상주의가 심화된 한국 사회에서 탈북민의 몸은 이상화된 남한 사람들의 몸과 비교해 다른 몸으로 인식된다. 이 차이가 탈북민의 몸에 새겨지는 과정 역시 인종화의 일부라고 할 수 있다.[68]

한민족 구성원이며 법적으로도 시민권이 부여되는 탈북민이 사회에서 주변화되는 또 다른 이유는 냉전의 유산이 잔존하는 남한에서 종종 그들의 정치적 배경이 의심되기 때문이다. 탈북민의 사회 정체성이 쉽게 정치화되는 것은 남한 사회에서 좌파 성향 인사들을 '종북', '빨갱이'로 명명하는 반북한 정서와도 맞물린다.[69]

탈북민의 인종화 과정에 교차하는 다른 요소들도 주시할 필요가 있다. 탈북자들 가운데 다수인 함경도 출신들은 조선족과 억양이나 말하는 방식이 비슷해서 종종 조선족으로 오인된다. 조선족 사람들은 한국에 거주하는 디아스포라이면서도 중국 국적이기에 외국인으로 취급된다. 1992년 남한과 중국의 관계가 정상화된 이래 중국에서 남한으로의 이주가 증가했으며, 2020년 중국 국적자들이 남한 거주 외국인들의 절반을 차지하게 되었다. 남한 사회는 미숙련 노동자들 또는 결혼 이주자들로 온 조선족을 환영했지만, 외국인들이 점증하는 것에 대한 대중적 염려가 커지자 이주

---

68 Ibid., 627.
69 Ibid., 622.

정책을 제한하기 시작했다. 조선족을 불법 이주노동자나 범죄자로 보도하는 경향을 미디어에서 자주 보는 것도 이러한 사회적 반응과 관계가 있다. 이 점에서 탈북민이 조선족보다 더 나은 위치에 있는 것은 국적(nationality)이 종족(ethnicity)보다 우위에 있음을 보여 준다.[70]

반대로 어떤 탈북민들은 국적의 이점에도 불구하고 자신들을 조선족으로 위장하는데, 여기에는 경제적 동기와 젠더 요소가 작용한다. 한국 노동시장의 필요에 따라 조절될 수 있는 임시 노동력을 충당해 온 조선족은 저임금을 받을지라도 일자리를 얻기 어려운 탈북민보다는 그나마 유리한 입장에 있다. 탈북 여성들의 경우 여성에 대해 보수적이고 가부장적 남한 사회의 선입견과 성차별로 인해 자신들의 신분을 감추는 경우가 많다. 이 여성들은 당국에 발각되어 북한으로 강제 이송되는 것을 피하기 위해 북한을 떠나 중국인이나 조선족 남성과 사실혼 관계를 맺기도 한다. 탈북 여성이 쉽게 중국 성 밀매의 피해자가 된다는 보도들도 있다. 북한 여성과 중국인 사이에서 태어난 자녀는 '중국과 북한이라는 기표'를 동시에 지님으로 탈북민 사회 내부에서도 타자화된다고 한다.[71] 인종화된 위계가 남한 사회뿐만이 아니라 탈북민 사회 내부에도 존재하는 것이다. 2024년 9월

---

70 Ibid., 623-624. 조해진, 『로기완을 만났다』(서울: 창비, 2011)에서는 중국을 거쳐 벨기에에 도착한 탈북자 로기완이 정착 지원금을 노린 탈북민을 가장한 조선족이 아니라는 것을 증명해야 하는데, 북한에서 온 증거를 제시하지 못해 난민으로 인정되는 데 어려움을 겪는 과정을 묘사한다. 이 경우에는 난민과 외국인 노동자의 차이가 부각된다.
71 최선경, "인종화된 위계 속 '자격 있는 시민' 되기: 북한 출신 대학생의 모임 참여 사례를 중심으로," 「통일연구」 28-1 (2024), 164.

현재 88%에 가까운 탈북민이 여성인 점을 고려할 때, 정치적인 의심, 경제적인 이유와 더불어 인종과 젠더와 성이 탈북민의 타자화에 큰 요인이 된다고 할 수 있다.[72] 이렇듯 탈북민과 조선족 사이의 경계가 유동적인 점은 국적과 종족 개념이 정치, 경제, 성/젠더와 교차하는 지점에서 긴장 관계에 있음을 보여 준다. 한편 탈북민, 특히 여성들은 인종화의 대상일 뿐 아니라 생존과 필요에 의해 차이의 표식인 언어의 차이를 극복하거나 자신의 정체성을 새롭게 정의함으로 탈인종화를 시도한다. 이 점에서 이들은 인종화의 주체이기도 한 것이다.

탈북민들이 자기 정체성을 감추거나 위장하는 것은 남한 사회에서 생존하기 위한 전략이다. 탈북자들의 33%가 다시 북한으로 돌아가기를 원하는데, 이는 고향과 가족에 대한 그리움, 문화적 차이에 따른 인종차별 외에도, 사회주의 가치와 이념이 체화된 그들에게 고도의 신자유주의 자본주의 체제 아래 삶의 방식이 압박으로 다가오기 때문이다. 최선경은 북한 출신 대학생들이 '자격 있는 시민'이 되도록 돕는 모임들에 참여하면서 그들이 어떠한 자기 기획 과정을 거치는지를 분석한다. 남한의 인종화된 사회적 배제와 위계적인 가치체계 속에서 살아가는 탈북민은 새로운 주체로 재사회화될 것을 주문받는다. 남한의 신자유주의 체제는 개인이 무한경쟁을 요구하는 교육의 소비자로서 끊임없는 자기 계발을 요구하는데, 탈북 대학생들에게는 스스로 삶을 책임지는 주체로 거듭나는 것이

---

[72] 통일부, https://www.unikorea.go.kr/unikorea/business/NKDefectorsPolicy/status/lately/.

'자격 있는 시민'이 되는 길인 것이다.73 모임에 참여한 학생들은 인종화된 사회적 위계 속에서 기초수급자가 아니라 자신의 생계를 책임지면서 '문화적 시민권'을 획득하고자 하는 욕망을 표현한다.74 이러한 욕망은 한국 사회가 부여한 기준에 스스로 통합시키면서 "'북한인다움'을 재영토화"하는 과정으로 이해할 수 있다.75

앞서 언급한 해외 북한 파견 여성 노동자들의 북한적인 것 또는 탈북민 대학생들의 북한인다움은 신자유주의 자본주의 체제에 노출되거나 편입된 북한 사람들이 어떻게 인종화되는지를 보여 주는 예다. 또 한편 이들은 이러한 재현 또는 동화의 과정에서 국가, 인종, 문화, 세대, 젠더의 요소들이 교차하는 정체성을 형성해 가는 주체로 보인다. 지배 문화가 오리엔탈리즘의 시선으로 이 타자들을 바라보든지, 그들의 '삶의 방식'을 문제 삼든지, 그들은 계속하여 자신의 정체성을 형성해 나가는 것이다.

글을 맺으며

지금까지 서로 연결될 것 같지 않은 인종화의 맥락을 논해 왔다. 첫

---

73 최선경, "인종화된 위계 속 '자격 있는 시민' 되기," 150; 박소진, "'자기관리'와 '가족경영' 시대의 불안한 삶: 신자유주의와 신자유주의적 주체," 「경제와 사회」 84 (2009): 12-39 재인용.
74 최선경, "인종화된 위계 속 '자격 있는 시민' 되기," 169.
75 앞의 글, 173.

번째로 로마제국의 식민화된 상황 아래 초기 그리스도교는 유대교와의 관련 속에서 인종적 사고를 했음을 논했다. 당시 유대인들의 인종적 정체성은 혈통과 종교 외에도 영토적 소속감 같은 복합적인 다른 요소에 의해 형성되었다. 디아스포라, 유대 거주자들 그리고 갈릴리인들처럼 역사적으로 주변부에 살았던 사람들은 소위 모국(homeland)을 상징하는 이스라엘, 유대, 예루살렘에 대한 다양한 입장을 취했을 것이다.

2024년 부활절 즈음 한 유대계 미국 학자는 「워싱턴 포스트」에 예수를 '팔레스타인' 유대인이라고 포장하지 말라는 내용의 글을 투고했다.[76] 2023년 10월 시작된 하마스의 이스라엘 공격으로 인해 촉발된 전쟁 중에 나온 반응이다. 예수는 단순히 '유대인'이지 그를 팔레스타인 출신이라고 가정하는 것은 시대착오적이라는 것이다. 같은 영토 안에 사는 인종적 타자를 거부하는 이스라엘 국가와 시온주의자들의 유대인의 배타적 인종화가 현재에도 지속되고 있음을 볼 수 있다. 유대인 됨을 규정하는 것은 인종적이고 종교적인 것을 넘어 이데올로기적이고 정치적인 것이다.

이 점은 한반도에 깃들여 살고 있는, 소위 단일민족인 남한과 북한의 경우에 시사점을 준다. 단일민족의 신화는 민족국가의 형성과 외세에 저항하는 데 큰 동력이 되었고, 심지어 남과 북의 평화 통일의 근본 원칙으로 존재해 왔다. 순혈주의에 근거한 한민족 의식은 국제정치 관계에 의해

---

[76] Paula Fredriksen, "This Easter, let's not try to pretend Jesus was a 'Palestinian Jew'," *The Washington Post* March 29, 2024, https://www.washingtonpost.com/opinions/2024/03/28/easter-jesus-not-palestinian-jew/.

고조되기도 하고 위협되기도 하는 한편, 우리 안의 타자를 주변화하고 차별하는 데 사용된다. 한민족이라는 이념 아래 북한과 남한은 주체적으로 또는 수동적으로 국가 정체성을 수립하고 국가적, 이념적 타자를 만드는 데 있어서도 인종적 사고를 해 왔다. 다양한 인종과 인종화의 개념은 우리가 동질적이라고 보는 집합적 주체에게도 적용되었다. 특히 인종과 종교는 서로의 형성에 영향을 준다. 우리가 종교라고 생각하는 그리스도교와 유대교의 정체성과 관계성에 인종적 사유가 개입하듯, 인종화의 과정에도 종의 기원을 신성화하거나 신화화하는 (유사)종교적 사유가 작동한다. 일본이 아시아 패권을 유지하기 위해 국가의 생물학적-법제적 인종화를 도모하고 내외에 숱한 인종적 타자를 만들기 위해 신성화 작업을 한 것이 극명한 예다. 나아가 일본 제국주의는 고대로부터 한국이 혈통을 공유했다는 서사를 통해 한국을 그들의 인종적 위계 아래 복속시키려 했다. 유대 사람들과 갈릴리 사람들, 탈북민과 조선족의 예에서 관찰된 바처럼, 인종화에는 제국주의, 경제적 요인, 시민권, 젠더 등 복합적인 교차성이 개입된다.

마지막으로 인종화가 사람들을 특정 인종에 배정하는 과정이라고 했는데, 북한의 그리고 북한을 대상으로 하는 인종화에는 순혈, 피부색 등과 같은 생체 형질에 관련된 '인종' 개념과 아울러 한국의 특수한 지정학적 위치와 역사적 맥락 안에서 민족/국가주의, 토착민주의, 오리엔탈리즘과 같이 소위 문화적 차이로 우리-그들을 구분하는 신인종주의 이념이 유효하게 작용함을 살펴보았다. 신인종주의 비판에서 중요한 개념인 종족/국가(ethnonationalism), 문명(오리엔탈리즘), 문화(북한 [이탈]주민의 언어와 행동양식)들이 북한의 인종화에 어떻게 적용되었는지 살펴보았는데, 이 점들이 어떻게 실제적으로 구체화되는지 더 세밀한 연구가 필요하다. 이주가 사회문제화된 어느 사회에나 토착민주의가 인종주의의 다른 형태로 발현하고 있기에, 이 부분도 신인종주의에 편재한 우익 담론 또는 파시즘의 발흥의 맥락에서 더 깊이 다루어져야 한다. 한국에서 중국 사람들에 대한 극우적 혐오는 도를 넘어선 상황인데, 이러한 관점이 신냉전 구도를 향해 치닫는 동북아시아의 입지를 지켜보는 가운데 아직은 단일민족의 이데올로기 아래 '관용'(?)의 대상이 되어 온 북한과 북한 출신 사람들에게도 확장될지 지켜볼 일이다. 생물학적 인종주의는 물론, 문화적 언종주의의 본질주의와 환원주의 역시 면밀하게 비판할 점이 많은 만큼, 인종화 담론과 비판은 편견, 혐오, 차별 등 일상의 인종주의와 함께 문화적 인종주의 이면에 존재하는 백인우월주의, 제국/식민주의, 신자유주의적 자본주의, 가부장제의 교차성을 파악해야 할 것이다. 남한과 북한의 인종주의와 민족주의를 다루는 데 있어서 오늘날 지구적 세계 체제에서 작동하는 계급적 타자화와 인종의 정치학에 특별히 유념할 필요가 있겠다.

2장

일본의 이단아, 자이니치 디아스포라
— 이민진 장편 소설 『파친코』와 자이니치 문학의 경우

김응교

일본의 이단아, 자이니치 디아스포라
— 이민진 장편 소설 <파친코>와 자이니치 문학의 경우

김응교*

백제에서 조선통신사까지

사실 제1차 '한류'는 백제 시대부터 있었다. 6세기에 불교가 백제를 통해 일본으로 들어왔다. 교토에 있는 많은 사찰의 건축 양식이 백제식이라는 사실은 일본 사회에서도 상식이다. 일본 아스카 문명의 근원은 백제 문화이며 천황의 가족도 백제 혈통이 있다는 것은 숨길 수 없는 사실이다. 원래 김치는 붉은색이 아니었다. 그래서 옛날에는 배추의 흰색 때문에 '백채'(白菜)라고도 했다. 정대식 교수는 백제 사람 수수고리(須須許理)가

* 숙명여자대학교 교수

일본에 오이를 발효하는 기술을 가르쳐 주었다는 기록이 『고사기』에 나온다고 하면서, 그것이 지금 나라츠케(楢つけ)의 기원이라고 말한다.

2차 한류라면 '조선통신사'(朝鮮通信使)가 있다. 1592년 임진왜란이 일어나고 조선과 일본은 서로 다가가지 못할 정도로 크게 멀어졌다. 에도 막부는 조선과의 관계를 개선해 보려고 노력한다. 특히 '쓰시마 번'은 히데요시의 사망 후 조선에 교역을 재개해달라고 적극 요구하면서 사절을 파견한다. 각고의 노력 끝에 양국은 국교를 회복하고 조선에서 통신사가 1607년에서 1811년까지 약 200년 동안 모두 12회에 걸쳐 일본을 방문한다. 선비, 의사, 화가 등 조선의 문화예술인 440~500여 명이 대거 일본에 직접 방문하는 거대한 이벤트였다. 이 방문은 일본 각지 민중에게 꽤나

하네카와 도에이(羽川藤永), <조선통신사내조도>(朝鮮人來朝図) (개인 소장)

인기가 있었고, 지금도 그 행렬을 모방한 마쓰리(축제)가 각지에서 재현된다. 에도 시대 때 일본에게 조선은 대등한 외교 관계를 가진 유일한 나라였다. 조선에서 오는 손님들의 경비는 모두 일본에서 부담했다.

고대로부터 한일 교류사 이후 근대를 거쳐, 일본에 체류하고 있던 한국인은 어떻게 살아가고 있을까. 이 글은 일본에 사는 마이너리티인 '자이니치'(在日)에 대한 보고서다. 특히 자이니치들이 기독교와 어떤 관계를 가졌는지 살펴보려 한다.

먼저 용어를 설명하고 시작하자. 제목에서 "자이니치 디아스포라"라는 낯선 표현을 썼다. 우선 '자이니치'가 무엇인지 이야기하고, '디아스포라'에 관해 설명하려 한다. 마지막으로 '일본의 이방인'들에 대해 일본인들이 한국과 일본, 나아가 동아시아를 위해 어떠한 역할을 했는지 논하려 한다.

'자이니치 디아스포라'와 '기독교'라는 요소를 모두 충족시킨 이민진의 소설 <파친코>를 풀어가면서 이야기를 전개하고, 아울러 작가 양석일의 예를 들어 일본에 거하는 인종으로서 조선/한국인의 모습을 살펴보려 한다.

왜 '자이니치'인가

해외 각국에 흩어진 한국인은 약 600만 명이고, 이 중 1만 명 이상 사는 나라는 15개국이다. 15개국의 코리안 디아스포라가 모두 같은 처지에 있는 것은 아니다. 특히 일본에 거주하는 이들의 경우는 더욱 복잡하다.

일본에 거하는 한국인은 재일조선인, 재일한국인, 재일조선한국인, 재일코리안 등으로 불렸으며, 그들의 여권에는 조선이나 대한민국 중의 하나가 찍혀 있다.

'재일'학자인 강재언(姜在彦)과 이진희(李進熙)는 '조선인'이란 국적은 '무국적자'이지만, 두 항목을 하나로 하여 '재일조선한국인'으로 표기하자고 제안했고, 그들의 공저 『일본교류사』(日朝交流史)(有斐閣, 1995)에서 시종일관 '재일조선한국인'이라는 용어를 쓴다. 이 표현에는 '조선'을 '한국'의 앞에 두는 우열의 문제가 생긴다. 물론 어떠한 명칭을 부여하는가의 문제가 작품 분석을 위한 본질적인 문제는 아니다.

용어에 관한 문제는 이들이 택한 이념, 정체성과 복잡하게 연관되어 있다. 그 대안으로 김환기 교수는 『재일 디아스포라 문학』(새미, 2006)에서 '재일 디아스포라 문학'이라는 용어를 사용했다. 다만 '재일'이라는 용어는 한반도 중심으로 대상을 바라보겠다는 의식이 내재해 있다고 볼 여지가 있다.

일본에서는 재일조선인, 재일한국인들은 스스로를 '자이니치'라고 표현한다. 이들은 한국인(또는 조선인)으로 일본에서 태어나는 순간, 환대의 시간 속에서 느닷없이 차가운 사회적 차별을 경험해야 하는 종족이다. 이들에게 실제적인 정책적 배려 없이 재일조선한국인으로 지명하는 것은 지정학 혹은 행정적 의미만으로 구별하겠다는 뜻이 아닐까. 차라리 그들이 스스로 지명한 '자이니치'라는 용어가 차별과 소외를 표상하는 디아스포라의 속성을 가장 잘 드러낸다.

사실 '자이니치'라는 표기는 학술 논문에서는 낯설지만, 방송에서는

2003년 8월 17일 KBS 일요스페셜 "자이니치(在日)의 축제"라는 제목이 나온 뒤 일반적으로 쓰여 왔고,1 책 제목으로도 쓰였다.2

흔히 번역이라 하면 외국어를 자국어로 옮기는 것으로 생각하는 경향이 있는데, 그것은 번역에 대한 오해에서 비롯된다. 번역이란 언어의 번역을 넘어, 문화의 번역이며, 나아가 '번역'이란 단어가 품고 있는 이데올로기의 번역이다.

일본의 '야스쿠니 신사'라는 단어도 마찬가지다. 야스쿠니(靖國)를 우리말로 하면 청국인데, 그렇다고 청국 신사라고 쓰지 않는다. 왜냐하면 야스쿠니라고 쓰는 것이 그 신사가 갖고 있는 군국주의적 우익 이데올로기를 더욱 함의하기 때문이다. 마찬가지로 우리는 '디아스포라'를 '이산(離散)이라고 번역하지 않는다. 최근 활발하게 이루어지는 디아스포라 문학에 대한 논의는 "역사적인 우연이라기보다는 지적인 현실, 즉 지식인이 처한 현실 상황"3이라고 할 수 있다. 이산으로 번역한다면 흩어져 사는 상태를

---

1 "일본 속의 코리안, 자이니치 1부 — 자이니치 3세, 나는 누구인가?," MBC 심야 스페셜, 2004. 3. 1.; "일본 속의 코리안, 자이니치 2부 — 수상한 외국인, 자이니치," 2004. 3. 2.; "뉴 자이니치(在日) 양방언," MBC 스페셜 8.15 특집, 2006. 8. 13.; "자이니치(在日) 60년 — 학교 가는 길," SBS 스페셜(95회) 8.15 특집, 2007. 8. 12.; "자이니치 태극전사," 2007. 8. 25.

2 신숙옥/강혜정 옮김, 『자이니치 당신은 어느 쪽이냐는 물음에 대하여 — 재일동포 3세 신숙옥이 말하는 나의 가족 나의 조국』(뿌리와이파리, 2006); 김남일·서경식·양영희·정호승·최인석, 『분단의 경계를 허무는 두 자이니치의 망향가 — 재일한인 100년의 사진기록』(현실문화연구, 2007) 등.

3 "'diasporic consciousness' is perhaps not so much a historical accident as it is an intellectual reality — the reality of being intellectual," Rey Chow, *Writing Diaspora: Tactics of Intervention in Contemporary Cultural Studies* (Indiana University Press, 1993), 15.

표현할 수는 있으나, 디아스포라라는 용어가 품고 있는 기나긴 역사적 함의를 포괄할 수 없기 때문에 디아스포라라고 표기하는 것이다.

재일(在日)을 자이니치로 번역하고자 하는 논의는 단순히 외국어를 우리말로 고치자는 고정관념을 넘어선다. 식민 시대 이후 한민족이 겪어왔던 현실이었고, 그 현실 속에서 우리 문학인이 어떻게 살아왔으며 어떻게 작품을 써왔는가 하는 문제 제기를 담아 생각하자는 얘기인 것이다.

자이니치 동포는 재미 동포나 재중 동포와 달리 식민지적 상황이 이어지는 더욱 특수한 포스트식민주의의 처지에 놓여 있다. 그것은 과거의 문제가 아니라 현재 동포의 문제이며 우리 안에 외국인노동자를 어떻게 보아야 하는가에 대한 대답을 요구하는 문제다.

자이니치 한국인 윤건차 교수(가나가와대학)가 저술한 두 권의 일본어 저작을 한글로 번역하면서 필자는 '在日'을 모두 '자이니찌'로 번역했다. 첫 책은 『사상 체험의 교착』(思想体験の交錯)(東京: 岩波書店, 2008; 한국판은 창비사, 2009)으로 일본어 시 70여 편을 우리말로 번역했다. 그런데 이 중 여러 편의 시에서 재일조선인들이 스스로를 자이니치라고 쓰는 것이었다. 재일(在日)이란 곧 재일조선인의 줄임말인데, 이것을 그대로 번역하자니 전혀 존재적 아우라가 느껴지지 않았다. 다행히 창작과비평사 편집부에서 먼저 자이니찌로 표기하자 하여 책에 나오는 모든 재일조선한국인을 자이니찌로 번역했다. 그러고 나니 이산인의 입장을 보다 생생히 표기할 수 있었다.

다음 책은 시집 『冬の森』(겨울숲)(東京: 影書房, 2009; 한국판은 화남, 2009. 7.)인데, 이 책에서도 재일을 재일조선인으로 번역하면 전혀 그 존재성이

느껴지지 않아 역시 자이니찌로 번역했더니 경계인의 존재 의식을 더욱 생생하게 드러낼 수 있었다. 두 출판사 편집부에서 동의했듯이, '자이니치'라는 표기가 그 역사적 현재성을 생생하게 담고 있다.

물론 재일조선인, 재일한국인, 재일조선한국인, 재일코리안 모두를 표기할 때 '재일 디아스포라'라고 표기하는 것에 대해 반대하지는 않는다. 다만 이보다 '자이니치 디아스포라'라는 말이 이들의 경계인적 성격을 더욱 극명하고 섬세하게 드러낸다고 생각한다.

디아스포라와 자이니치

이민진 장편 소설 <파친코>(2017)는 자이니치 재일조선인의 파란만장한 역경을 잘 재현한 이야기다. 식민지 시대에 조선 땅에서 어렵게 살다가 일본으로 또 미국으로 건너가 고된 삶을 극복하는 4세대에 걸친, 거의 100년에 걸친 이야기다. "역사는 우리를 망쳐 놨지만, 그래도 상관없다"(History has failed us, but no matte)라는 소설의 첫 문장은 이들이 어떻게 견디며 살아갔는지를 함축하고 있다. 이 소설은 과거의 이야기가 아니다. 소설을 끝까지 읽고 또 8부작 드라마를 보면, 작품 안에서 현재 디아스포라로 살아가는 후손들도 '망쳐놓은 삶'을 그대로 살아간다.

식민지에서 받던 차별은 이국에서의 차별로 이어진다. 마찬가지로 "그래도 상관없다"고 말하는 인물들의 의지는 과거나 지금이나 다르지 않다. 이 소설은 폭력에 의해 망쳐진 인물들이 난민의 운명과 상관없이

꿋꿋하게 견디며 살아가는 이야기다. 여기서 '디아스포라'란 어떤 뜻인지 짚고 넘어가고자 한다.

디아스포라(diaspora, διασπορα)는 '두 개 이상의 방향'을 시사하는 접두어 '디아'(dia, δια)와 '씨뿌리다'라는 뜻의 '스포라'(spora, σπορα)라는 그리스어에서 유래되었다. 그리스인들에게 본래 긍정적인 의미였던 이 단어가 언제부터 유대인들에게 고통의 언어가 되었는지는 유대인 역사책에도 확실히 기록되어 있지 않다. 다만 유대인이 아시리아의 포로가 되던 기원전 722년과 바빌로니아의 포로가 되던 기원전 586년, 두 번에 걸친 대규모 이산(離散)의 사건4을 잊을 수 없었던 유대인들에게 이 그리스

단어는 포로와 고통을 연상시키는 것이었으리라.

(25)여호와께서 그대가 그대의 원수들 앞에서 무너지게 하실 것입니다. 그대가 적을 향하여 한 길로 나갔다가 적 앞에서 **일곱 길로 달아날 것입니다** (You'll be dispersed in all directions). 그러면 땅의 모든 왕국이 그대의 그런 모습을 보고 겁먹고 떨 것입니다. (26)그대의 시체는 하늘의 온갖 새와 땅의 들짐승의 먹이가 될 것입니다. 그런데도 이것들을 쫓아내 줄 사람이 없을 것입니다. … (64)여호와께서 땅 이 끝에서 저 끝까지 모든 민족 가운데로 **그대를 흩어 버리실 것입니다**(Lord will scatter you). 그래서 그대는 거기서 다른 신들을 섬길 것입니다. 그대와 그대의 조상들이 알지 못했던 신들, 곧 나무와 돌로 만든 신들을요(신 28:25-64, 새한글성서. 강조와 영어 번역은 인용자).

"여호와께서 그대를 흩어 버리실 것입니다"라는 말 그대로 서기 70년경 예루살렘이 두 번째로 붕괴되자 유대인들은 뿔뿔이 흩어졌고, 이 단어는 팔레스틴을 떠나 알렉산드리아 등지, 곧 조국에서 살지 못하고 '타국에 흩어져 사는 유대인'이란 뜻이 되었다. 끔찍한 포로기 때부터 쓰이기 시작한 '디아스포라'라는 용어는 고통의 상징어로 쓰였다. 제2차 세계대전

---

4 J. A. Sanders, "DISPERSION(διασπορά)," *The Interpreter's Dictionary of The Bible*, vol. 1 (ABINDON press, 1962), 854-856. 이 부분은 졸저 『일본의 이단아 ― 자이니치 디아스포라 문학』(소명출판, 2020), "서론"에 자세히 서술하였기 때문에, 여기에는 요약·수정하여 싣는다.

때 유대인들은 "그대의 시체는 하늘의 온갖 새와 땅의 들짐승의 먹이가 될 것"이라는 구절처럼 벌거벗은 생명 '호모 사케르'(Homo Sacer)[5]가 되는 홀로코스트(Holocaust)를 겪었다. 유대인들은 공동체 생활, 회당 건립, 언어와 혈통, 현지 지도자 양성, 고국과의 밀접한 관계 유지를 통해 디아스포라 상황을 극복하려 했다.

디아스포라 문제를 학술화한 학자는 사프란(William Safran)이다. 사프란은 디아스포라를 "국외로 추방된 소수 집단 공동체"(that segment of people living outside the home land)라고 정의하면서, 그 특성을 여섯 가지로 나누어 설명했다.

① 이산(離散)의 역사: 특정한 기원지로부터 외국의 주변적인 장소로 이동한다.
② 모국에 대한 신화와 기억: 모국에 대한 '기억, 비전 혹은 신화' 같은 집합적 기억을 보존한다.
③ 거주국에서의 소외: 거주하는 나라에서 받아들여질 수 없다고 믿는다.
④ 결국 귀국하겠다는 바람: 때가 되면 '돌아갈 곳'으로 조상의 모국을 그린다.
⑤ 모국에 대한 지속적인 지원: 모국을 위해 정치적, 경제적으로 헌신

---

5 Giorgio Agamben/박진우 옮김, 『호모 사케르』(새물결, 2008), 49.

한다.

⑥ 모국에 의해 만들어진 집단적 정체성: 디아스포라 의식은 모국과의 관계에 의해 '중요하게 규정된다.'[6]

다만 사프란의 디아스포라 개념은 유대인을 대상으로 했기에 모든 나라의 다양한 디아스포라적 상황에 적용하기는 어렵다. 예를 들어 미국에서 성공한 유대인 중에 ④처럼 모국인 이스라엘로 귀환하려는 유대인은 그리 많지 않다. 우리의 경우 중앙아시아 강제 이주나 일제 식민 시기에 재일한국인의 도일은 디아스포라라고 볼 수 있으나, 1970년대 이후 신분 상승을 위하여 미국으로 이민 간 재미한국인은 디아스포라의 조건에 모두 맞지는 않는다. 사프란 자신이 디아스포라의 이념형이라 했던 유대인조차 여섯 가지 조건을 모두 충족하지는 못하며, 우리의 경우도 여섯 가지 조건에 모두 맞지는 않는다.

한편 포스트식민주의(postcolonialism) 학자들은 디아스포라 이론을 정치적으로 해석하기도 했다. 로버트 영(Robert J. C. Young)은 제2차 세계대전 이후 아프리카 · 라틴아메리카 · 아시아인은 전 세계로 흩어지면서(diaspora), 트리컨티넨탈리즘(tricontinentalism)[7]이라고 불리는 포스트식

---

[6] William Safran, "Diasporas in Modern Societies: Myths of Homeland and Return," *Diaspora* vol. 1, No. 1 (Spring 1991): 83-89.
[7] 로버트 J. C. 영은 오늘날 포스트식민주의(postcolonialism)가 아프리카, 라틴아메리카, 아시아 세 대륙에 걸쳐 만연되고 있다는 의미에서 '트리컨티넨탈리즘'(tricontinentalism)이라는 용어를 쓴다. "더 근원적으로 포스트식민주의를 나는 차라리 '트리컨티넨탈리즘'으로 부르고 싶다"(More

민주의적 상황을 그대로 온존하고 있다고 지적한다.

포스트식민주의의 핵심적인 문제에는 서구 사회와 트리컨티넨탈 사회 양쪽 모두에 있는 식민적이고 제국적이고 반(反)식민적인 과거, 포스트식민적인 현재, (아동 노동에서 시작되는) 국제분업, 민중의 권리와 문화적 권리, 이산과 이민, 강제적인 이전, 정착과 디아스포라(diaspora) 등이 포함된다.8

로버트 영은 디아스포라 문제를 식민지에 이은 포스트식민주의와 계속 연결시킨다. 가령 식민지 시대 때 독립운동을 위한 지도자들은 디아스포라의 망명지에서 활동했었고, 이후 포스트식민주의 시대에서 세계 각지에 이산한 아프리칸 디아스포라들은 아프리카인들의 정치·사회 상황에 시종일관 같은 관심을 갖고 있다고 한다.

---

radically, postcolonialism — which I would prefer to call tricontinentalism). Robert J. C. Young, *Postcolonialism. AN HISTORICAL INSTRODUCTION*(Blackwell, 2001), 56. 그의 '반식민주의'(anti-colonoalism)라는 개념은 한국에서 쓰고 있는 '탈식민주의'라는 말보다 명확하다고 필자는 생각한다. 비교컨대 피식민지 경험이 없었던 일본에서는 탈식민주의라는 표현은 잘 쓰지 않고 대신 포스트콜로리얼리즘(ポストコロニアリズム)이라고 한다. 本橋哲也, 『ポストコロニアリズム』(岩波書店, 2005).

8 Robert Young, *Postcolonialism. AN HISTORICAL INSTRODUCTION*, 66: "Its key issues include the colonial, imperial and anti-colonial past, the postcolonial present, the international division of labour(starting with child labour), peoples' and cultural rights, emigration and immigration, forced migration, migrancy, nomadism, settlement and diaspora in both western and tricontinental socities."

부산항 제1부두와 자이니치

이민진 작가의 소설 <파친코>는 Apple TV 드라마 <파친코>로도 제작되었는데, 제1화 첫 장면에서는 부산 제1부두가 디지털로 복원되어 당시와 같이 재현되며 일본의 불량배들이 조선인들에게 행패 부리는 모습이 잘 묘사된다. 아래 자료 사진을 보면 부두에서 선박에 닿을 수 있도록 만들어 놓은 다리 모양의 잔교(棧橋)가 보인다. 조선 반도에서 벗어나 바다 저편 '너머'로 갈 때 거쳐야 하는 부두가 바로 이 부산 제1부두였다.

일본으로 가려면 여기서 '부관연락선' 혹은 '관부연락선'을 타야 했다. 관부(關釜)의 '관'은 일본 시모노세키(下關)를 말하고, '부'는 부산을 가리킨다. 따라서 일제강점기에 부산과 시모노세키를 왕래하는 연락선을 부관연락선 혹은 관부연락선이라고 했다.

부산항 잔교(출처: 국립해양유물전시관, 2008. https://bpa.localityarchives.org/items/show/3197)

부산 제1부두는 1898년 부지 확장 공사를 시작으로 본래 '잔교식 부두'로 만들어졌다. 잔교식 부두란 가운데 콘크리트로 된 일종의 말뚝 같은 기둥을 바다에 세우고, 그 기둥 위에 판을 올려놓는 방식을 말한다.

조선인 노동자, 지식인, 그 누구든 일본에 가려면 지금의 부산 제1부두를 통해야 했기 때문에, 이곳을 거쳐 갔던 조선의 지식인 염상섭(1897~1963)은 소설 <만세전>에서 부산 제1부두와 부산역 주변을 소설에 그대로 재현한다. 소설 제목이 "만세전"인 것은 만세운동이 있었던 1919년의 전 1918년 겨울 풍경을 쓴 소설이기 때문이다. "조선에 만세가 일어나기 전 해 겨울이었다"로 시작되는 이 소설은 3.1독립운동이 일어날 수밖에 없는, 폭발하기 직전의 조선 상황을 그대로 보여 준다.

도쿄 W대학 문과에 재학 중인 조선인 유학생 이인화(李寅華)는 아내가 위독하다는 전보를 받는다. 아내의 장례를 치르러 도쿄에서 경성으로 가는 길에 그는 자신과 조선인이 '일본 국민'이 아니라 '일본 식민'이라는 사실을 뚜렷하게 체험한다.

배 안에서는 일본인은 일등칸에서 파티를 열고, 조선인은 삼등칸에서 짐짝처럼 실려 간다. 부두나 열차에서도 조선 사람이라는 이유로 임의동행을 요구당한다. 염상섭은 일본식으로 변해버린 부산 거리를 일종의 무덤으로 재현한다.

간도의 명동마을에서 자라고 경성에서 유학하고 다시 일본으로 건너간 시인 윤동주도 부산 제1부두를 거쳐야 했다. 수많은 조선인이 저 부산역 제1부두를 거쳐 자이니치 디아스포라로 운명을 바꾸어야 했다.

윤동주가 살았던 1930~1940년대 경부선 열차는 부산역을 지나서

제1부두를 시발점과 종착역으로 삼았다. 손님들은 부두 안에까지 쑥 들어와 기차에서 내려서는 곧장 배로 올라가게 되어 있었다.

1930년대 관부연락선 부두 터미널. 「부산일보」 2011. 8. 11. (김한근 부산불교역사연구소 소장 제공)

2024년 현재 부산 제1부두 (사진 김응교)

오사카 '이카이노'와 오사카교회

<파친코>는 1910년대를 배경으로 시작한다. 이때는 아직 유교의 도덕과 사회계급 의식이 강한 시기였다. 그 오래된 가치는 일제 식민지 자본주의 과정에서 무너져 간다. 돈이 있고 없고가 가치와 윤리의 잣대가 되는 시대로 변한다. 그러나 새로운 도덕과 윤리가 기독교에 의해 제공되고, 3.1운동에서 교회는 민족 독립을 위해 큰 희생을 치른다.

이삭은 평양신학교를 졸업하고 목사가 되어 일본에 있는 한국인 선교를 자원한다. 그는 오사카로 가는 길에 부산에서 쓰러져 선자를 만난다. 그는 기독교의 희생, 사랑의 가치를 구현하는 이상적 인물이다. 이 작품에서 그리스도교는 한국에 들어와서 보여 주었던 긍정적 모습으로 그려진다. 첫 예가 1919년 이삭 형의 3.1운동 참여와 희생이다. 두 번째 예는 선자를 사랑하는 이삭의 헌신의 모습이다.

임신 중인 미혼모 선자를 보고 이삭은 자신을 희생해서라도 그녀를 구하고자 한다. 1931년이면 여전히 한국에서는 유교 윤리가 강력했기에 가난한 어부의 딸이며 미혼모가 정상적인 가정을 꾸리고 살기는 어려웠다. 이삭은 통상적 유교 사회의 윤리를 뛰어넘어 선자와 결혼하고 오사카로 간다.

오사카로 간 이삭과 선자는 자이니치의 집단 거주지인 '이카이노'(猪飼野)에서 살기로 한다. 이카이노란 단어는 '돼지(猪)를 기르는(飼) 들(野)'이라는 뜻이다. 이 지역은 조선인이 들어와 살기 전인 1889년에도 돼지를 키우는 이카이노무라(猪飼野村)라는 지역명으로 불렸다. 이곳에 조선인이

현재 오사카교회 (출처: 오사카교회 홈페이지)

들어와 살면서 돼지처럼 더러운 조센징이 사는 동네라는 혐오스런 지역명으로 바뀌게 된다. 1973년부터 쓰루하시(鶴橋), 모모다니(桃谷) 등의 다른 이름으로 대체되면서 이카이노라는 행정명은 사라졌다.

당시 이카이노의 자이니치들은 대체로 다다미 두 장짜리 방에 10~12인 정도가 기거하였는데, 이삭과 선자의 경우 다다미 여섯 장짜리 방에 둘만 기거했고 등유 난방기도 갖추고 살았다(1권, 163, 170-171). 선자는 출산 후에 분유와 기저귀를 사서 썼다(1권, 204, 247). 이삭과 요셉은 원래 평양 부호의 아들이었다. 요셉은 일본 도착 직후 평양에서 가져온 돈으로 이카이노에 집을 장만했는데, 그는 오사카 지역 이카이노 거주민 중 유일하게 집을 소유한 사람이었다.

돼지 분비물이 골목길에 질척이는 이카이노 골목길, 돼지 똥 묻은 신발을 끌고 다녀야 하는 거친 이카이노 사람들의 모습은 소설보다는 드라마에서 생생하게 만날 수 있다. 이제 소설을 드라마와 비교해 보자.

이삭이 찾아간 교회는 재일대학 오사카교회로 추측된다. 이카이노에는 오사카교회밖에 없었다. 1920년대 가난한 조선인들은 돈을 벌기 위해 경상도와 제주도에서 배를 타고 오사카로 왔다. 오사카 방적 공장에서 일하는 노동자들이 예배를 드리기 시작했고, 그것이 현재 오사카교회다.

고한수는 일반적인 자이니치처럼 이카이노에 거주하지 않고 오사카 외곽의 저택에 살았고, 이삭과 선자, 요셉과 경희는 이카이노에서 살았다. 이들의 이카이노 생활은 당시로는 여유 있는 편이었다.

오사카에서 양반가 출신 요셉과 경미는 선자를 있는 그대로 받아준다. 더 이상 꼬치꼬치 캐묻지 않는다. 그리스도인의 윤리적 태도였다. 혼전

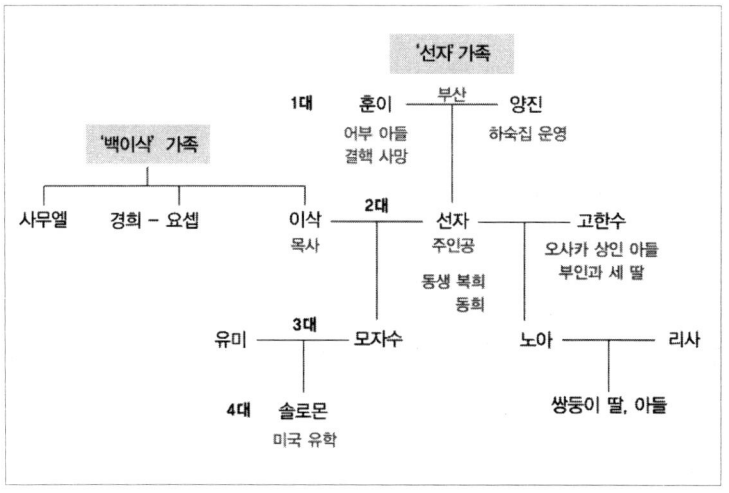

<파친코> 인물도 (© 김응교)

임신을 따지지 않는다. 함께 힘을 합해 어려운 살림살이를 꾸려나간다. 백이삭은 한국장로교회에서 최저생계비도 안 되는 월급 15엔을 받고 목회를 한다.

모자수는 파친코의 부산한 분위기가 좋았다. 그는 소란스럽고 큰 파친코 사업의 움직이는 모든 것을 사랑했다. 장로교회 목사였던 아버지는 하느님의 의도를 믿었지만, 모자수는 인생이란 자신이 통제할 수 없는 불확실성에 기대하는 파친코 게임과 같다고 생각했다. 모든 것이 정해져 있는 것처럼 보이면서도 희망의 여지가 남아있는 게임에 손님들이 빠지는 이유를 모자수는 이해할 수 있었다(이민진/이미정 옮김, <파친코>, 문학사상, 2018).

<파친코>는 2부로 구성되어 있다. 1부는 선자와 이삭이 일본 오사카로 이주하여 살다가 남편 이삭이 사망한 후 선자가 홀로 두 아들 노아와 모자수를 양육하는 이야기다. 2부에서 노아는 아버지 고한수의 정체를 알고 충격받는다.

야쿠자는 일본에서 가장 더러운 인간이에요. 그들은 폭력배에 범죄자라구요. 가게 주인들을 협박하죠. 마약을 팔고, 매춘부들을 관리해요. 무고한 사람들에게 해를 가하고요. 최악의 조선인들이 바로 그런 폭력배들이에요. 내가 야쿠자의 돈을 받아서 학교를 다녔어요. 그게 용납할 수 있는 일이라고 생각하세요? 이 더러운 오명을 절대 씻어낼 수가 없어요(이민진, <파

친코>, 2권, 125).

노아는 아버지 고한수를 야쿠자로 인식하고, 그 야쿠자를 재일조선인 전체로 동일시한다. 크게 절망한 노아는 다니던 와세다대학을 그만두고 떠난다. 선자가 종적을 감춘 큰아들 노아를 찾았으나 노아는 곧 자살하고, 둘째 아들 모자수가 파친코 사업을 하여 말년에 모자수의 부양을 받으며 살아간다.

간토대지진과 조선인 제노사이드

야쿠자 밑에서 일하는 청년 고한수는 일본 야쿠자 보스의 외동딸인 일본 여성 미에코와 결혼하여 일본으로 이주한다. 고한수의 아들 노아는 회계를 잘해서 일본인 농장주의 눈에 들고, 공부 또한 잘하는 수재로 와세다대학교 영문과에 들어간다. 자신의 출생 비밀을 알고 꿈을 포기하고 시골에 들어가 조용히 은행원으로 살지만, 끝내 자살하고 만다.

소설에서는 나오지 않는 이야기가 드라마에 나오는데, 7화 21분 40초부터 보면 간토대지진의 비극이 나온다. 드라마 감독은 원작에 나오지 않는 간토대지진 조선인 학살 사건을 20여 분간 재현한다.

7화는 그야말로 고한수 특집이다. 배경은 1923년 요코하마다. 소설에서 고한수 아버지는 술만 마시고 아이를 돌보지 않는 망나니였지만, 드라마에서 아버지는 실수를 많이 해도 아들 고한수를 아낀다. 제주도 출신이어서

2013년에 공개된 '칸토 대지진 조선인 학살 추정 사진'

아버지와 아들은 제주도 사투리로 대화하는데, 알아듣기가 쉽지 않다. 1923년 9월 1일 오전 11시 58분, 간토대지진이 일어난다. 일본 간토, 시즈오카(靜岡), 야마나시(山梨) 지방에서 일어난 대지진으로 12만 가구가 무너지고, 45만 가구가 불탔으며, 사망자와 행방불명자가 40만 명에 달했다.

점심시간에 발생한 지진으로 도쿄도 전체가 불에 타다시피 했다. 나무로 된 도쿄의 집들이 불타오르면서 회오리 현상이 생기고, 판자가 타오르면서 먼지가 마치 안개 낀 것처럼 온 도시를 흑암으로 뒤덮었다. 먼지투성이가 된 고한수는 야쿠자 두목 료치와 함께 도시를 빠져나간다.

이어서 조선인 대학살 사건9이 일어난다. 지진으로 조선인 죄수 300명 정도가 탈출하여 일본인을 약탈하고 심지어 우물에 독약을 탔다는 유언비

---

9 김응교, 『백년 동안의 증언 — 간토대지진, 혐오와 국가폭력』 (책읽는고양이, 2023).

어가 떠돈다. 결국 일본인 자경단이 몰려다니며 조선인들을 학살하고 헛간에 숨어 있는 조선인을 불태워 죽인다(7화 40분).

주목해야 할 점은 조선인을 학살하는 일본인과 반대로, 조선인을 숨겨주고 살려주는 일본인들의 모습이다. 야쿠자 두목 료치과 늙은 농부는 조선인 한수를 수레에 눕혀 숨겨준다. 드라마 <파친코>는 일본인을 악마로만 만들지 않고, 선한 일본인들의 모습도 담는다. 7회 마지막 자막은 드라마 각본가와 감독의 의도를 명확히 보여 준다.

> 1923년 9월 1일 진도 7.9의 지진이 관동 지역을 덮쳤다. 10만 명이 넘는 사람이 목숨을 잃었다. 그중에는 일본 자경단에게 무고하게 희생당한 한국인들도 있었다. 살해된 한국인의 수는 정확히 알 수 없지만 많은 역사학자는 그 수가 수천에 이를 것으로 본다.

이렇듯 7화의 간토대지진 조선인 학살의 서사와 마지막 자막은 재미한국인 각본가와 두 명의 재미한국인 감독의 의도를 명확히 보여 준다. 그들은 7화에 고한수라는 인물이 어떻게 죽음을 극복하고, 어떻게 죽음을 극복할 만큼 강력한 의지를 가진 인간이 되는가를 설명한다.

더 중요한 것은 조선인 학살 이후 이야기다. 8화는 조선인 학살 사건에서 15년이 지난 1939년 오사카 풍경으로 이어지며, 초등학생 노아가 학교에서 차별받는 이야기가 나온다. 일본이 일으킨 전쟁에 반대했다는 누군가의 밀고로 노아 아버지 백이삭 목사가 체포된다. 이어 거의 100년을 거슬러 올라 2000년대인 현재에 이르는 교차서사법(crossweaving)으로 전개된다.

솔로몬은 미국 회사에서 해고되고 아버지 모자수에게 파친코를 하겠다고 한다(8화 9분). 다시 과거로 돌아가, 형 백이삭은 구속된 동생 백요셉을 구하려고 애쓰지만, 위험한 비국민(非國民) 동생의 형이라는 이유로 공장에서 해고된다(12분). 에츠코의 딸 하나는 에이즈에 걸려 죽는다.

8화에서는 조선인 학살 이후 조선인과 현재의 한국인이 이국에서 계속 고난 당하는 모습이 교차서사법에 따라 번갈아 나온다. 조선인에서 한국인으로 바뀌었지만, 이국에서 살아가는 자이니치나 코리안 아메리칸은 여전히 차별받으며 살아간다.

드라마 <파친코>는 절망으로 끝나지 않는다. 선자는 시장에서 갓 담근 김치를 팔기 시작한다. 처음엔 창피해서 제대로 말도 못 하다가 "시상에서 젤 맛있는 김치입니더"라며 자신을 갖고 적극적으로 김치를 팔기 시작한다. 카메라는 높이 공중으로 올라가며 선자가 김치를 파는 시장을 중심으로 이카이노 마을 전체를 담는다. 이어 검은 화면을 배경으로 자막이 펼쳐진다(55분).

> 200만 명 이상의 한국인이 식민 지배 때 일본으로 이주했다. 그중 약 80만 명은 일제에 의해 노동자로 끌려갔다. 대부분 2차 대전이 끝난 후 고국으로 돌아왔다. 하지만 약 60만 명은 일본에 남아 무국적자가 됐다. 이 이야기는 그런 여성들의 이야기다. 그들은 견뎌냈다.

드라마 <파친코>의 마지막 자막에 나오는 마지막 두 문장이 주목된다. "이 이야기는 그런 여성들의 이야기다. 그들은 견뎌냈다"(These are some of those women's stories. They endured). 고난을 견뎌낸 여성들의 이야기, 이것이 드라마 <파친코>의 주제라 할 수 있겠다.

자이니치 디아스포라의 역사를 나눈다면

한국 현대사는 식민지 이후 10년 주기의 큰 사건에 따라 한국전쟁 이후, 1970년대 전태일 사건 이후, 1980년대 광주민주화항쟁 이후, 1990년대 사회주의 붕괴 이후 등으로 나누어 설명해 왔다.

제1세대는 식민지 시기에 일본에 정주한 자이니치 조선인을 말한다. 19세기 중엽부터 한일합방에 이르는 초기에는 소수의 유학생과 노동자들이 일본으로 이주하는 정도였으나, 1910년대에 이르러 일본의 산업 팽창으로 인한 노동의 필요에 따라 본격적인 '노동자 중심의 자유 이주기'를 맞는다.

1923년 간토대지진 이후 실업자가 증가하자 일본 정부가 외국인 노동자의 유입을 저지한 '도항 저지기'를 잠시 거쳤으나, 다시 1924년의 12만여 명, 1925년의 13만여 명이 도일한다. 그리고 1937년 중일전쟁과 1941년 태평양전쟁에 들어가면서, 이른바 1세대 자이니치 조선인들의 본격적인 활동이 시작된다. 자이니치 디아스포라 작가의 예를 들어 세대별로 설명해 보자.

1세대 자이니치 조선인 작가들은 식민지 체험을 그려낸 민족의식 혹은 정체성의 문제를 작품에 담아낸다. 김사량,[10] 김석범, 허남기, 강순,

김시종, 이회성[11] 등이 이러한 특성을 보인다. 평생 자신의 고향 제주도 이야기를 썼던 김석범과 그의 작품 <화산도>는 제1세대 작가들의 특징을 가장 극명하게 보여 주는 예라 하겠다. 그러나 반면에 일본어로 친일 작품[12]을 쓴 이들도 적지 않았다.

제2세대 작가는 민족성에 대한 갈등과 일본 사회에 대해 치열하게 비판한다. 1945년 해방 이후 60만여 명이 제주도 4.3사건 등 정치적 문제와 귀환자의 재산 지참 제한 등으로 귀국을 포기하고, 일본 정부는 1947년 외국인 등록령을 선포하면서 재일한국인을 '외국인으로 간주'하는 입장을 밝힌다. 1952년 샌프란시스코 강화조약 이후 주권을 회복한 일본은 외국인 등록령을 외국인 등록법으로 변경하여 재일한국인의 일본 국적을 일방적으로 박탈한다. 양석일의 장편 소설 <피와 뼈>(1998)는 1세대인 아버지 김진평에게 폭력을 당하는 2세대의 태생적 환경을 재현한다.

대한민국을 선택하지 않은 '자이니치 조선인'은 사실상 무국적자가 된다. 1965년 한일관계정상화를 맺으면서 일본은 북한을 제외한 남한만을 유엔이 인정한 유일한 합법정부로 인정하여 한국 국적을 선택한 한인들에게 협정 영주권을 부여하였다. 자이니치 조선인들은 1982년 일본이 난민조약에 가입한 이후 가까스로 특례영주자의 지위를 받는다.

---

10 김응교, "김사량「빛 속으로」의 세 가지 풍속: 도쿄와 한국작가(2)," 「민족문학사연구」 20 (2002. 6.).

11 김응교, "변두리까지 모든 존재는 소중하다 일깨운 '변경인' 작가 — 재일교포 소설가 이회성을 기리며," 「한겨레신문」 2025. 1. 30.

12 김응교, "일제말 조선인이 쓴 일본어시의 전개과정," 「현대문학의 연구」 38 (2009).

2세대 한국인 윤건차는 이 상황에 대해 "재일이란, 일본/조선/동아시아의 '원죄'(原罪)를 계속 내리쬐며, 민족·국가에 관계하면서도 그것과 거리를 두는 존재이면서 동시에, 스스로 '살아가는 방법'에 의해서만이 그 존재 가치를 보일 수 있는"13 경계인(境界人)의 특성을 보여 준다고 설명한다. 이 시기의 작가인 양석일, 김학영, 이양지는 경계인으로서 정체성의 문제를 중요시한다. 자이니치 문학예술인들의 단체인 문학예술인동맹(문예동)의 김학렬을 비롯한 '종소리 동인'도 경계인의 특징을 잘 보여 준다.

제3세대 작가들은 일본 사회에 동화되어 민족 문제에서 벗어난 활동을 벌인다. 카네시로 가즈키(金城一紀)는 자신을 '한국계 일본인'(コリアン·ジャパニーズ)이라고 호명하는데, <레벌류션 No. 3> 등에서 한국과 일본 어느 곳에도 속하지 않은 독립적인 인물을 그린다. 어둡고 칙칙했던 분위기로 표상되었던 이전의 재일조선인 문학과 달리 가네시로의 소설은 문제를 통쾌하게 맞닥뜨리며 헤쳐 가는 '한국계 일본인'의 모습을 보여 준다.14 3세대에게 더 이상 정체성의 문제는 그리 중요하지 않다. 이들은 마이너리티 문제를 외면하고 내면적인 인간의 욕망에 주목하거나(유미리) 통쾌하게 전복시킨다(가네시로 가즈키). '추방'과 '동화'(assimilation)를 동시에 강요하는 일본 사회에 3세대 작가들은 당찬 '타자성'(othering)을 드러냄으로써 역설적으로 일본 문단에서 자기 자리를 확보한다.

---

13 尹健次,『思想体験の交錯』(東京: 岩波書店, 2008), 469.
14 김응교, "가네시로 가즈키의 성장소설 GO 읽기," 「청소년문학」 (2007, 겨울).

자이니치 문학의 일본어 문학은 김달수, 김석범, 이회성, 김학영, 이양지 등에 이어 일본 문학계의 영역에서 일정한 자리를 구축하기 시작했다. 2000년대를 이끄는 자이니치 한국인 소설가는 1997년 <가족시네마>로 아쿠타가와상을 수상한 유미리(柳美里), 화제의 영화 <달은 어디에서 뜨는가>의 원작자이자 소설 <피와 뼈>(血と骨)로 야마모토 슈고로상을 수상한 양석일, 오사카 이카이노 출신이면서 2000년 상반기 아쿠타가와상을 받은 현월(본명 현봉호), 2000년 심각한 내용보다 재미를 겨냥한 소설 *GO*로 나오키상을 받은 가네시로 가즈키가 있다. 이들은 차별에 대한 저항과 민족적 각성을 주제로 했던 이전의 자이니치 디아스포라 문학을 넘어 다양한 개성을 표출하고 영화 산업과 끊임없이 교류한다.

물론 자이니치 문학사를 세대별로 본다 할지라도, 그 안에서 개인적인 문학적 특징을 정치하게 해체하여 보아야 할 것이다. 또한 자이니치 문학은 조직에 따라 매체가 달라지고 또 어떤 이데올로기를 선택하느냐에 따라 선택하는 언어가 달라진다. 모어(母語)인 일본어와 모국어(母國語)인 한국어, 그 이중 언어 현실에서 어떤 언어를 선택하는가의 문제는 정체성의 문제와 직결된다.

1948년 남북한이 각각 단독 정부를 수립한 이후 많은 단체가 생기고 사라졌는데, 자이니치들도 북의 노선을 지지했던 재일조선인연맹(조련)과 남의 이념을 추종했던 재일본대한민국거류민단(민단)으로 갈라선다. 재일본조선인총련합회의(조총련)의 전신인 '조련'은 1945년 10월 15일 결성되어 김일성의 공개서한 "재일 100만 동포들에게"(1946. 12. 13.)라는 교시 이후 모국어와 민족 교육을 위해 각지에 조선학교를 세운다.

1946년경 일본에 조선인학교는 529개소, 학생 수는 4만 2천여 명에 이르렀다. 일본 정부는 조선인학교 폐쇄 명령을 내렸고, 이에 반대하는 한신교육투쟁(阪神教育鬪爭)이 1948년 4월 14~26일 오사카부와 효고현에서 발생하였으며, 김태일 학생이 총탄에 목숨을 잃었다. 마침내 1955년 5월 25일 도쿄 아사쿠사 공회당에서 열린 '조총련' 결성대회에서 주체사상을 지침으로 하는 재일조선인운동의 투쟁 목표, 투쟁 과업의 실천과 북조선 해외 공민으로서의 역할이 분명하게 정립된다. 이날 "1. 우리는 재일 전체 조선동포들을 조선민주주의 인민공화국 정부 주위에 총집결시키며 조국의 남북반부 동포들과의 련계와 단결을 긴밀 공고히 한다"를 시작으로 여덟 가지 강령이 발표됐는데, 그중 네 번째가 우리말에 대한 강령이다.

> 4. 우리는 재일조선 동포 자제들에게 모국어와 글로써 민주민족교육을 실시하며 일반 성인들 속에 남아있는 식민지 노예 사상과 봉건적 유습을 타파하고 문맹을 퇴치하며 민족문화의 발전을 위하여 노력한다.

이 문건 이후 1959년 총련 산하 '문예동' 결성 후에 일본어 쓰기를 금지하고 우리말 쓰기를 공식화한다. 그러나 일본에서 태어난 자이니치 2세들에게 일본어로 쓰지 말라고 하는 것은 곧 문학을 하지 말라는 말과 동일했다. 모국어는 아니지만 일본어는 그들에게 모어였다. 우리말 사용만을 공식화하던 시기에 조총련 문예동의 김일성 숭배 사상이 강하게 작용하자, 이에 반발하는 작가들이 생겨났다. 총련의 지도 노선에 반발해 김달수, 김시종, 양석일 등의 문인들이 총련과 문예동의 노선을 이탈하기 시작했다.

우선 문예동에서 발간한 매체 가운데 주목해야 하는 것은 「문학예술」, 「겨레문학」, 「종소리」 등이다. 「문학예술」은 문예동의 기관지로 1960년 1월 창간되어 1999년 6월까지 총 109호를 발간했는데, 문예동의 이념과 성격을 가장 충실히 반영한 한글 잡지다.

사실 문예동의 '민족어 우선주의'는 충분히 공감할 만하다. 식민지 말기 파시즘 시대에 한글로 시를 썼던 윤동주 시인은 문예동의 표상이다. 반면 한글과 민족정신을 거부하고 일본인보다 더 일본인이 되고자 했던 소설가 다치하라 세이슈(立原正秋)[15]는 비판의 대상이 되었다.

반대로 일본어 글쓰기를 할 수밖에 없는 자이니치 입장을 살펴보자. 일본어로 글을 발표하는 자이니치 작가도 당연히 문예동만큼 조국을 사랑한다. 문예동의 입장은 자이니치 작가의 일본어 글쓰기가 일본 사회에 편입되는 동화론(assimilation theory)이라는 비판이다. 동화론을 선택한 이민자는 거주국에서 신분 상승을 꾀하기 위해 모국에서 가져온 전통적 가치, 관습, 제도들까지도 버린다고 문예동은 인식한다.

한글보다 일본어가 태생적으로 쉬운 2, 3세대가 수준 높은 작품을 한글로 쓰기는 거의 불가능하다. 그들 중 몇몇은 우리말을 쓰지 못한다는

---

15 경북 안동에 있는 봉정사(鳳停寺)에서 태어난 다치하라 세이슈(立原正秋, 1926~1980)의 본명은 김윤규(金胤奎)다. 그는 이름을 여섯 번이나 바꾸었다. 1937년 재혼한 어머니를 따라 요코하마에 가서, 1943년 요코하마 시립상업학교를 졸업한다. 1944년 일시 귀국하여 경성제국대학 예과에 입학했으나 곧 돌아가, 1946년 와세다대학 문학부 청강생일 때 소설 <맥추>(麥秋)가 당선, 문단에 등단한다. 탐미의 비애를 표징한 <다키기노>(薪能, 1964)와 한일 혼혈아의 고뇌를 그린 <쓰루기가사키>(劍ヶ崎, 1965)가 연이어 아쿠타가와상 후보에 올랐으며, 1966년 <하얀 앵속>(白罌粟)으로 나오키상을 수상했다.

자괴감에 시달리며 우리말을 공부하다가 다시 생활어인 일본어로 돌아오는 작가도 많았다. 또한 일본어 글쓰기를 택할 수밖에 없었던 것은 단순한 남북 분단의 이데올로기 대리전이 아니다. 일본어는 어쩔 수 없이 쓸 수밖에 없는 이민자들의 '생활어'였던 것이다.

사실 문예동의 작품은 삼중의 차별[16]에 갇혀 있다. 첫째는 일본인이 아닌 이방인 작가이며, 둘째는 이방인인 중에서도 가장 '위험한' 북한 추종자라는 사실, 셋째는 일본어도 한국어도 아닌 조선어 글쓰기를 고집한다는 점이다. 세 가지 점만 생각해도 문예동의 조선어 글쓰기는 외로운 고투다.

조선어/한국어의 구별[17]에 대해 인지해야 한다. 조총련계 자이니치 조선인은 '조선어'로 글을 쓴다. '한국어'는 대한민국 표준어고, '조선어'는 조선민주주의인민공화국의 문화어를 말한다. 조총련계 민족학교에서 조선어를 교육받은 학생들이 일본의 일반 대학에서 입학하여 한국어를 배우려고 한국인 교사에게 한국어 수업을 들을 때, 한번 굳어진 조선어 발음과 글쓰기는 2~3년이 지나도 쉽게 고쳐지지 않는다. 긴 학문적인 논쟁도 있었다. 1970년대 말 NHK에서 하려던 한글 강좌 이름을 한국어로 해야 할지, 조선어로 해야 할지에 대한 논쟁 때문에 NHK 교육 방송의 한글 강좌는 예상보다 10여 년이 늦어졌다. 현재 NHK 교육 방송의 외국어

---

[16] 김웅교, "일본 속의 마이노리티, 재일조선시," 「시작」 (2004, 겨울). 이 글을 읽고 문예동의 노시인이 필자의 연구실에 찾아와서, 문예동 시인들은 "북조선이 하라는 대로 하는 몰모트가 아니며 혁명적 예술가다"라는 말을 했다. 필자는 충분히 그 말에 공감했고, 몇 가지 오해를 설명하기도 했다.

[17] 김웅교, "재일조선인 조선어 시전문지 「종소리」 연구," 「현대문학의 연구」 (2008), 34.

강좌는 이탈리아어, 독일어, 중국어 등 나라 이름이 붙어 있지만, 한글 강좌만은 이름이 "안녕하세요"다. 그만치 한국어와 조선어의 표기는 예민한 문제다.

한국어라고 했을 때는 이미 남쪽 중심에 '흡수'된 것이라는 비판에서 자유로울 수 없다. '재일조선인 모국어'(혹은 한글, 우리말)라 하면 어느 정도 가치중립적일 수도 있겠다. 예를 들면 종추월 시인이 보여 주었듯이 표준 일본어도 아니고 한글로 아닌, 즉 오사카 사투리에 제주도 사투리가 섞인 크레올(Creole) 언어를 쓰는 경우도 있다. 결국 자이니치 디아스포라의 언어 문제는 모어인 일본어와 모국어인 우리말 사이에서 갈등하고 대립하는 이중언어의 현실임을 인정해야 한다. '일본어/조선어/한국어'를 다름의 차이로만 인식하는 것이 아닌, 포괄적으로 작가들의 생활언어를 인정하는 큰 틀의 인식 구조가 요구되는 시기다.

변혁적 이방인 작가의 가능성 — 양석일의 경우

양석일(梁石日, 1936~2024)은 제주도에서 일본으로 간 이민자의 아들로, 1936년 8월 13일 오사카 이카이노에서 태어났다. 오사카 부립 고즈(高津)고등학교를 다닐 때 시인 김시종(金時鐘)을 만나 열여덟 살부터 시를 쓰기 시작했다. 이 무렵 재일조선인 해방 운동에 참가하여 김시종 등과 동인지 「진달래」를 간행하기도 했으나, 문학에서 일시 떠난다. 이후 스물다섯 살 되던 때 자칭 '돈 빌리는 데 귀신'이라며 주변 돈을 끌어모아 미술

인쇄업을 시작했으나, 5년 만에 억대의 빚을 지고 실패하여 센다이(仙台) 등을 전전하며 방랑하다가, 우연히 한 시골 책방에서 헨리 밀러의 소설 <남회귀선>을 읽고는 '벼락이 치는 것 같은' 충격을 받고 소설가가 되기를 꿈꾼다. 이후 10년 동안 도쿄에서 택시 운전사로 일하다가 꿈에 도전한 것은 그의 나이 45세 때였다. 1980년 시집 『몽마의 저편으로』(夢魔の彼方へ)를 내고 작가라는 이름을 갖게 된 그는 다음 해 신주쿠(新宿)의 선술집에서 택시 운전사를 하면서 겪었던 이야기를 재미있게 나누던 중 그 이야기를 들은 출판사 편집자가 집필을 권하면서이다. 이 무렵부터 '아시아적 신체'라는 개념은 그의 문학관으로 형성되어 간다. 그의 평론집 『아시아적 신체』(アジア的身体)(青峰社, 1990)는 그의 사상을 요약한 중요로운 저작이다.

모든 차별은 니그로, 쪽발이 등과 같이 신체를 은유하여 발생한다. 백인과 흑인이 그렇고, 황인종이란 말이 그러하듯이, 우리가 돼지족발처럼 생긴 지카다비를 신은 일본인에게 '쪽발이'라고 하는 것도 신체에 대한 차별이다. 어쩔 수 없이 일본에서 태어난 재일조선인들을 '반(半)쪽발이'라고 '왕따' 시키는 것도 신체적 차별이다. "일본인의 몸에서는 오줌 냄새가난다", "조선인의 피는 더럽다", "지나인(중국인)의 몸은 더럽다"는 표현은 모두 신체를 이용한 차별이다. 이러한 차별은 결정적인 순간에 국가적 폭력으로 발전한다. 거대한 권력의 폭력은 모든 사회에 스며들어 폭력을 행사하고, 그 폭력은 질서라는 이름으로 합리화된다. 바로 이러한 시각에서 출발하는 것이 양석일의 소설이다. 이러한 차별을 양석일은 '아시아적 신체'라고 표현한다. 특히 아시아는 일본의 군국주의로 인해 남자는 전쟁에서 신체가 훼손되고, 여자는 위안부로 신체가 훼손되었다.

> 1943년 여름, 태어나 1년 된 아이를 품은 어머니가 조선 경상북도 대구를 걷고 있을 때, 트럭 한 대가 와서 '근로보고회'라고 하는 징용을 징발하는 몇 명의 일본인 남자와 경찰이 그녀에게서 아이를 빼앗아 길가에 버리고, 그녀는 납치되듯 트럭에 실려 3일 후 만주에 끌려갔던 것이다. 그리고 그날 밤, 갑자기 일본 병사 수십 명을 위안하는 대상이 되어, 하룻밤 만에 그녀의 인격은 발기발기 해체돼 버렸다. 그날 밤부터, 그녀는 하루 50여 명의 일본 병사를 상대했던 것이다.
> 짐승 이하의 짐승, 게다가 성기만 드러낸 가축으로서 길러져, 일본군과 함께 중국 대륙을 전전했다. 마치 시체가 발로 밟히듯, 그녀의 육체는 밟혔던 것이다.[18]

양석일이 만들어 낸 아시아적 신체라는 화두는 그의 소설 <광조곡>

---

18 梁石日, 『アジア的身体』(青峰社, 1990), 284.

(1981), <어둠을 걸고>(1981), <피와 뼈>(1998), <어둠의 아이들>(2002)을 관통하는 일관된 생각이다.

1998년, 아버지를 모델로 하여 식민지 시절 일본에서 살아가는 폭력적이고 괴물 같은 한 명의 재일조선인을 그려낸 명작 <피와 뼈>를 발표하여 제11회 야마모토 슈고로상을 수상하며 일본에서 그해 최고의 평가를 받는다. 이 작품도 최양일 감독에 의해 영화화되어 2004년 공개되었다.

장편 소설 <피와 뼈>의 괴물 같은 주인공 아버지 김준평(영화에서 기타노 다케시가 연기함)은 당시 군국주의의 폭력을 개인이 육체화한 전형이라 할 수 있다. 김준평은 아내를 강간하듯 겁탈하고, 거칠 것 없이 주변의 여인들을 겁탈한다. 화가 나면 아무나 칼로 쑤시고, 더 화가 나면 자기 배를 칼로 쑤시는 괴물이다. 그가 늙어 걷지 못하게 되자 만경봉호를 타고 북한으로 가서 외롭게 죽어가는 종말로 소설은 마무리된다. 이 소설에 등장하는 아버지를 단순히 한국 유교의 권위주의적 화신으로 분석한다면 그야말로 답답한 해설이다. 이 아버지야말로 1930년대 이후 국가가 사람을 전쟁터로 보내고 신체를 훼손하는 폭력적인 사회에서 폭력으로밖에 살아갈 수 없는 비극적인 존재를 상징한다. 이른바 '국가적 폭력의 신체화'가 된 표상인 것이다.

양석일은 2세대 작가지만 자이니치의 삶만을 작품의 주제로 삼지 않는다. 그의 소설 <어둠의 아이들>이나 <뉴욕지하 공화국>에는 한국인이나 자이니치가 등장하지 않는다.

양석일은 타이를 무대로 하여 아동 매춘, 인신매매, 장기 판매를 그려낸 장편 소설 <어둠의 아이들>(闇の子供たち, 2002)을 발표한다. 이 작품은

사카모토 준지(阪本順治) 감독에 의해 영화화되어 2008년에 공개되었고, 우리나라에서는 2010년 3월에 상영되었다.

너무도 가난해서 아이를 파는 산골 마을 가족 이야기에서 소설은 시작된다. 아름다운 관광의 나라 태국, 그 이면은 마약, 매춘, 에이즈, 빈곤 등 '어둠'으로 가득 차 있다. 가난한 아이들은 마피아에 팔려 방콕에서 매춘을 강요받고 장기이식수술의 대상이 된다. 1만 2천 파츠(약 40만 원)에 팔려온 아이들도 있고, 거리에서 돌연 유괴되는 아이도 있다. 지하실에 갇혀 있는 아이들은 때로 불려 나와 어른을 위한 욕망의 도구로 쓰인다. 아이들이 어른의 성적 도구가 되는 과정과 성 묘사 장면이 충격적이다. 소설 중반부터 방콕 사회복지센터의 NGO 활동가들이 등장한다. 이들은 어떻게 해서든 아이들을 매춘굴에서 살려내려 한다. 아이들을 위해 봉사하려고 방콕 사회복지센터에 온 일본인 오토와 게이코(音羽惠子)는 소장에게 최근 사라진 슬럼가 소녀의 이야기를 듣는다. 이후 그 소녀의 부친이 소녀를 매춘굴에 팔아치운 사실도 알게 된다. 매춘굴에서 소녀를 구해내려던 활동가들은 마피아의 총에 죽기도 한다.

게다가 그 아이들의 장기가 일본인 아이의 장기로 이식되는 과정에 대해 알게 된다. 그래서 일본 신문사 방콕 지국의 난부 히로유키(南部浩行) 기자에게 연락하여 도쿄 본사로부터 타이의 장기 밀매 조사를 의뢰받는다.

이를 추적하여 장기이식을 하려고 방콕으로 향하려는 일본인 집까지 찾아간다. 그러나 그 일본인은 "부모로서 자신의 아이가 죽지 않고 조금이라도 건강하게 장수해 주었으면 한다"며 장기이식을 강행하겠다고 한다.

난부 기자와 오토와의 도움을 얻어 이 과정을 그대로 보도하기로

하고, 아울러 태국의 활동가들은 아동 성매춘을 반대하는 대규모 평화 시위를 계획한다. 그러나 평화 시위는 프락치들에 의해 폭동으로 변하고 경찰과 마피아의 총격으로 많은 사람이 죽는다. 난부 기자는 태국까지 장기이식하러 온 일본인 가족의 이동을 모두 사진에 담으나, 소녀를 살려내 지는 못한다. 난부 기자는 폭력과 살인이 남발하는 방콕을 떠나겠다고 하지만, 오토와는 방콕에 남아 아이들을 보살피겠다고 한다.

이 소설에 대해 여러 평론가가 극찬했는데, 그중 다카하시 도시로(高橋敏夫, 와세다대학 교수)가 하루키와 비교하며 쓴 글이 주목된다.

> 양석일의 소설을 '세계문학'이라고 한다면, 무라카미 하루키의 소설들을 '세계문학'이라 할 수 없다는 건 매우 자명하다. 일견 '세계문학'으로 오인하기 쉬운 무라카미 하루키의 '보편성'은 고도자본주의가 양산해 낸 도시 문화의 '보편성'이며, 이는 극히 한정적인 의미의 '보편성'에 지나지 않는다. 다시 말하자면 차별이나 빈곤 문제 등을 노정한 근대가 해소(解消)되는 걸 지향한다는 '큰 이야기'가 무효화된 포스트모던한 도시 문화의 '보편성'일 뿐이다. … 차별과 분단과 분쟁을 현대 세계의 '보편성'으로 파악하고, 그것을 넘어갈 수 있는 새로운 주체의 발견이야말로, 현대 사상에도 주목할 만한 것이며 또한 세계문학에서도 주목할 만한 것임에 틀림없다. 나는 양석일의 지향점에 현대 사상과 문학이 지닌 가혹하고도 풍부한 가능성의 일단을 발견하였다.[19]

---

19 高橋敏夫/곽형덕 역, "'세계문학'으로서의 아시아문학," 「ASIA」 (2007, 가을): 13-15.

양석일이 끊임없이 주목하고 있는 훼손된 신체, 곧 '아시아적 신체'는 조르조 아감벤이 썼던 '벌거벗은 생명'인 호모 사케르와 동일하다.

평화의 줄로 연결되어서 함께 가리라
: 현재의 자이니치 디아스포라와 기독교

1989년 어느 달 초하룻날 평소와 같이 선자는 남편 백이삭이 묻혀 있는 오사카의 공동묘지를 방문하는 것으로 소설 <파친코>는 끝이 난다. 소설은 시간의 흐름에 따른 연대기적(chronological) 구성인데, 드라마는 전혀 다르다. 현대와 과거가 어떠한 법칙 없이 시공간을 넘나드는 교차서사(crossweaving)적 구성이다. 드라마 <파친코>에서는 한 인물에 집중하지 않고 불규칙하게 현재와 과거를 넘나드는 교차서사기법이 나온다.

작가 이진아는 솔로몬의 말을 빌려서 제국주의의 속성을 벗어버리지 못하는 현재의 일본을 비판한다.

일본은 절대 변하지 않아. 외국인을 절대 받아들이지 않을 거야. 내 사랑, 넌 언제나 외국인으로 살아야 할 거라고, 절대 일본인이 되지 못해. 알겠어. 자이니치는 여행을 떠날 수 없는 거 알지? 하지만 너만 그런 게 아냐. 일본은 우리 엄마 같은 사람들도 다시 받아주지 않아. 나 같은 사람들을 절대 받아들이지 않아(이민진, <파친코>, 2권, 521).

위의 글이 가장 강하게 일본의 허위를 지적하는 문장일 듯하다. 이런 몇 문장 외에 소설에서 인물들이 역사적 판단을 하는 내용은 잘 나오지 않는다. 소설가는 역사적 평가보다 인물의 삶에 철저히 주목하기 때문이다.

드라마 8화 56분부터 2021년 현재 일본에 살고 있는 자이니치 한국인들의 인터뷰가 나온다. 자이니치의 고단한 삶을 직접 세계의 시청자에게 전하는 방식이다. 드라마 <파친코>는 원작 소설을 살리면서도 두 감독이 강조하고 싶은 역사적 사건을 재현시켰다는 점에서 또 다른 창조 과정을 보여 준 작품이라고 볼 수 있겠다. 아울러 자이니치 디아스포라의 일상을 볼 수 있는 작품이다.

한편 소설에 등장했던 이삭 목사와 선자가 섬겼던 일본의 개신교는 어떻게 되었을까. 아쉽게도 소설이나 영화에서 그 과정은 나오지 않는다. 그래서 몇 가지 기억해야 할 해방 후 일본 교회와 자이니치 교회의 협력을 기록해 둔다.

첫째, 미우라 아야코(三浦綾子, 1922-1999)의 노력을 들 수 있다. 개신교 신자인 미우라 아야코는 소설과 산문집에서 여러 번 식민지 역사를 반성해야 한다고 표현했다. 그녀의 마지막 소설인 장편 소설 <총구>(1994)에서는 홋카이도에 징용 온 조선인 김준명이 광산에서 탈출하는 이야기가 나온다. 그 조선인 노동자를 주인공 기타모리 류타(北森龍太)의 가족이 구해준다. 나중에 류타가 만주에 일본군으로 갔다가 포로가 되었을 때 김준명이 구해주어 일본에 귀환한다.

<총구>에는 동아시아 평화에 대한 그녀의 마지막 기도가 담겨 있다. 이 소설로 인해 우익 세력으로부터 위협까지 받았다고 한다. 한국에서

강연 초청을 받았을 때 공교롭게 건강 문제 때문에 실현되지 못했지만, 미우라 아야코는 당당히 말했다.

> 내가 조선/한국에 가면, 도저히 가슴을 펴고 걷지 못할 거예요. 길 위에 이마가 닿게 납작 엎드려 기어가지 않으면 안 된다고 생각해요. 알죠?(三浦光世・黃慈惠,『'銃口'が架けた日韓の橋』, 16)

미우라 아야코는 사랑의 역사(役使)란 종교인, 무종교인에게 상관없이 선한 사랑은 이어진다는 것을 보여 주었고, 국경을 넘어 한국과 일본이 원수가 아니라 가족으로 만날 수 있다는 가능성을 보여 주었다.

둘째, 1919년 3.1운동 때 불에 타 사라진 제암리교회를 복구한 오야마 레이지(尾山令仁, 1927~2023) 목사[20]와 함께한 이들의 노력을 기억해야 할 것이다. 17세 때 제2차 세계대전에 일본군으로 참여한 그는 자신의 행동이 얼마나 부끄러운지 깨닫고 이후 평생 '사죄 운동'을 했다. 1962년에 대만에 가서 목덜미를 잡히면서도 6개월 동안 사죄하고 교회를 세운다. 1963년 제암리교회를 찾아갔지만 싸늘하게 외면받는다. 1965년 10월 한국에 갈 때는 현수막에 "우리의 목적"을 한글로 써서 들고 찾아갔다.

> 우리 일본 사람들은 과거에 있어서 한국 사람들에게 끼친 피해와 상처를

---

20 김응교, "희미한 빛, 사죄 운동을 행한 오야마 레이지 목사,"『백년 동안의 증언』(책읽는고양이, 2023).

공항에서부터 현수막을 펼쳐 보이며 제암리 마을로 이동하는 오야마 레이지 일행

우리 주 예수 그리스도 안에서 마음으로부터 사죄하나이다.

점차 마음을 연 제암리 사람들은 일본인 신자들의 마음을 받아들여 1969년 한국 제암리교회 방화사건 사죄위원회를 조직하고 현재 돈으로 10억 원 정도를 마련하여 제암리교회 방화학살사건 50주기에 교회당과 기념관을 건축하였으며, 1970년에 헌당식을 가졌다. 아쉽게도 이 건물은 비가 새고 연 4만 명의 참배객이 드나들기에 협소하다는 이유로 허물고 다시 세워졌다. 이들이 지었던 건물은 사라졌고, 2023년 오야마 목사는 이 땅을 떠났지만, 이들의 노력은 기억해야 한다.

셋째, 1968년 여름 처음 한국을 방문해 청계천 빈민가의 참상을 보고 충격을 받아 1980년대 중반까지 50여 차례 서울을 오가며 한국 빈민 선교에 함께했던 노무라 모토유키(野村基之) 목사를 기억해야 한다. 노무라 목사는 1970년대 고 제정구 의원과 김진홍 목사와 함께 청계천 빈민 운동에 참여했다.

1971년 옆구리와 무릎 아래 욕창으로 하얀 뼈가 드러난 소녀의 상처 부위에서 구더기를 떼어내면서 하나님께 울부짖었다는 노무라 목사는 일본인을 중심으로 '한 알의 밀알회'를 조직하여 적지 않은 돈을 청계천 빈민 운동에 보냈다. 그는 청계천 빈민 운동을 하면서 김진홍 목사에게 사기를 당했다고 한다. 나는 그의 말을 들어보려고 1996년 그의 시골집에 찾아갔고 이후로도 몇 번 만났다. 그리고 그의 집에서 그가 찍은 수만 장의 청계천 빈민굴 사진을 보았다.

노무라 목사는 "김진홍 목사에게 속았다. 김 목사는 빈민을 이용해서 자기의 이름을 높인다. 절대 신뢰해서는 안 된다. 김진홍은 변절한 것이 아니라 원래부터 그런 인물이다"라고 말했다. 노무라 목사가 찍은 수만 장의 사진은 2006년 청계천 박물관에 기증되었고, 그는 2013년 서울시 명예시민으로 선정되었으며, 2015년 제1회 아시아 필란트로피상을 받았다. 한국에서 출판된 노무라 목사의 사진집은 『노무라 리포트』(눈빛, 2013), 『유신의 추억』(눈빛, 2019), 『강촌에 살고 싶네』(눈빛, 2020)가 있다.

넷째, 특이한 사례는 일본의 여러 개신교 단체나 교회의 담임목사들이 한국인으로 임명되는 경우가 많다는 것이다. 가령 일본기독교협의회(NCCJ)의 총간사는 1952년생 재일한국인 2.5세(부 1세, 모 2세)인 김성재 목사가 시무했다. 연세대 신학과를 졸업하고 교토교회 담임목사를 역임한 박수길 목사는 2009년 일본기독교단과 영향력 있는 일본인 교회에서 일하기도 했다. 박수길 목사는 오카모토 주키치(岡本寿吉)라는 이름으로 일본인 속에 들어가 헌신했다. 이것은 식민지 시대 때의 창씨개명과 달리 헌신을 위해 일본 이름을 가진 경우다.

지금도 매주 금요일 오후에 문부과학성에서는 왜곡 교과서 규탄과 민족학교를 인정하라는 시위를 하고 있다. 2010년부터 모든 고교 과정에서 무상 교육이 실시되었는데, 조선학교는 정식 교육과정으로 인정하지 않아 무상으로 교육하지 못하고 있다. 이에 대해 NCCJ에서도 "고교 교육 무상화를 조선학교에도 즉시 실시하라"고 주장하고 있다.

2023년 간토대지진 조선인 학살 비극을 기억하는 심포지엄과 여러 행사에도 소수지만 한일 교회는 참여한다. 필자도 2023년 9월 1일 이들과 함께 문부과학성 앞에서 "관동대지진 조선인 학살의 실태를 교과서에 정확히 기록하시오!"라는 현수막을 들고 구호를 외치는 데모에 참여한 적이 있다.

2023년 9월 1일 일본 문부과학성 앞에서 열린 자이니치와 기독교가 참여한 시위 (사진 김용교)

한국에서 일본의 사회운동을 우습게 보고 아무런 희망이 없다고 함부로 말하는 사람들이 있다. 이들이 얼마나 애쓰고 있는지 함께 실천해 보지 않고 연구실 안에서만 상상했기 때문이다. 이들이 실천하는 현장, 문부성 앞에서 기도하는 현장을 가서 함께 피케팅을 해보면 생각이 달라진다. 한일 관계에 대한 심포지엄이 열리면 소수이지만 국회의원들이 참여하여 배우곤 한다. 참여하지 못할 경우 자료집이라도 본다. 필요한 사항을 계속 지적하고 요구하면 조금씩 정책에 반영되고, 조금씩 변화하기도 한다. 미약해 보이는 한일연대 시민운동이지만, "평화의 줄로 연결되어서 함께 가리라"(엡 4:3-4)라는 말씀을 실천하는, 희미하고 약소하지만 분명 움직이는 희망이다.

소설과 기독교와 문학적 갈등을 살펴본 이 작은 시도가 일본의 이단아인 자이니치 디아스포라를 이해하는 데 작은 도움이 되기를 바란다.

3장

'빨갱이'의 인종화
— 제주4.3사건과 그 '여파 속에서'

김나미

'빨갱이'의 인종화
― 제주4.3사건과 그 '여파 속에서'*

김나미**

"어머니, 그럼 나도 빨갱이예요? 빨갱이가 뭐예요?"
"글세… 나도 모르겠다.
바다 건너 들어온 말이지…."1

---

* 용어 및 표현과 관련하여, 탐라미술인협회의 2019년 4.3미술제 "경야" 전시와 크리스티나 샤프(Christina Sharpe)의 책에서 도움을 받았다. 샤프는 자신의 책 In the Wake에서 미국의 노예제도가 폐지된 이후에도 여전히 지속되어 온 흑인들에 대한 인종화된 폭력, 그럼에도 불구하고 살아가는 흑인들의 삶과 관련하여 '경야'(經夜: wake), '경야작업'(wake work) 그리고 노예제도의 '여파 속에서'(in the wake) 산다는 것이 무엇을 의미하는지에 대해 쓰고 있다. 경야, 경야작업은 실제 장례 관습을 가리키기도 하고, '깨어 있는 작업'이라는 은유적 의미로도 쓰인다. 미국 노예제도의 '여파 속에서' 사는 것과 제주4.3의 '여파 속에서' 사는 것을 비교 분석하려는 시도 없이, 이 글에서는 '경야', '경야작업' 그리고 '여파 속에서'라는 표현을 쓴다. 폭력의 역사와 현실 속에서도 여전히 삶을 살아가는 사람들을 기억하기 위해서다. Christina Sharpe, In the Wake: On Blackness and Being (Durham, Duke University Press. 2016).
** 스펠만대학 교수

'빨갱이' 소환

2023년 후반기 한국 사회를 떠들썩하게 했던 '홍범도 장군 동상 이전' 사건을 기억할 것이다. 동상 이전을 둘러싼 여러 가지 정치적 배경과 논란을 차치하고 홍범도 장군에게 느닷없이 '빨갱이' 호칭이 붙여진 사건이었다. 빨갱이 호칭과 담론이 한국에서 여전히 통용된다는 것과 누군가를 빨갱이로 몰아서 폄하하고 배제할 수 있다는 것을 상기시킨 사건이었다. 최근 한국 사회에서 '약진'하는 '극우주의'와 '이승만 소환 운동'에 주의를 기울이면 빨갱이 호칭과 담론이 여전히 유효하게 작동한다는 것을 알 수 있다.[2]

'빨갱이'란 용어의 어원에 대해서는 몇몇 의견들과 연구가 있는데, 그중 하나는 일제 시대 항일 유격대원들을 지칭했던 '빨치산'(partisan)과 공산주의자들을 지칭하는 '붉은색'이 합쳐져서 빨갱이가 되었다는 것이다.[3] 일제가 항일 독립운동가들을 '사회주의자' 또는 '공산주의자'를 뜻하는

---

1 권윤덕 글/그림, 『나무도장』 (꿈교출판사, 2016). 수많은 국가폭력과 전쟁의 현장에서의 폭력은 어린아이들이라고 해서 비껴가지 않았다. 어린아이들은 폭력의 역사 한가운데 항상 있어 왔다. 어린이 동화책을 쓴 흑인 여성학자 벨 혹스(bell hooks)는 어린이는 "깨어 있다"(awake)라고 말했다. 어린이 동화책은 글과 그림을 통해 '깨어 있는' '어린' 사람들과 소통하는 것이다. 하지만 어린이 동화책이 어린이들만을 위한 것은 아니다. 어른들도 보고 읽고 느낄 수 있다. 이 글에서는 그런 어린이 동화책 몇 권을 인용한다.
2 김진호, "우크라이나 전쟁과 극우주의 민중신학적 비평: 이유철 선생의 『'정의로운 전쟁'은 가능한가』를 읽고," 새길&제3시대 2024 여름 학기 평화 강좌 제4강 논평 (2024. 6. 25.).
3 최종길은 '빨갱이' 용어의 기원을 '빨치산'에서 찾는 주장을 비판한다. 최종길, "식민과 냉전을 거친 '빨갱이'란 용어," 『내일을 여는 역사』 (역사와 책임, 2019), 178-186.

'빨강'과 동일시하면서 빨갱이로 부르게 되었고, 해방 이후 분단된 한국에서는 공산주의자들 또는 '좌익'으로 분류되는 사람들을 부르는 경멸적인 명칭으로 빨갱이가 사용되었다는 의견도 있다.[4] 반공을 국시로 하는 남한에서 특정 공산주의자들은 물론이고 친일 반대, 군정 반대, 이승만 정권에 반대하는 세력을 명명하는 용어로 빨갱이가 사용되었다는 주장에는 별다른 이견이 없다.[5] 그런데 빨갱이란 용어의 기원과 의미를 살펴보는 데서 간과되어 온 것은 빨갱이란 정체성이 국가폭력의 대상뿐 아니라 수단으로 사용되는 과정에서 보인 빨갱이의 '인종화'(racialization)이다. 아직 '인종'과 관련된 담론이 낯선 한국에서, 하물며 빨갱이의 인종화를 얘기한다는 것이 의아하게 여겨질 수도 있다. 빨갱이로 명명되고 낙인찍히고 폭력의 대상이 되었던 사람들이 '타' 인종이 아니라 '같은' 인종/민족이었는데, 어떻게 인종화할 수 있냐고 의문을 제기할 수도 있겠다. 또 한편으로는 '우리' 사회에서 과연 빨갱이는 같은 인종 혹은 종족으로 이해되고 있는가를 물을 수도 있겠다. 인종을 '생물학적 특징' 또는 표현형(phenotype)에 따라서, 즉 피부색, 얼굴 형태, 모발의 색이나 질감 등의 특성들이 결정한다고

---

[4] 김관후, "'빨갱이'란 말, 어떻게 생겨났을까," 「제주의소리」 2019. 4. 4., https://www.jejusori.net/news/articleView.html?idxno=301344 (검색일 2023. 7. 21.); 김득중, 『'빨갱이'의 탄생: 여순사건과 반공국가의 형성』 (도서출판 선인, 2009). 이 책의 저자는 한국에서 빨갱이 이미지가 만들어지는 계보학적 과정에서 결정적인 사건을 '여순 사건'으로 본다. 강신항, 『현대 국어 어휘사용의 양상』 (太學社, 1991); 주창윤, "해방 공간, 유행어로 표출된 정서의 담론," 「한국언론학보」 53-5 (2009); 강성현, "아카(アカ)와 '빨갱이'의 탄생 — '적(赤-敵) 만들기'와 '비국민'의 계보학," 「사회와역사」 100 (2013); 한상철, "한반도 이념전쟁 연구 (1919-1950): '적'의 호명과 작동," 북한대학원대학교 박사학위 논문 (2017).

[5] 최종길, "식민과 냉전을 거친 '빨갱이'란 용어," 178-186.

생각하면 '같은' 인종/민족에게서 타 인종이 형성되는 것이나 그중 한 집단이 인종화된다는 것이 이해되기 어려울 수 있다. 하지만 마이클 오미(Michael Omi)와 하워드 위난트(Howard Winant)가 주장하듯이 인종화란 "이전에 인종적으로 분류되지 않았던 관계나 사회적 관행 또는 집단에 인종적 의미가 확장되는 것"이다.6 이러한 인종화 개념은 '신체적' 또는 '생물학적 특징' 때문에 이미 결정된 인종이 있다고 주장하는 인종적 본질주의(essentialism)와 다르게, 문화적 의미가 어떻게 특정 신체에 부여되고 그런 다음에 인종적으로 위계질서화되는지를 보여 준다.7 즉, 인종 범주는 생성되고 변형되기도 한다. 따라서 비록 '같은' 인종/민족이었지만, 인종화를 통해서 빨갱이는 지배 집단에 의해 철저하게 '비인간'(inhuman) 내지는 '인간 이하'(sub-human)로 취급받고 폭력과 죽임의 대상인 '적'으로 '타자화'되는 것이다. 이들은 소위 생물학적 특징에 기반을 둔 인종이 아니라 인종화를 통해서 새롭게 '타자화'되고 적이 된 집단이었다. 빨갱이로 인종화된 사람들은 반역자, 폭도, 죽어도 마땅한 죄인, 짐승보다 못한 인간, 법외 인간으로 반공 국가에서 국가폭력의 우선적인 대상이 되었고, 따라서 '이른 사망'(premature death)을 겪는 경우가 대부분이었다. 빨갱이라는 인종적 정체성은 연좌제를 통해서 피해자 가족들과 자손들에게도 적용되었고, 남한의 국가 성립을 방해하는 세력들도 빨갱이로 인종화되어

---

6 Michael Omi and Howard Winant, *Racial Formation in the United States: From the 1960s to the 1980s*, 1st ed. (New York: Routledge Press, 1986), 64.

7 Karim Murji and John Solomos, *Racialization: Studies in Theory and Practice* (Oxford: Oxford University Press, 2005), 3.

법적 보호나 제재 없이 탄압당하고 국가폭력의 대상이 되었다. 제2차 세계대전이 종식되고 소위 자유 진영과 공산 진영 간의 냉전 시대에 들어서면서 자유 진영에 속했던 남한에서 빨갱이로 인종화된 집단이 탄생한 것이다.

이 글은 제주4.3사건(이하 '제주4.3')을 겪으면서 그리고 그 '여파 속에서'(in the wake) 피해자들과 그 가족들이 어떻게 빨갱이로 인종화되고 인종적 타자화의 대상이 되어 참혹한 증오의 폭력의 대상이 되었는지를 살펴본다. 또한 그런 인종화가 신학적으로 어떻게 정당화되었는지에 대해서 논의한다. 여기서 타자화된다는 것은 비인간 또는 인간 이하로, '우리'와 다를 뿐 아니라 '우리'와 대치하는 적이고 '우리'보다 '열등'한 존재라는 의미에서다. 또한 유동적인 용어인 빨갱이와 연장선상에 놓인 다양한 타자들(성소수자, 비백인 이주노동자, 무슬림 이주민, 장애인, 페미니스트, 양심적 병역 거부자, 난민 등등)에 대한 차별, 배제, 혐오도 빨갱이의 인종화와 무관하지 않다. 인종적으로 타자화된 빨갱이에게 가해졌던 증오의 폭력이 '와전'되어 지금도 계속되고 있다. 민중신학자 김진호가 지적하듯이 현재 한국 사회에서 발생하는 여러 가지 폭력, 특히 제3자를 향해 가해지는 와전된 폭력과 구조화된 폭력에 대한 책임 전가의 상황을 총체적으로 가리키는 개념이 한국의 '1948년 체제'이고, 그 체제의 초석이 되는 사건이 '제주4.3'이다.[8] 제주4.3은 희생자 대 가해자 문제를 넘어서 사회 전체를 '파멸적 관계

---

8 김진호, "모두에게 파괴였던 시간의 바깥: '제주4.3사건'의 신학적 비망록," 권지성 엮음, 『혐오와 한국교회』(삼인, 2020), 83.

파괴의 늪으로 빠뜨려버린 사건'이고, 국가에 의한 집단학살의 사회적 파급력이 얼마나 광범위하고 긴 시간에 걸쳐 재생산되는지를 보여 준 사건이다.9 70년이 지난 지금도 제주4.3의 여파가 여전하다.

제주4.3

"해방되고 일본군이 물러간 자리에 미군이 들어왔어. 바다 건너 제주도까지."
"관덕정에 총소리가 난 뒤로는 육지 경찰도 들어왔어."
"서북청년단도 몰려오고."
"무자년 난리가 나고 육지에서 군인들까지 들어왔어. 물로 뱅뱅 둘러싸인 이 섬에…."10

500여 귀신이 제삿밥을 먹으러 내려오는 날이라니! 이들은 같은 날에 세상을 떠난 것이다. 1949년 1월 17일. 제주도 조그만 어촌마을인 북촌리에서 벌어진 일이다. 도대체 한마을에서 500여 명의 사람이 한꺼번에 죽는 일은 어떤 경우일까?

놀랍게도 이 일은 1947년부터 7년간 제주도에서 벌어진 일의 한 조각에 불과했다.11

---

9 김진호, "모두에게 파괴였던 시간의 바깥," 81-82.
10 권윤덕, 『나무도장』.
11 고진숙 글, 이시누 그림, 『제주4.3을 묻는 십대에게』 (서해문집, 2022), 13-14.

2005년 노무현 정부가 '세계평화의 섬'으로 지정한 제주도는 1948년 이승만 정권이 들어서기 전까지 남한을 지배했던 미군정(1945~1948)이 '빨갱이 섬'(Red island), '좌익의 본거지'로 규정한 섬이었다.[12] 제주4.3은 한국전쟁을 제외하고 한국에서 가장 많은 민간인이 학살되었던, 하지만 아직도 규명해야 할 일이 많은 사건이다. 제주4.3의 시작은 1948년 4월 3일 발발한 남로당 제주도당의 무장봉기와 이에 대한 초강력 진압이 아닌, 1년 거슬러 올라가 1947년 3월 1일에 발생한 주민들을 상대로 한 경찰 폭력을 시발점으로 본다. 1947년 3월 1일, 3.1절 독립운동을 기념하기 위한 제주도민들의 평화로운 행진에서 경찰의 총격으로 소년, 어린 자녀를 동반한 여성 등 여섯 명이 사망했다. 이때부터 시작해서 한국 정부가 공식적으로 제주 토벌 작전 종료를 선언하고 한라산의 금족 지역이 전면 개방된 1954년 9월 21일까지 7년 6개월(1947. 3. 1.~1954. 9. 21.), 즉 2,762일에 걸쳐 일어난 사건이다. 1947년 3월 1일에 발생한 경찰 폭력에 대한 항의로 1947년 3월 10일부터 제주도민의 민관 합동 총파업이 시작됐다.[13] 이에 대처하기 위해 본토에서 경찰이 대거 파견됐으며, 탈북 이주민 출신으로 구성된 반공 극우 청년 단체인 서북청년단(이하 '서청') 단원들도 제주도에 들어오기 시작했다. '서청'은 1946년 11월 30일

---

12 김영범, "기억과 비원 속의 '제주4.3', 정명(正名)은 가능한가," 「제주의소리」 2019. 10. 2., http://www.jejusori.net/news/articleView.html?idxno=307417 (검색일 2023. 7. 30.).

13 "제주4.3 이란," 제주4.3 평화재단, https://jeju43peace.or.kr/kor/sub01_01_01.do (검색일 2022. 8. 17.).

에 결성된 극우 반공 준군사(paramilitary) 조직체로 1947년 3.1사건을 기점으로 약 500명 정도의 단원이 일차적으로 제주도에 들어왔다. '빨갱이 사냥'(Red hunt)을 한다는 구실로 제주도민들을 상대로 서청이 저지른 잔혹한 테러를 4.3사건 발발의 중요한 요인 중 하나로 본다.14 제주4.3을 연구한 김성례도 서청의 잔혹성이 제주4.3의 '단초'가 되었다고 하면서, 그들 대부분이 마을에 상주하면서 저지른 만행 가운데 "강간, 성폭력, 재산갈취 등이 많이 나타난다"고 전한다.15 7년에 걸쳐 빨갱이 사냥이라는 기치 아래 당시 제주도민의 10분의 1 이상인 약 3만 명이 군·경·우익단체로 구성된 토벌대에 의해 학살되고, 9만 명 이상의 난민이 생겼다. 약 3만 9천 채의 가옥이 파괴되고, 섬 전체가 빨갱이 섬으로 불리면서 섬의 많은 부분이 토벌대의 '초토화' 작전으로 파괴되었다.16

제주4.3의 미확인 희생자들 그리고 죽음은 피했지만 당시에 당한 신체적, 정신적, 물리적 폭력의 흔적과 아픔을 지닌 채 살아온 사람들까지 포함한다면 피해자들의 숫자는 훨씬 늘어날 것이다. 무엇보다 통계 수치로는 폭력의 잔혹성과 그로 인한 피해와 고통을 재단하거나 가늠할 수 없다. 피해자 진상규명을 위해 오랫동안 위험을 무릅쓰고 투쟁해 온 사람들

---

14 앞의 글.
15 김성례, "국가폭력과 여성체험 — 제주4·3을 중심으로," 「창작과비평」 102 (1998), 344; Gwisook Gwon, "Reframing Christianity on Cheju during the Korean War," *Journal of Korean Religions* Vol. 6, No. 2 (2015): 93-120.
16 허호준은 그의 책 『4·3, 19470301-19540921 — 기나긴 침묵 밖으로』 (혜화, 2023)에서 제주4.3과 관련해서 책 제목을 의도적으로 숫자로 정했다고 한다.

과 진상규명의 과정에서 온갖 수난을 겪은 사람들 그리고 민주화 시대가 열리면서 다시 시작된 진상규명의 지난한 노력으로 제주4.3과 관련된 많은 부분이 밝혀지고 세상에 알려지기 시작했다. 하지만 피해자 규모 및 피해의 정황도 아직 다 밝혀지지 않은 상태이고, 무엇보다 '피해자' 규정 문제와 그에 따른 국가의 보상 문제도 계속해서 논쟁되고 있는 상황이다. 권귀숙은 제주4.3과 관련된 다양한 기억을 다루는 자신의 책 『기억의 정치』에서 제주4.3을 체험했던 군인, 경찰, 토벌대, 서북청년단, 민간인들이 그들의 위치나 신분에 따라 다르게 기억하고 해석하는 것을 보여 주면서, 지배 담론에서 벗어나 다양한 일반인들의 목소리를 들어야 한다고 주장한다. 그는 특히 여성 피해자들이 억압해 온 기억과 자신들의 피해에 대해서 침묵하는 경향에 주목한다. 이렇듯 아직도 제주4.3의 여파가 지속되고 있다. 여전히 그 '여파 속에서' 살아가는 사람들과 생명체와 물체가 있으며, 그 '여파'는 쉽게 가라앉거나 사라지지 않을 듯하다.

빨갱이의 인종화

제주4.3은 당시 인구의 10분의 1 이상이 학살된 '인종 말살'이었지만, 국제 '제노사이드'(genocide) 협약에 따르면 인종 말살로 규정할 수 없다. 그 이유는 '같은' 인종/민족을 상대로 행해진 학살이기 때문이다.[17] 그러나 빨갱이의 인종화는 소위 같은 인종 내지는 민족 내에서 한 집단이 지배 집단에 의해 인종적으로 타자화되면서, 어떻게 국가폭력의 대상이 되고 법의 보호를 받지 못하는 법외 대상이 되는지를 보여 준다. 따라서 국제법에서 정한 인종 말살의 범위에 대해서도 다시 질문을 던지게 한다.

김성례는 빨갱이로 명명된 제주도 주민의 '인종적 타자성'과 '성적 타자성'이 어떻게 국가폭력의 구조 안에서 하나로 융합되는지 살펴보면서, 제주도민들이 '열등한 인종'으로 제거의 대상이 되었고 당시의 빨갱이 소탕은 "친미 반공 정부와 미국의 계획된 주민 살육이자 인종 말살"이라고 주장한다.[18] 한 예로 초토화작전을 지휘한 제9연대 박진경 대령이 "제주 백성이 아니라도 나라가 된다"라고 한 것을 인용하면서 "빨갱이에 대한 인종청소를 감행했다"고 주장한다.[19] 김성례가 특히 강조하는 것은 빨갱이의 인종적 말살이 제주도 주민에 대한 "집단적 성폭력과 '여성의 몸'에 대한 가부장제 폭력으로 실천"되었다는 것이다.[20] 또한 아이를 출산하는 도중에 우익 청년 조직인 '하귀특공대'에 의해 학살 당한 여성의 이야기를 하면서, 그녀의 몸은 "생명을 배태한 몸으로 빨갱이를 재생산할 위험"이 있는 것으로 여겨졌고, 그렇기에 그런 "임신한 빨갱이의 몸에 가한 폭력은

---

17 최호근은 유엔에서 정의한 제노사이드 범죄뿐 아니라 한 국가 내, 민족 내 학살 등도 포함하는 제노사이드의 개념으로 좀 더 확장되어야 한다고 주장하면서, 제주4.3과 보도연맹 원 학살 사건을 한국의 제노사이드 사례로 다룬다. 최호근, 『제노사이드 학살과 은폐의 역사』(책세상, 2005).
18 김성례, "국가폭력과 여성체험 - 제주4.3을 중심으로," 344, 주 8. 「제민일보」에서 연재된 것을 묶은 『4.3은 말한다』 제4권 (전예원, 1997), 361-363을 인용하면서 "'주한미군의 G2 보고서'(1949년 4월 1일)가 4.3 당시 토벌대의 활동을 빨갱이 사냥(red hunt)으로, 토벌의 성공 이유를 민간인 대량 살육 작전으로 평가"한다고 한다.
19 앞의 글, 344-345.
20 앞의 글, 351.

빨갱이 인종의 말살과 같다"는 것이다.21

김동춘은 1945년 이후 친일 관료, 경찰, 군 지도자들이 반공주의를 옹호한 주된 이유가 그들이 일제 식민 통치에 협력한 역사 때문이었다고 하면서, 남한에서 반공주의는 서구 국가에서의 인종주의와 "기능적으로 동등한 것"이었다고 주장한다.22 더불어 그는 서구의 인종주의와 유사하게 한국의 반공주의는 "정치사회에서 우월한 집단이 법, 제도, 물리적 힘으로 열등한 집단을 차별하고 배제하며 고통을 주고 심지어 죽이는 문화적, 이념적, 정치적 지배의 한 형태"라고 한다.23

따라서 반공주의와 인종주의가 기능적으로 동등한 것이고, 친미 반공 정부가 빨갱이를 적으로 또는 멸절되어야 할 열등한 인종이나 인간 이하로 규정하면서 대량 학살을 감행했다면, 제주4.3은 인종 말살로 볼 수 있다.

'빨갱이'의 인종화를 논의하면서 간과하지 말아야 하는 것은 인종화도 젠더화(gendered)되고 성적으로 대상화된다(sexualized)는 것이다. 즉, 인종화가 젠더(gender)와 섹슈얼리티(sexuality)와 무관하지 않다는 것이다. 빨갱이로 지목되어 폭력의 대상이 되었던 빨갱이 남성들과 빨갱이 여성 피해자들에 대한 취급과 피해 양상이 항상 동일하게 나타나지 않았을뿐더러, 제주4.3을 기억하고 재정의 내리는 과정에서도 피해자 여성들과 남성들

---

21 앞의 글, 348, 주 14.
22 Dong-Choon Kim, "The Social Grounds of Anticommunism in South Korea — Crisis of the Ruling Class and Anticommunist Reaction," *Asian Journal of German and European Studies* 2 (2017), 4.
23 Ibid., 17.

의 이야기, 경험이 다르게 가시화되고 있는 것이 이를 말해 준다. 제주4.3의 여파 속에서 살아온 여성 피해자 중 대다수가 자신들의 피해와 고통의 경험에 대해서 왜 여전히 침묵하고 있는지를 간과할 수 없는 이유다.

인종화(racialization)와 관련하여 철학자 팔구니 셰스(Falguni A. Sheth)는 피부색, 혈액형 등의 특징으로 여겨지는 표식(marker)이 근거가 되는 인종화의 경우도 있지만, 같은 민족 간에 일어나는 '정치적 타자화'도 인종적 갈등으로 볼 수 있다고 하면서, 인종화와 타자화가 여러 면에서 같은 현상을 가리킨다고 한다.[24] 셰스에 의하면 특정 인구의 인종화와 관련된 몇 가지 주요 특징이 있는데, 빨갱이의 인종화에도 그러한 특징들이 보인다. 세 가지 특징을 살펴보자.

첫째로 같은 민족 내에서 생기는 인종화는 한 집단을 지배적인 인구와 그에 상응하는 정치적 긴장과 대조되는 집단으로 묘사하는 과정이다. 따라서 인종화가 되는 특정 집단에 대한 묘사가 필요한데, 그 집단을 구분하는 특징이 표현형이나 혈통 또는 신체적 특징일 필요는 없으며 종교적, 경제적, 사회적인 다양한 특징일 수 있다.[25] 다시 말해서 같은 인구 집단이나 민족 내에서 타자로 분류되는 집단은 그들이 생물학적 또는 피부색, 신체적 차이로 인지된 특징들을 갖고 있기 때문이 아니라

---

[24] Falguni A. Sheth, *Toward a Political Philosophy of Race* (Albany: State University of New York, 2009), 8-9. 셰스의 인종화 이론을 다음의 책에서도 논의한다. Nami Kim, *The Gendered Politics of the Korean Protestant Right: Hegemonic Masculinity* (Palgrave Macmillan, 2016).

[25] Sheth, *Toward a Political Philosophy of Race*, 51.

'위협적'이거나 '다루기 힘든' 집단으로 묘사되기 때문이다. 즉, 그 위협적이고 다루기 힘든 집단은 지배 집단과 다른 정체성을 가진 인종으로 만들어지는 것이다. 여기서 인종은 이미 결정된 것을 묘사하는 수식어로서가 아니라 "분열, 분리, 위계, 착취의 방식 또는 수단"이다.[26] 빨갱이라는 인종적 정체성은 그들이 인종화된 과정의 결과, 즉 인종으로 분류되는 과정의 결과이지 그들이 이미 주어진 인종적 정체성을 가지고 있기 때문에 법에서 배제되고, 낙인이 찍히고, 폭력의 대상이 되는 것이 아니다. 인종적 타자화를 통해서 빨갱이라는 별도의 인종/타자/적이 정치적으로 생산되는 것이다. 이 경우 그렇게 구별된 집단과 지배 집단 간의 갈등이 부각되는 일련의 사건들이 발생하는 과정에서 이 집단은 별도의 인종으로 낙인찍힌다. 낙인이 동반하는 것은 국가가 '승인한' 폭력이고, 그에 따른 이른 사망이나 평생 지속되는 폭력의 다양한 후유증이다.

> 어머니가 걱정스레 미루를 보며 물었다. 아버지도 옆으로 다가와 미루의 이마를 짚었다.
> "이런, 온몸이 땀범벅이구나. 무슨 일이냐? 응?"
> "어멍, 고모부가 빨갱이래! 그런데 빨갱이가 뭐야? 빨간 옷을 입고 다니는 사람이야?"
> "미루야, 그런 소리 입 밖에도 내지 말거라. 알았지?
> 어머니는 빨갱이라는 말에 소스라쳐 놀라 얼른 미루의 입을 틀어막았다.[27]

---

26 Ibid., 4.

아버지는 결국 한라산으로 올라갔단다.
마을에 남아 있었으면 경찰에 잡혀가 고문받고
살아남기 힘들었을 거야.
… 빨갱이라고.28

숨어 지낸 사람들 모두 빨갱이라고.
그땐 빨갱이라고 손가락질만 해도 죽어 나가던 시절이라.29

제주4.3은 빨갱이라는 단어를 쓰는 것조차도 위험을 초래할 수 있는 시간과 공간이었다. 위의 글의 아버지도 빨갱이라서 한라산에 올라간 것이 아니라 빨갱이라는 혐의 때문에, 그래서 살아남기가 힘들어서 산으로 올라간 것이었다. 하지만 금족령이 내려진 한라산으로 올라갔으니 '산(山)사람'이 된 것이고, 산사람이란 바로 빨갱이를 가리키는 것이었다. 산이든 마을이든, 어디에 있든 상관없이 살아남기 힘들었다, 빨갱이였기에. 숨어 지내는 것도 뭔가 잘못했다는 것이고, 곧 빨갱이라는 것을 스스로 증명하는 것이었다. 또한 '손가락질'을 당하는 것, 즉 빨갱이로 지목만 되어도 빨갱이가 되었다. 이렇게 빨갱이의 '특징'들(빨갱이로 불린 사람, 산에 간 사람, 숨어 지낸 사람, 빨갱이로 손가락질 당한 사람)을 가졌거나 보인 사람들에게 가해진

---

27 이규희 글, 윤문영 그림, 『한라산의 눈물: 아무도 말해주지 않았던 제주의 역사 4.3 사건』 (내인생의책, 2015), 94.
28 권윤덕, 『나무도장』.
29 앞의 책.

것은 용인된 폭력과 그에 따른 이른 죽음 그리고 대를 이어서 지워지지 않는 낙인이었다.

제2차 세계대전 이후 도래한 강대국 간의 냉전 시대에 아시아에서 공산주의의 확산을 막고 헤게모니를 지속하려는 미국에게 지정학적 가치를 지닌 제주도는 오키나와와 대만과 더불어 꼭 필요한 전략적 지역이었다. 1947년 제주도 민관 합동 총파업을 겪은 뒤부터 미군정은 제주 남로당원뿐 아니라 제주도민 전체가 불온하다고 여겼고, 따라서 대응책도 강경해졌다. "미국은 제주도가 필요하지 제주도민은 필요치 않다. 제주도민을 다 죽이더라도 제주도는 확보해야 한다"는 로버츠(W. L. Roberts) 준장의 발언이 이를 잘 보여 준다.30 "대한민국을 위해서는 제주도 전체에 휘발유를 뿌리고 불을 놓아 30만 도민을 한꺼번에 소멸해야 한다"는 당시 경무부장 조병옥의 발언도 이와 다르지 않다.31 '폭도'나 '반란군'들로 규정된 시위자들, 좌익 정당이나 단체 관련자들, 소위 게릴라부대원들은 물론, 민간인들을 상대로 한 대량 학살이 미군정의 지휘 아래서 경찰과 국군 그리고 서청 등의 극우 반공 준군사단체들로 구성된 토벌대에 의해 자행되기 시작했고, 미국의 절대적 원조와 지지가 필요했던 이승만 정권이 들어선 이후에도 계속해서 가혹하게 진행되었다. 제주4.3에서 학살당한 도민들은 빨갱이로서 멸절되어야 하는 적 그리고 비인간, 즉 짐승은 아니지만 '우리'

---

30 김영범, "이승만 '제주를 미국 해군기지로 양도할 수 있다' 발언 왜?,"「제주의소리」2019. 10. 6., http://www.jejusori.net/news/articleView.html?idxno=307502 (검색일 2024. 3. 5.).
31 김성례, "국가폭력과 여성체험 ― 제주4.3을 중심으로," 344.

와 같은 인간도 아닌, 인간 이하의 열등한 존재로 취급받았다. 권윤덕도 '빨갱이'라는 말은 "미군정과 이승만 정부에 반대하거나 그럴 것으로 의심되는 사람들"을 가리키면서 "없애 버려야 하는 존재"를 뜻하는 것이라고 한다.32 군사전략적 기지로서만 필요하고 가치가 있는 곳이었기에, 빨갱이들이 살고 있는 빨갱이 섬 제주도는 '초토화'되어도 되는 곳이었다. 초토화 작전에 의해 땅도, 산야도, 나무도, 풀도, 동물들도, 새들도, 물도, 밭과 논도, 가옥도, 모여 살던 마을도, 삶의 터전과 그것을 지탱하는 모든 것이 철저하게 파괴되었다. 이 경우에는 그곳에 사는 사람뿐 아니라 '섬 전체'가 빨갱이로 인종화된 것이다.

두 번째로 인종화되는 집단에서 식별되는 일련의 행동 및 특징에 대한 규범적 설명이 있는데, 이 집단이 지닌 문제의 '위협적인' 특징은 여러 가지 상황과 맥락에서 분리된 상태로 취해진다. 하지만 그렇게 취해진 위협적인 특징이 그 해당 집단을 본질적으로 대표하는 특징인 것처럼 설명된다. 이렇게 '구상화'(reified)된 특징은 "지배 체제의 신념, 원칙 또는 궤적을 위반하는 것으로 표적"이 된다.33 그리고 인종화된 집단의 위협적인 특징은 '노골적인 범죄성'(테러리스트, 폭도)과 동일시된다. 그들의 범죄성은, 그들이 실제로 '범죄자'이든 아니든, 그들을 규정짓는 규범적인 설명이 되는 것이다. 범죄자로 규정된 빨갱이는 반역자이고, 척결 대상자이며, 법의 적용은 받지만 법의 보호는 받을 자격이 없는 모든 권리가 박탈된

---

32 권윤덕, 『나무도장』.
33 Sheth, *Toward a Political Philosophy of Race*, 51-52.

'법외' 집단이다. 자신의 사상이나 활동 여부와 상관없이 누군가의 악의적인 의혹 제기 또는 고문이나 협박의 결과로 빨갱이로 낙인찍히면 빨갱이가 되는 것이고, 따라서 빨갱이의 범죄성을 지닌 자로 간주되면서 아무런 제재 없이 폭력의 대상이 된다. 국가의 관심은 민족의 반역자, 위험한 폭도들의 처단이다. 제주4.3 당시 토벌대의 표적이 된 사람들과 그들의 가족들은 모두 위험한 빨갱이로 규정되었던 사람들이기 때문에 그들에게 가해진 폭력과 학살이 정당화되었다. 다시 말해서 폭도, 반역자, 반란군인 빨갱이들은 법 밖에 있는 인종이다. 빨갱이의 인종화가 이런 식으로 이루어진 데는 한국에 팽배한 종족민족주의와도 연관이 있다. 즉, 민족성을 앞세우는 한국의 종족민족주의에 내재된 '우리와 그들'이라는 이분법이 극단화되고, 외부의 적에 대항하면서 동시에 "내부의 이단자"를 탄압하는 "민족주의의 양면성"을 보여 준 것이다.[34]

… 빨갱이라고.
재판도 받지 않고, 그렇게.
이 어미는 외삼촌이 경찰이라서 살아남았어.
이렇게 나만 혼자 살아남았어.[35]

---

[34] 강진웅, "한국 민족주의 연구의 쟁점과 과제,"「민족연구」73 특집 I-1 (2019), 14. 종족민족주의에 관해서는 "총론".
[35] 권윤덕,『나무도장』.

가을걷이가 끝나고 어느 날,
부엌으로 저녁밥을 지으러 들어갔을 때였어.
서북청년단원이 마당으로 들어와
처마에 불을 붙였어.
펑 하고 불길이 솟아올랐단다.
할아버지가 뛰쳐나오자 군인들이 총을 쏘았어.
할머니는 동생을 들쳐업다가
동생과 같이 총에 맞았고.
… 빨갱이 가족이라고.36

경찰이나 군인 가족을 따로 부를 때까지만 해도 그런 무서운 음모가 있는 줄 몰랐어. 그런데 우리 어머니가 울면서, "큰일 났다. 이제 저 사람들은 다 빨갱이 가족으로 몰려서 죽게 된단다. 불쌍하고 가엾어서 어쩌누," 그러는 거야. 순간 나는 너희만 생각났어. 앞뒤 볼 것도 없이 달려가 거짓말로 너희를 데리고 온 거야.37

빨갱이와 연관된 그 누구도, 갓난아기들도, 어린이들도, 노인들도 폭력을 비껴가지 못했다. 왜냐하면 빨갱이와 연관된 것 자체가 그들의 범죄성을 보여 주는 것이기 때문이다.

빨갱이의 위협적인 특징들 및 범죄성과 관련하여, 빨갱이 남성들이

---

36 앞의 책.
37 이규희 글, 윤문영 그림, 『한라산의 눈물』, 205.

민족을 배신하고, 국가 설립과 존속에 위협이 되고, 폭력적이고, 야만적이고, 멸절되어야 하는 범죄적 비인간, 폭도, 법외 인간으로 간주되면서 폭력의 대상이 되었다면, 빨갱이 여성들은 그런 범죄자 빨갱이 남성들을 도왔다는 이유로, 아니면 그들을 대신해서 또는 폭력적인 빨갱이들을 재생산하는 죄로 반공 폭력과 성폭력의 대상이 되었다.[38] 빨갱이에 대한 공포와 증오가 빨갱이 여성들의 몸에 대한 (성)폭력으로 실현화되었다. 김성례는 제주 여성들이 남편이나 아버지 그리고 남동생을 대신해서 '빨갱이년'으로 불리고, '빨갱이 가족'이라고 잔혹한 고문뿐 아니라 강간을 당하고 학살되었고, 가부장제 성폭력의 양상이 부가되어 참혹성이 더 두드러진다고 한다.[39] 이는 빨갱이의 인종화/타자화에서 빨갱이로 규정된 여성들과 그들의 몸에 대한 폭력이 젠더화되고 성적 대상화된다는 것을 보여 준다. 권귀숙도 제주4.3을 겪은 여성들은 직접적인 피해뿐 아니라 생존자로서도 수난을 당했는데, "여성들은 가족의 죽음을 겪는 동시에 도피자의 가족, 총살자의 가족으로 고문을 당했다"고 한다. 또한 여성들은 "가부장적 폭력 문화에서 성폭력이나 강제 결혼의 대상"이 되기도 했고, 가족의 생계를 위해 군인이나 경찰관과 정략결혼을 하기도 했다고 하면서 여성들의 생활은 그저 '남겨진 유족들'로 "뭉뚱그릴 만큼 만만한 것이 아니었"다고 한다.[40]

---

[38] 김성례, "국가폭력과 여성체험 — 제주4.3을 중심으로," 342. 한 가지 잊지 말아야 할 점은 폭력의 대상이 된 민간인들의 연령과 성별에 제한이 없었다는 것이다.

[39] 앞의 책, 346-347.

세 번째로 한 특정 집단이 새로운 종으로 인종화되었다는 것은 그들의 존재가 더 많은 인구에게 잠재적으로 해로운 결과를 초래할 것으로 여겨졌다는 것이고, 일련의 사건들을 통해서 국가의 주목 대상이 되었다는 것이다. 빨갱이로 규정된 집단은 '위험'하기 때문에 "규율과 길들이기가 필요한" 대상으로 만들어진 것이다.[41] 예를 들어 빨갱이를 길들이는 수단으로 연좌제를 들 수 있다. 제주4.3이 공식적으로 종료된 이후에도 그 '여파 속에서' 피해자들 가족은 연좌제에 묶여 빨갱이로 낙인찍히면서 기존 정치 질서에 대한 위협으로 간주되었다. 그들은 배제당하고, 차별당하고, 부당하게 취급되게 조직적으로 분류되고, 통제되고, 관리되고, 권리를 박탈당했다. 연좌제 금지 조항(헌법 제13조 3항)이 헌법에 삽입됨으로써 1980년에 폐지되기 전까지 빨갱이의 유족들은 각종 채용, 입학 시험 및 승진 시 불이익, 감찰 등 일상생활 동향 감시, 국내외 여행 및 출입국 제한, 신원조회 등의 피해를 겪었다.[42] 하지만 제주4.3 '유족들의 수난'을 하나로 묶어 버리기에는 여성들의 생활이 너무 고되고 설움이 컸다는 것을 토로하면서, 작가 고길지는 "당시 제주의 여성들은 신체적 피해, 물질적 피해, 정신적 피해, 노동적 수난 등 말도 못 할 고초를" 겪었고,

---

40 박성우, "눈물의 세월… 4.3의 여성들은 잊혀져왔습니다," 「헤드라인제주」 2011. 11. 26., https://www.headlinejeju.co.kr/news/articleView.html?idxno=133214 (검색일 2024. 7. 5.).

41 Sheth, *Toward a Political Philosophy of Race*, 51-52.

42 4.3평화재단은 4.3추가진상조사의 일환으로 2023년 12월 18일부터 2024년 2월29일까지 연좌제 피해 사례 접수를 받았다.

"이 중에서도 가장 참기 힘들었던 것은 제도적인 피해였다"면서 "빨갱이라는 오명으로 시작된 연좌제"에 고통받은 희생자 가족들의 피해에 대해서 말하고 있다.43 빨갱이가 '반공 국민'과 대비되는 적으로 규정되면서 반공 국민의 정체성 형성에 역할을 하였지만,44 빨갱이에게 가해졌던 연좌제는 반공 국민에게도 일종의 경고로 작동하면서 그들을 통제하고 길들이는 수단으로도 작용했다.

빨갱이의 인종화와 신학적 정당화

빨갱이의 인종화와 관련해서 흥미로운 점은 제주4.3 토벌대가 사용한 '빨갱이 사냥'이란 표현과 제주도 중산간 지대를 겨냥한 '초토화작전'이 '붉은/홍인종'으로 불렸던 아메리카 대륙의 원주민들의 인종화와 19세기 미국의 이주노동자들 및 공산주의자들의 인종화와 접점이 있다는 것이다. 초토화작전은 말 그대로 그 땅의 모든 것을 다 불태워서 적이 쓸 수 있는 것들을 하나도 남기지 않고 미리 다 파손하는 군사작전이다. 미국 남북전쟁(American Civil War, 1811~1865) 중 남부의 조지아주를 '초토화'시켰던 윌리엄 셔먼(William Sherman)이 말하기를, 자신의 '총력전 전략'(total

---

43 박성우, "눈물의 세월," https://www.headlinejeju.co.kr/news/articleView.html?idxno=133214.

44 Kim, "The Social Grounds of Anticommunism in South Korea," 33.

war strategy)에 영향을 끼친 것이 바로 한 해 전 미군이 나바호(Navajo) 부족을 강제로 이주시키기 위해 그들의 집과 농작물을 불태우고 가축을 학살하고 재산을 파손한 '초토화정책'(scorched earth policy)이라고 했다.45 이 초토화작전이 제주도에서도 실행되었고, 한국전쟁을 비롯하여 베트남 전쟁 등 여러 전쟁에서 쓰였다.46

"상황이 얼마나 심각한 줄 아시오? 지금 경찰과 군인들이 힘을 합해 토끼몰이식 대토벌 작전을 편답니다. 중산간에 사는 사람들이 산사람들에게 식량을 대 주는 다리 노릇을 할까 봐 무조건 마을을 떠나라는 거 아니오? 만약 명령을 어겼다가는 '모두 불사르고, 모두 죽이고, 모두 약탈하라.'는 세 가지 명령을 내렸답니다. 그 말은 중산간에 남아 있는 사람들을 불태워 없애고, 죽여 없애고, 굶겨 없애도 좋다는 거요. 이래도 여기 남아 있겠소?"47

---

45 "The link between Colonel Kit Carson's 'Scorched Earth Policy' and General William T. Sherman's 'Total War Strategy'," *Civil War Talk* March 18, 2019, https://civilwartalk.com/threads/the-link-between-colonel-kit-carson-s-scorched-earth-policy-and-general-william-t-sherman-s-total-war-strategy.155919/ (검색일 2024. 1. 25.). 미 국무부 출신 존 메릴(John Merril)은 4.3 초토화작전과 관련하여 이승만 정부의 책임을 강조했다. 한형진, "전 美 국무부 국장, '4.3 학살책임 이승만 영웅화는 잘못," 「제주의소리」 2016. 10. 21.

46 이스라엘 정부가 가자에서 초토화작전을 쓰고 있다는 보고가 있다. Belén Fernández, "Israel is taking scorched earth policy to a new level," *Al Jazeera* December 16, 2023, https://www.aljazeera.com/opinions/2023/12/16/israel-is-taking-scorched-earth-policy-to-a-newlevel#:~:text=As%20the%20Israeli%20military%20now,earth%20experiments%20of%20the%20past (검색일 2024. 1. 28.). 이미영 감독의 다큐멘터리 "초토화작전" (2022).

47 이규희 글, 윤문영 그림, 『한라산의 눈물』, 130.

사람들은 오름 맨 꼭대기로 달려가 마을을 내려다보았다.
보름달처럼 둥근 굼부리 안에 자리 잡아 평화롭고 아늑했던 달봉 마을 곳곳이 불에 타고 있었다….
"어, 어멍! 우, 우리 집이 다 타고 있어!"
동백꽃이 붉게 핀 듯 미루네 집도 활활 타오르고 있었다….
너무 슬프면 눈물도 나오지 않는 걸까? 미루는 울지도 못하고 멍하니 불타는 마을을 바라봤다.[48]

북미의 원주민들이 '홍인종'으로 인종화되었던 것과 관련하여 줄리 파웰(Julie Powell)은 미국의 서사에서 붉은/홍색은 최초의 '야만적'(savage)인 아메리카 원주민을 가리켰고, 그들을 가리켰던 붉은/홍인종이 19세기 말에는 미국의 노동자 계급들, 특히 러시아계 이주노동자들과 공산주의자들에게 전이되었다고 한다. 붉은/홍인종으로 불렸던 아메리카 대륙의 원주민들은(Indigenous peoples) '야만적'이고, '미개'하며, 심지어 '인간' 범주에 포함될 수조차 없는 '비인간 악마들'(inhuman devils) 또는 '야수'(beast)로 묘사되면서, 필요하다면 멸절될 수 있는 존재로 간주되었다.[49] 영토 확장을 해 나가던 미 정부에 의해 학살되거나 삶의 터전을 떠나야 했던 미개하고 야만적인 홍인종 원주민들은 '선택된 백성'인 '백인'에게 하느님이 주신 '약속의 땅'에서 사라져야 하는 존재들이었다. 미국이 '명백

---

[48] 앞의 책, 159.
[49] Joel Kovel, *Red Hunting in the Promised Land: Anticommunism and the Making of America* (Basic Books, 1994), 221.

한 운명'(Manifest Destiny)이라는 기치 아래 원주민들과 그들의 땅의 정복을 '하느님의 뜻'으로 정당화하는 데 구약성서의 가나안 족속 정복과 학살의 서사가 사용되었다. 광야에서 "미개하고 야만스럽게" 살면서 백인 정착자들을 공포로 몰았던 "위협적인" 원주민들에 대한 혐오와 공포가 공산주의자들에 대한 '적색 공포'(Red scare)로 옮겨간 것이다.

파월은 19세기 말 미국 내 반공주의를 단순히 러시아 혁명에 대한 반응으로 보는 분석에 이의를 제기하면서, 인종주의가 "엘리트들이 반공 정서를 동원하는 수단"으로 사용되었는데, 공산주의가 '붉은색/홍색'(red)으로 인종화되어 "노동계급의 결속을 막고 노동 집단주의를 억압"하는 역할을 했다는 것이다.[50] 특히 공산주의자들의 야만성에 대한 묘사는 타자인 공산주의자에 대한 공포를 불러일으켰는데, 이 타자는 "출신, 외모, 행동양식에서 미국인이 아닌 위협적이고 야만적인 외부인(savage outsider)으로 인종화되었다"고 한다.[51] 파월은 미국의 적색 공포를 설명하는 만화에서 공산주의자가 아메리칸 원주민들을 묘사하는 데 쓰였던 '야만인'으로 표시됐다는 분석을 하면서, 인종주의적 경멸에는 필연적으로 폭력이 따르는데, 미국의 적색 공포 기간 동안 "인종화된 공산주의자에 대한 폭력에 대한 욕구"가 그 탐욕스러움에 있어서 놀라울 정도였다고 한다.[52] 이것이

---

[50] Julie M. Powell, "Making 'The Case against the 'Reds': Racializing Communism, 1919–1920," *Historicizing Fear* (University Press of Colorado), Kindle Edition, 105.
[51] Ibid., 108.
[52] Ibid., 113.

시사하는 바는 공산주의자에 대한 공포가 붉은/홍색 북미 원주민들을 대상으로 한 인종주의와 연관이 있고, 서구 백인우월주의 역사와 그리스도교의 정복 신학(conquest theology)과도 연관이 있다는 것이다. 그리고 이런 백인우월주의적 인종주의와 정복 신학은 김진호가 얘기하는 '1948년 체제' 구축의 한 축인 '반공주의적 증오의 신학'과 무관하지 않다.53

빨갱이는 체제 전복자, 반란자, 폭도, 범죄자 그리고 무도하며, 위험하고, 비이성적이고, 비도덕적인 위험한 인종/타자로 만들어지거나 다음 세대의 범죄자들을 재생산하는 '위험한' 몸으로 낙인이 찍히면서 국가폭력의 대상이 되었다. 인종화를 통해서 빨갱이들은 멸절시켜도 되는 비인간 내지는 악마로 규정되었고, '반공주의적 증오의 신학'은 그것을 정당화하는 중요한 역할을 했다. 빨갱이가 그리스도교와 적대적 극단에 서 있는 공산주의를 따르는 '악'의 편에 선 적이었기 때문에 빨갱이는 신학적으로 악의

---

53 김진호, "모두에게 파괴였던 시간의 바깥," 83. 한경직은 설교에서 북미 원주민들을 '야만인'으로 그리고 청교도들의 '거친 대륙' '개척'을 당연한 것으로 이야기한다. "오늘날 미국에는 예수를 믿는 사람도 많지만, 술 안 먹고 담배 안 피우는 사람은 적습니다. 그렇다고 해서 우리도 그대로 해서는 안 됩니다. 영미인들이 저렇게 해도 잘 사니 우리도 그렇게 하자고 해서는 안 됩니다. 영미인과 우리는 다릅니다. 그들에게는 이미 200여 년 전에 경건한 신앙생활을 하여 한 손에는 검을 한 손에는 성경을 들고 땀을 흘리며 부지런히 싸워 나가던 청교도들이 있었습니다. 그들은 야만(인 _ 인용자 첨가)들이 살고 있고 짐승들이 횡행하는 거친 대륙을 모두 개척해 놓았습니다. 이리하여 오늘의 미국인들은 저들의 선조가 쌓아 놓은 열매를 따먹고 있는 것입니다. 오늘의 대한은 200여 년 전의 미국과 같아서 전부 황폐했습니다." 한경직, "학생의 헌신: 고린도후서 8:1-15(1947년 2월 2일 영락교회 기독교 학생회 헌신예배, 건국과 기독교)," 『한경직설교전집 1』, 50. 1947년 4월 20일 설교에서도 미국의 청교도들은 고통을 겪었지만 그 자손들은 큰 '축복'을 받고 있다고 한다. 한경직, "순례자의 생활: 히브리서 11:8-16, 베드로전서 2:11-12 (1947년 4월 20일 베다니교회; 건국과 기독교)," 『한경직설교전집 1』, 82.

세력으로, 괴물과 같은, 그래서 멸종되어 사라져야 하는 존재로 정당화되었다. 따라서 그들에게 가해지는 폭력은 '선'을 지켜내는 데 필수적인 수단으로 여겨졌다. 김동춘은 반공주의자들의 흑백 논리가 공산주의를 절대적인 악으로 보는 그리스도교의 선과 악의 이분법과 유사하다고 하면서, 한국 그리스도교인들은 남한에서 이승만 주도의 반공 국가 수립을 하느님이 설계하신 역사적 필연으로 받아들였다고 한다.54 이는 나라의 '정신적 기초'가 '그리스도교'가 되어야 한다는 '건국과 그리스도교'에 관한 한경직의 설교문에서 잘 나타난다.

> 이 새 나라의 정신적 기초는 반드시 기독교가 되어야 하겠고, 또 필연적으로 될 것이라는 것이 우리의 확고한 신념입니다. … 기독교를 이해하지 못하는 이는 민주주의를 이해하지 못합니다. 그러므로 새 한국은 반드시 기독교가 그 정신적 기초가 되어야 합니다. … 오늘 우리 사회의 도덕심은 극도로 타락하여 많은 구경꾼(외국인) 앞에서 가장 부끄러운 현상을 나타내고 있습니다. … 그중에 제일 영향이 큰 것은 반도덕 사상의 대두입니다. 곧 일종의 사회사상을 배경으로 일어나는 '목적을 위하여는 수단을 가리지 않는' 악덕 사상입니다. … 거짓말, 도적질, 테러, 이 세 가지는 현재 우리 사회의 가장 추악한 죄악인데, 이는 유물론적 공산주의의 반도덕 사상의 악영향이 제일 큽니다. 건국 도상에 있는 이 시대에 해방 전후 본 교회가 창립된 것은 뜻이 깊을 줄 압니다. 나라보다 교회가 먼저 서는 것은

---

54 Kim, "The Social Grounds of Anticommunism in South Korea," 12.

당연한 순서입니다. 이스라엘 민족이 애굽에서 나올 때에 시내산에서 먼저 교회가 서고, 그 후에 나라가 가나안 복지에서 섰습니다. 북구에서 내려오는 민족들이 먼저 기독교의 감화를 받은 후에 오늘의 구주(歐洲, 유럽) 제국을 세울 수 있었습니다. 청교도들이 북미에 가서 먼저 교회를 세우고 그 후에 나라를 세웠습니다.55

'기독교적 민주주의' 국가 수립을 최우선으로 여겼던 이승만 정권 아래서 빨갱이에게 가해진 국가폭력은 정치적, 법적으로 용인되었을 뿐 아니라 친미 반공 그리스도교국가의 설립을 위해서 꼭 필요한 것으로 받아들여졌다. 그런 국가의 설립을 위해서 적이자 악마의 세력인 빨갱이는 제거되어야 했고, 그것을 위해 폭력은 필요한 수단이었다. 그 이후에도 한국의 주류 개신교와 반공 정권들은 반공주의라는 공통 인식을 나눴고 정치적, 법적 그리고 신학적으로 빨갱이에 대한 탄압을 정당화시켰다.

제주도 민간인들을 무차별적으로 학살한 토벌대 중에서 가장 악명 높은 단체는 준군사조직인 우익 무장단체인 서청으로 알려져 있다. 남미 콜롬비아의 준군사조직(paramilitary)을 연구한 마이클 타우씨그(Michael Taussig)는 용어 자체가 애매한 준군사조직은 '진짜 군인이 아닌 군인'을 가리키지만, 그보다는 "눈에 보이는 것과 보이지 않는 것 사이를, 모든 국가가 곤란한 입장에 처했을 때 모집하는 데 아무런 문제가 없어 보이는 지하 범죄

---

55 한경직, "건국과 기독교: 베드로전서 2:1-10(1947년 12월 창립 2주년 기념 설교, 건국과 기독교)," 『한경직설교전집 1』, 107-108.

세계의 살인자와 고문자 그리고 정규군의 사이를 오가는 유령과 같은 군인"이라고 한다.56 '살인자/고문자'와 '정규군' 사이를 오가는 '유령과 같은 군인'이란 정의는 서청을 설명하는 데도 적합하다. 서청은 정규군이 아니지만 토벌대에 참가했고, 그 단원들이 저지른 잔인한 고문과 살인으로 잘 알려져 있다.

"나는 빨갱이가 아니오, 제발 살려 주오, 제발. 으흐흑…."
아저씨는 땅바닥에 머리를 조아리고는 젊은 남자들에게 애원했다.
"쯧쯧, 어쩌다가 붙잡혀서…. 저 지경이 되다니."
"육지에서 온 서청단 손에 잡히면 살아남을 사람이 없대. 서청단은 공산당이 싫어 북쪽에서 내려온 젊은이들로 빨갱이라면 이를 박박 간다고 하더군."
사람들은 낮은 목소리로 수군거렸다.57

서청 단원들이 제주도로 몰려왔을 때 그들이 내걸었던 구호는 "빨갱이를 박살 내고 단독 정부 건설하자!"였다.58 서청 단원들은 소련이 점령한 북한을 탈출해 남한에 정착한 북한 출신 그리스도교 난민들이었는데, 이들은 역시 북한을 탈출한 한경직 목사가 설립한 남한 최대 규모의

---

56 Michael Taussig, *Law in a Lawless Land: Diary of Limpieza in Colombia* (University of Chicago Press, 2003), xi.
57 이규희 글, 윤문영 그림, 『한라산의 눈물』, 93.
58 권윤덕, 『나무도장』.

장로교회인 영락교회에 출석했다. 한경직이 영락교회 청년들을 중심으로 결성되었던 서청에 관해서 비교적 상세하게 알고 있었다는 것은 그의 평전을 통해서 알 수 있다.

> 그때 서북청년회라고 우리 영락교회 청년들이 중심이 되어 조직을 했시오. 그 청년들이 제주도 반란사건을 평정하기도 하고 그랬시요. 그러니까 우리 영락교회 청년들이 미움도 많이 사게 됐지요.[59]

이에 대해 한국교회사학자 김일석은 "한경직이 공산주의자들의 폭력적 혁명론은 거부하고 비난하지만 서북청년단들의 폭력에 대해서는 묵인하고 지지한다"고 비판한다.[60] 한경직의 반공 사상은 그의 목회를 통해 일관되게 나타나는데, 공산주의에 대한 극도의 부정적 입장은 한경직의 설교에서도 나타난다. 예를 들어 한경직은 그의 설교 "기독교와 공산주의"에서 공산주의를 '괴물', 좀 더 구체적으로 '묵시록에 있는 붉은 용'으로 가리킨다.

> 1848년 마르크스와 엥겔스가 발표한 공산당 선언 첫 구절은 이런 말로 시작합니다. "한 괴물이 유럽을 횡행하고 있다. 곧 공산주의란 괴물이다."

---

59 김병희 편저, 『한경직 목사』 (규장문화사, 1982), 55 56.
60 김일석, "해방정국기 한경직의 건국신학 연구: 전도입국론을 중심으로," 장로회신학대학교 박사학위 논문 (2022), 163.

저들의 말 그대로 공산주의야말로 일대 괴물입니다. 이 괴물이 지금 삼천리강산에 횡행하며 삼킬 자를 찾고 있습니다. 이 괴물을 벨 자 누구입니까? 이 사상이야말로 묵시록에 있는 붉은 용입니다. 이 용을 멸할 자 누구입니까? 사람은 떡으로만 살 것이 아니라 하나님의 입으로 나오는 말씀으로 사는 것입니다.61

김일석에 의하면 공산주의를 괴물로 부르면서 계시록에 나오는 붉은 용과 동일시한 것은 한경직이 처음이 아니며, 1947년 당시 평양에서 활동했던 목사들의 설교에도 나타나고, 해방 정국 당시 서북 지역 교회들에서 흔히 통용되던 수사라고 한다. 다시 말해서 공산주의를 그리스도교의 적으로 인식한 한경직의 관점이 서북 지역 교회의 보편적 인식이었다는 것이다. 이와 관련해서 김일석은 평안도 출신의 목사이자 교회사학자인 김양선 역시 교회와 공산주의의 대결을 '신 대 악마의 투쟁'으로 보았다고 한다.62 1947년 당시 평양의 교회들과 신도들의 '전투적 반공 신앙'을 언급하면서 홍동근도 사회주의 정권을 '짐승'과 '용'(계13:1-10)으로 여겼던 당시 신학교의 분위기에 대해서 회고한다.63 다시 말해서 서북 지역 출신인 서청의 빨갱이 사냥에는 선과 악의 이분법적 세계관에 기반한 반공주의적

---

61 한경직, "기독교와 공산주의: 마태복음 4:1-11(1947, 건국과 기독교)," 『한경직설교전집 1』, 99; 이 책, 김진호의 글.
62 김일석, "해방정국기 한경직의 건국신학 연구," 114, 주 395; 김양선, 『한국기독교 해방10년사』 (서울: 대한예수교장로회 총회, 1956).
63 홍동근, "1947년의 평양교회: 전투적 반공 교회와 나의 탈출," 「기독교사상」 704 (2017. 8.), 51.

증오의 신학적 논리가 이미 자리 잡고 있었다. 그들이 공산주의를 악마로 보고, 공산주의를 따르는 빨갱이들을 혐오하고 적대하면서 '사냥'이란 표현을 써가며 잔혹한 폭력을 행사한 배경에는 이러한 신학적 사상이 있었던 것이다. 한국의 주류 개신교 '성장'에 영향을 끼친 미국의 빌리 그레이엄(Billy Graham) 목사의 공산주의에 대한 시각도 이와 다르지 않았다. 예를 들어 1949년 한 설교에서 그는 공산주의가 "전능하신 하나님에 대항하여 전쟁을 선포한 악마에게 영감받고, 지시받고, 동기 부여된 종교"라고 하면서 '선'한 그리스도교 대 '악'의 공산주의라는 적대적인 이분법적 구도를 못 박았다.[64]

권귀숙은 제주4.3 전까지 세력이 약했던 개신교가 제주에서 급속하게 성장한 것은 군부, 개신교, 반공주의 사이의 분명한 연관성을 드러낸다고 주장한다. 한 예로 제주도에서 개신교를 '반공의 도구'로 보는 시각으로 바뀌게 된 계기를 개신교 목사 조남수가 '자백 운동'이라는 군사 전략에 관여하면서 시작된 것으로 본다. 제주4.3 당시 모슬포교회의 조남수 목사가 반군에 강제 협력한 사실을 '자백'한 무고한 사람들을 사면해 줄 것을 모슬포경찰서 서장에게 요청했고, 1948년 11월에 300여 명의 모슬포 주민이 조 목사의 말을 듣고 경찰서에 가서 공산당들에게 협력한 사실을 자백했다는 것이다. 그 이후로 조 목사의 '자수 강연'은 계속됐고, 비록

---

64 David Aikman, "How Billy Graham Killed Communism with Kindness," *Christianity Today* April 2018, https://www.christianitytoday.com/2018/02/how-billy-graham-killed-communism-kindness-iron-curtain/ (검색일 2024. 8. 25.).

항상 자백한 사람들을 살리지는 못했지만, '자백 운동'의 결과로 3천 명의 주민이 살아남을 수 있었다는 것이다. 조남수 목사는 제주의 '쉰들러'로 불리면서 추모된다. 하지만 권귀숙은 어떤 이들은 그가 자백한 마을 주민들을 구했다고 증언했지만, 다른 이들은 마을 주민들의 자백으로 군대에 의해 처형당했다고 증언했다고 하면서, 조남수 목사의 과거에 대한 평가에 논란의 여지가 있음을 시사한다.[65] 자수 강연과 자백 운동은 제주에서 개신교가 군부와의 동맹의 결과로 '반공주의의 보증'으로 부상했고, 역설적으로 제주4.3 기간이 개신교가 급성장한 시기였다는 것을 보여 준다는 것이다.[66] 이 시기는 '반공주의적 증오의 신학'의 기원과도 맞물린다.

제주4.3의 '여파 속에서'

태평양전쟁 당시 일본군의 거점으로 더욱 가중된 식민적 착취와 수탈을 당하면서 피폐화되고 해방 후 미군정 지배 기간에 '빨갱이 섬'으로 불리면서 4.3 당시 초토화되었던 제주도는 21세기에 들어서서 '세계평화의 섬'으로 불리게 되었다. 하지만 2016년 많은 제주도민의 저항과 투쟁에도 불구하고 그 세계평화의 섬에 미 해군의 항공모함이 드나들 수 있는 해군기지가

---

65 Gwisook Gwon, "Reframing Christianity on Cheju during the Korean War," *Journal of Korean Religions* Vol. 6. No. 2 (2015), 103, footnote 5.
66 Ibid., 104.

세워졌다. 미국의 대중국 전초기지로 기능하면서, 미국이 아시아 태평양 지역에서 지속적으로 군사적 헤게모니를 유지하는 데 전략적으로 필요하기 때문이다. 미군정 지배 기간에 시작되었던 제주4.3과 그 여파는 여전히 계속되고 있다. 사람들뿐 아니라 땅, 하늘, 바다 그리고 거기에 있는 생명체들과 물체들도 그 여파 속에 있다.

제주4.3의 여파 속에 있는 한국 사회에서 빨갱이는 여전히 누군가에게는 타도되어야 하는 적이다. 동시에 기존의 좌파, 반미, 공산주의자 등에 이어 '새로운 적들'이 등장했다. 친개신교 반공 국가에서 제거되어야 할 적이었던 빨갱이와 연장선상에 놓인 새로운 적들, 즉 다양한 타자들(성소수자, 비백인 이주노동자, 무슬림 이주민, 장애인, 페미니스트, 양심적 병역 거부자, 난민 등)이 생겼고, 그들에 대한 혐오와 배제, 차별이 이어지며 무엇보다 '증오'가 퍼지고 있다. 이렇게 다양하고 새로운 적들은 반공 국가의 영원한 적인 빨갱이를 대체하는 것이 아니라 그들과 연속선상에 있으며 모두 반애국적인 불순 세력으로 낙인이 찍힌다.[67] 북한의 군사적 침략의 가능성으로 인해 국가 안보가 항상 위태로운 상황에서 병역을 거부하는 자, 저출산 대책이 시급한데 재생산을 하지 않거나 거부하는 성소수자와 페미니스트 여성, '정상 남성'의 몸으로 대표되는 '국민 주체'가 될 수 없는 장애인, '단일민족' 국가 존속에 방해가 되고 선주민들에게 위협이 될 수 있는 이주민들과 난민 등등은 한국의 '불순', 즉 '순수하지 않은 세력'이다.

---

67 Kim, *The Gendered Politics of Korean Protestant Right*, 104-106.

이렇듯 빨갱이가 지칭하는 적대적인 타자의 범주가 점차 포괄적으로 변화하면서 다른 가치를 지닌 타자를 공격하는 일반화된 혐오 표현으로 진화하는 양상이 나타나고 있다.[68] 김종우와 강지웅은 빨갱이 담론의 변화가 "소멸이나 이전 담론의 약화에 따른 대체가 아니라 지속과 절합에 기반한 확장"이라고 하면서, 이러한 지속의 요소로 "분단 상황의 지속"과 "타자를 적대시하는 것이 요구되는 사회 갈등의 지속"을 꼽는다.[69] 따라서 분단 상황의 종식과 더불어 반공주의가 사라지거나 약해진다 해도 빨갱이 담론이 다른 가치를 지닌 타자를 공격하는 일반화된 혐오 표현으로 진화하면서 계속 진행된다면, 새로운 적을 지속적으로 만들어 내는 인종화/타자화와 그 적을 혐오하고, 차별하고, 증오와 폭력의 대상으로 낙인찍는 타자에 대한 와전된 폭력이 멈추지 않을 것이다. 분단 상황의 종식과 더불어 "타자를 적대시하는 것이 요구되는 사회 갈등의 지속"이 종결되려면 사회 갈등의 현실을 지속 가능하게 하는 한국 사회의 교차하는 억압적 구조들의 폭로와 그런 현실을 바꾸려는 지속적인 노력과 연대가 필요하다. 그중 하나가 증오의 신학의 해체 작업일 것이다. 반공주의적이든 인종주의적이든, 타자를 적으로 규정하면서 증오의 대상으로 삼는 증오의 신학은 '증오'라는 정동(affect)을 동반한다. 여기서 증오는 한 개인의 감정에 머무르거나 속한 것이 아니라 관계 안에서 서로에게 영향을 미치면서 퍼져 나간다.

---

68 김종우·강지웅, "'빨갱이' 담론의 적대성 변화: 국내 주요 일간지 텍스트 분석을 중심으로," 「통일인문학」 86 (2021. 6.), 373.
69 앞의 글, 382.

증오의 신학이 회자되고 체현화되고 실현되는 공간과 시간과 관계성을 통해서 증오는 퍼져 나간다. 증오의 신학이 내재된 모든 공간과 활동을 통해 증오는 사람들과 다른 생명체들이 매일 숨 쉬고 살아가는 시공간에 퍼진다. 증오의 신학에서 뿜어져 나오는 증오는 사람들의 관계성을 모두에게 해롭게 형성하지만, 특히 증오의 대상으로, 적으로 낙인찍힌 사람들이 일상생활을 해 나가는 것을 어렵게 만든다. 타자와 적에 대한 증오는 사람들 사이에 퍼지고 사람들의 행위에 영향을 미친다. 이런 증오의 신학을 어떻게 드러내고 해체시킬 수 있을까? 신학의 '경야작업'을 하나의 시작점으로 제시해 본다.

경야(經夜)작업

칠흑같이 어두운 밤, 꼿꼿하게 앉아 흰쥐 한 마리를 날카로운 발톱으로 움켜쥐고 눈을 부릅뜬 채 앞을 응시하는 부엉이의 모습이 예사롭지 않다. '경야'(經夜, Wake)를 주제로 하는 2019년 "제주 4.3 미술제"에 전시된 홍덕표의 <경야의 부엉이>에 담긴 밤부엉이의 모습이다. 탐라미술인협회는 경야에 대해서 다음과 같이 정의 내린다. "경야는 초상집에서 밤을 새우는 모습을 의미한다. 경야는 죽은 사람을 장사 지내기 전에 가족이 그 곁에서 밤새도록 지키는 일인데, 다른 영의 침입을 막고, 영혼을 계승하기 위한 장례 관습이다." 탐라미술인협회는 경야의 행위를 "살아남은 자의 용기"에 빗대어 표현하고, "총부리를 피해 두려운 밤을 견뎌야 했던 제주 사람들의 아픔, 살아남은 자들의 상처"라고 한다. 즉, 경야의 행위를 "단순히 슬픔을 이기기 위한 밤샘이 아닌, 망자의 울음을 대신하는 용감한 행위라는 뜻"으로 말하고 있다. 제주4.3 생존자들과 그들의 자손들에게 "경야가 하룻밤이 아니라 평생이었을 수 있다"고 하면서, "경야" 전시는 그럼에도 살아가야 했을 이들을 기억하는 취지에서 마련된 것이라고 한다.[70] 이 전시는 예술인들의 '경야작업'(wake work)이다. 제주4.3에 관한 어린이 동화책도 어린 사람들이 그 '여파 속에서' 깨어 있을 수 있도록 해 주는 중요한 경야작업이다. 어린 사람들도 비껴가지 않은 잔혹한 증오의 폭력의 역사와 그 여파가 어떻게 지속되는지를 글과 그림으로 전달하는 깨어 있는 작업이며 애도의 작업이기도 하다.

앞에서 말했듯이 경야는 장례 관습 중 하나다. 죽은 사람을 장사 지내기 전에 가족과 친지들, 지인들이 곁에서 망자를 기리면서 밤새도록 지키는 일이다. 제주4.3 생존자들은 토벌군에게 쫓기고, 찔리고, 두들겨 맞고, 불에 타고, 총에 맞아 죽은 가족들과 친지들의 시신을 지키면서 울부짖고, 흐느끼고, 그리워하고, 원통해하고, 두려움에 떨고, 다시 울면서 애타게 그리워하는 것을 반복하며 밤새 경야를 보냈다. 애도해서는 안 되는 망자를 용기 내어 애도했다. 경야는 죽은 자의 몸과 영혼에 그리고 살아남은 자들에게도 폭력의 상흔과 기억이 남아 있음을 알려주는 공간이고 또

---

70 "4.3 미술제, '경야'를 건넜을 이들에 '경의'를 표하다,"「미디어제주」2019. 3. 19., http://www.mediajeju.com/news/articleView.html?idxno=315216 (검색일 2023. 7. 24.). 이 기사에서 <경야의 부엉이> 포스터를 볼 수 있다.

반복적으로, 지속적으로 다가오고 있는 폭력에 경계심을 늦출 수 없는 시간이다. 살아남은 사람들과 그 자손들은 잔혹한 폭력의 상흔과 기억을 지닌 채 아직도 제주4.3의 여파 속에 살고 있다. 가족들의 생사 여부를 몰라서, 시신을 찾을 길이 없어서 경야를 지키지 못한 사람들도 그 여파 속에 살고 있다. 제주4.3의 여파 속에 살고 있다는 것은 제주4.3 폭력의 상흔을 지닌 채 살아가는 개개인은 물론, 그들의 가족들과 친지들, 마을 사람들, 온 섬 그리고 사회 전체가 의식하든지 못하든지, 제주4.3의 영향 속에 있다는 것이다. 하지만 '모두'가 그 여파의 강도와 수위를 동일하게 느끼지는 않는다. 또한 그 여파는 같은 세대에만 머물러 있지 않고 다음 세대에도 지속되며, 인간에게만 제한된 것도 아니다. 땅도, 물도, 하늘도 그리고 거기에서 살아가는 생명체와 물체도 그 여파 속에 있다. 제주4.3 규명 작업이 많이 진행되었지만, 제주4.3의 본질을 분명하게 말해주는 명칭은 아직 없다. 제주도민들은 제주4.3을 '무자년 난리'라고 부르기도 했지만, 제주4.3을 제대로 호명하고 규정하는 작업이 아직 끝나지 않았다. 여전히 진행 중이다. 그렇기에 제주4.3을 기억하고, 듣고, 쓰고, 증언하는 경야작업도 지속되어야 한다.

    신학의 경야작업도 깨어 있는 작업이고 애도의 작업이다. 타자에 대한 증오의 폭력으로 고통 속에서 죽어간 사람들과 폭력의 여파 속에서 살아가고 있는 사람들의 고통과 상처 그리고 기억을 기록하고 증언하는 깨어 있는 작업이고 애도하는 작업이다. 깨어 있는 작업으로서의 신학은 증오의 폭력의 피해자들뿐 아니라 가해자들, 공모자들, 방관자들 그리고 무관심한 자들도 증오의 환경에 보호막 없이 노출되어 있음을 알려준다. 모두가

폭력의 여파 속에 있다는 것을, 증오의 폭력의 실행과 방관 그리고 그것에 대한 기억도 그 여파 속에 남아 있다는 것을, 여파를 피해서 갈 수 있는 다른 환경은 없다는 것을. 깨어 있는 작업으로서의 신학은 '나'에게, '우리'에게 가해지는 폭력, '우리'가 서로에게 가하는 폭력, '그들'에게 가해지는 폭력 그리고 체제가 가져오는 폭력을 당연한 것으로 받아들이는 것에 경계심을 늦추지 않도록 하는 것이다. '나'에게, '우리'에게 저질러진 증오의 폭력을 타인과 다른 생명체에게 가하려는 의도나 행위에 대해서도 계속해서 경계심을 갖도록 하는 일이기도 하다. 그것은 증오의 폭력에 대한 즉각적이거나 똑같이 폭력적인 해결책을 찾으려는 시도에 대해 경계심을 가지도록 하는 것이며, 그런 해결책을 긴박하게 요청하는 상황이 증오의 폭력을 지속적이고 반복적으로 가능하게 하는 구조와 환경 속에서 일어난다는 것을 폭로하는 작업이기도 하다. '우리' 사회에 팽배한 타자에 대한 증오의 환경과 그것을 조성하고 지탱하는 억압적 사회구조들이 어떻게 증오의 폭력과 그 여파를 지속시키는지를 드러내고 알리면서, 그 구조들의 종식을 위해 노력하는 것이다. 언제 끝날지 모르는 그 여파 속에서 깨어 있을 수 있도록 서로를 깨우면서 해 나가야 하는 작업이다. 무엇보다 신학의 경야작업은 잔혹한 증오의 폭력의 '여파' 속에 있는 '우리'가 지금 알고 있는 것과 다른 세상이 어떨지를 상상하는 것을 가능케 하는 작업이기도 하다.[71] 아직 오지 않은 세상 혹은 어쩌면 이미 이곳에 있는 다른

---

71 크리스티나 샤프는 '분석'(analytic)으로서의 '경야작업'을 통해 "노예제도의 '여파 속에서' 지금 우리가 알고 있는 것과 다른 것을 상상할 수 있다"고 한다. Sharpe, *In the Wake*, 18.

세상이 어떨지를 상상하고 찾아내는 것을 가능하게 하는 작업이다. 신학의 경야작업이 증오의 신학의 해체를 위한 시작이고, 평화의 발걸음이다.

4장

한국 극우의 인종화 프로젝트와 '그리스도교국가론'
— 이승만과 한경직을 중심으로

김진호

한국 극우의 인종화 프로젝트와
'그리스도교국가론'
— 이승만과 한경직을 중심으로

김진호*

3.1절, 1946과 2003

어쩌면 2003년 3월 1일은 1946년 3월 1일의 데자뷔였는지 모른다. 1946년 3월 1일에는 정치적 색깔을 달리하는 두 진영이 각기 3.1절 기념식을 거행했다. 해방 이후 첫 번째로 맞이하는 3.1절을, 두 진영은 정국의 주도권을 누가 쥘 것인가를 두고 벌이는 '규모의 정치'의 경연처럼 이해했다. 좌파와 우파는 각기 최대한 많은 단체와 지도자를 엮어서 대규모

* 제3시대그리스도교연구소 이사

행사를 열렬히 준비했다.

드디어 3.1절이 도래했다. 좌파는 파고다공원에서 기념식을 개최한 후 남산공원으로 옮겨가 대중 집회를 열었다. 우파는 보신각 앞에서 기념식을 거행한 후 서울운동장으로 옮겨가 대중 집회를 열었다.1

규모로만 보면 우파의 완승이었다. 미군정 추산으로는 1만 5천 명 대 10~20만 명이었다.2 분명 공정하지 않은 추산일 것으로 보이지만, 우파 집회가 훨씬 많은 인파가 모였다는 점은 분명했다. 해서 우파는 서울운동장에서 남대문까지 시내를 돌며 가두행진을 벌인 반면, 좌파는 행진을 포기했다.

주목할 점은 당시 이념 지형은 압도적으로 좌파가 주도하고 있었다는 것이다. 그 어간 미군정이 실시한 "미래 한국 정부의 형태와 구조" (Type and Structure of a Future Korean Government)라는 제목의 여론조사에서 사람들의 이념 성향을 묻는 항목에 따르면 전체 응답자의 80%가 좌파 성향이었다.3 대면 설문법으로 조사된 것이니 미군정 당국을 두려워하는

---

1 지방에서 개최된 3.1절 집회는 좌우파가 연합하여 행사를 거행했다. 지방에선 갈등과 경쟁보다는 단일대오의 연대가 중요했던 것이다. 하지만 서울에서처럼 대규모 행사가 치러진 것이 아니니, 3.1절 집회 분위기를 주도한 것은 서울이었다.
2 박명수, "1946년 3.1절 – 해방 후 첫 번째 역사 논쟁," 「한국정치외교사논총」 38-1 (2016. 8.). 이 논문에는 극우 매체인 「대동신문」(大東新聞)의 추산치도 소개하고 있는데, 20만 대 5천이다. 즉, 40배 차이가 났다는 얘기다. 매체의 성격상 훨씬 더 편파적으로 보도했겠지만, 그렇다고 해도 상당한 차이가 있었다는 현실을 반영하고 있다는 점은 분명해 보인다.
3 송재경, "미군정 여론조사로 본 한국의 정치·사회동향(1945~1947)," 「한국사론」 60 (2014). "미래 한국 정부의 형태와 구조"는 미군정의 공보부 여론국에서 실시한 여론조사 중 하나인데, 1946년 7월 서울 시내에서 1만 명의 사람이 작성한 27개 항목의 설문을 통한 것이다. 전체적

좌파 성향의 '샤이 응답자'(shy respondents)가 적지 않았을 것이다. 그렇다면 이 압도적 수치조차도 과소 추정치로 보인다. 그럼에도 3.1절 집회에서 우파가 훨씬 많은 군중을 동원했다면, 적어도 해방 이후 첫 번째 3.1절에선 우파의 결속력이 대단한 성과를 이룩했다고 할 수 있겠다. 무엇보다도 중요한 것은 이후 3.1절은 오랫동안 우파의 시간이 되었다는 사실이다. 이는 3.1절에 대한 '공적 역사'(public history)가 우파의 기억을 과도하게 반영하는 방식으로 제도화되었다는 것을 의미한다.[4]

그렇게 20세기가 끝나기 몇 해 전, 한 세기의 마지막 대선이 있었다. 전대미문의 외환위기가 일어났던 바로 그 해, 1997년 12월 18일이었다. 세기를 마감하는 대선이라는 점 외에도 이 선거가 특별한 것은 처음으로 선거를 통한 정권 교체가 실현되었다는 점이다. 그리고 새천년이 시작되고 실시된 첫 번째 대선인 2002년에 또다시 보수 세력이 패배했다. 1997년은 거의 전쟁에 준하는 재앙을 안겨준 외환위기를 초래했으니 정권을 내어주지 않을 수 없었지만, 그렇게 집권한 김대중 정권이 IMF 관리 체제[5]로부터

으로 여론국의 정치·사회 여론조사는 미군정의 관점이 과도하게 반영된 조사였음에도, 이 조사의 응답자 중 무려 80.0%가 사회주의와 공산주의를 지지한다고 답했다. 따라서 이 이념 지형은 실제를 좀 더 보수적으로 반영한 결과임을 시사한다.
4 나의 글 "3.1절과 태극기집회 — 잃어버린 민중의 기억," 『촛불의 눈으로 3.1운동을 보다』(창비, 2019).
5 1998년 12월 5일 한국 정부는 국제통화기금(IMF)으로부터 1차 긴급구제금융 55억 달러를 시작으로 국제부흥개발은행(IBRD), 아시아개발은행(ADB) 그리고 7개국으로부터 총 550억 달러를 지원받았다. 그런데 모든 채권금을 상환 예정 기한보다 3년가량이나 앞당긴 2001년 8월 23일까지 모두 상환하였다. 이로써 한국은 2년 8개월 만에 IMF 관리 체제로부터 벗어났다.

벗어난 다음에는 정권을 '되돌려 받을' 참이었다. 위기를 초래했지만 우파 권력 연합이 워낙 견고하게 형성되어 있었기에 "잠시 빌려준 것을 되돌려 받는다"는 인식은 거의 상식이라고 할 수 있었다. 그런데 뜻밖에도 막판에 대역전극을 당하면서 다시 한번 패배한 것이다. 이것은 우파 진영에 심각한 위기가 닥쳤음을 의미했다. 당명이 무수히 바뀌었어도 '반공 보수'를 기치로 내건 권력 연합은 난공불락의 견고한 지지 기반을 구축하고 있었고, 특히 이회창을 필두로 하는 2002년 제16대 대선 캠프는 역사상 가장 잘 구축된 우파 엘리트 충원 시스템의 결정판이라고 해도 될 만큼 막강했다. 하지만 지지율 하위권을 맴돌던 '노무현 바람'에 무릎을 꿇어야 했다.

우파 세력은 지리멸렬했고, 민주개혁을 염원하던 시민들은 21세기와 더불어 드디어 민주주의가 꽃을 피우게 되리라는 기대에 한껏 부풀었다. 바야흐로 진보 개혁의 시대, 이른바 '1987년 체제'가 실제로 구현되는 시대가 도래할 것처럼 예견되던 때였다. 그런 마음으로 2003년 2월 25일 국회의사당 앞마당에서 대통령 취임식이 성대하게 거행되었다.

그로부터 불과 5일 뒤 시청 앞 광장에서 3.1절 구국 집회가 열렸다. 말했듯이 언제나 3월 1일은 우파의 시간이었다. 하지만 연이은 패배로 무너져버린 기세를 다시 세운다는 것은 별로 기대되지 않던 상황이었다. 한데 놀랍게도 이 3.1절 구국 집회에 모인 인파는, 주최 측 추산으로는, 30만 명에 달했다. 경찰 추산의 세 배나 되는 과대 추정치이겠지만, 중요한 것은 10만이라고 해도 엄청난 인파인데, 30만이라고 믿는 주최 측 인사들과 집회 참석자들의 자신감이 주체할 수 없을 만큼 불타오르게 되었다는 점이다. 그리고 그날 오후 여의도 한강시민공원에서 한국기독교총연합(한

기총)이 주최한 3.1절 금식 기도회에도 7만 명이 함께 했다. 반면 같은 날 저녁 민주개혁 진영의 3.1절 촛불집회에는 불과 2천 명이 참석했다.

진보 좌파 세력이 주도하고 있던 정국인데도, 1946년처럼 2003년 3.1절 집회는 규모에선 우파가 압도적 승리를 거뒀다. 이는 우파 대중에게는 집권에 실패했음에도 정국을 주도할 수 있다는 자신감을 되찾는 계기로 작용했다. 하여 이듬해인 2004년 노무현 대통령 탄핵소추안이 국회에서 통과되었을 때[6] 3.1절 구국 집회의 성과물이라는 승리 의식이 우파 대중을 사로잡았다.

3.1절, 극우주의적 기억의 거점

1946년 첫 3.1절에서 승리했던 것처럼 2003년 3.1절에도 우파의 시간은 계속된 듯이 보인다. 두 3.1절 모두 정국의 분위기는 진보 개혁 담론이 주도하는 듯했지만, 보수 우파 세력은 3.1절의 승리의 기억을 기반으로 정치적 주도권을 장악해 갔다. 한데 그것이 전부가 아니다. 3.1절의 기억은 보수 우파 일반이 아니라 '극우주의'적으로 리셋팅되어 갔다. 물론 그것은 권력이 3.1절을 극우주의의 '초석적 사건'(fundermental event)으로 재맥락화

---

[6] 271명의 재적의원 중 193명이 찬성표를 던졌다. 이는 노무현을 대통령으로 추대한 여당인 새천년민주당에서 무려 35명 정도가 탄핵을 찬성했다는 것을 뜻한다. 대선에서 승리한 집권당이 대통령이 취임한 지 불과 1주년이 막 넘은 시기(2004. 3. 9.)에 특별한 과실이 드러나지도 않았음에도 무려 30% 이상이나 탄핵을 지지한 것이다.

하여 자신들의 '기억의 거점'(reservoir of meaning)7이 되게 한 결과일 것이다. 이 절에서는 이승만 정권이 이렇게 리셋팅된 기억의 거점을 기반으로 해서 극우주의적으로 주체화되어 간 과정을 논하려 한다.

이승만은 대통령으로 추대된 직후 1949년 10월 1일자로 "국경일에 관한 법률"을 반포한다. 여기서 3.1절은 광복절, 개천절, 제헌절과 함께 4대 국경일로 확정되었다.8 국경일로서의 3.1절 담론은 항일의 기억(과거)과 통일의 염원(미래)을 연계시킴으로써 과거와 미래의 줄긋기를 도모한다. 이러한 줄긋기는 공적 역사의 지위를 갖게 되고, 그것은 다른 기억과 다른 염원의 줄긋기, 즉 역사의 다른 서술 가능성을 배척한다. 그렇다면 3.1절 담론 속에 내포된 공적 역사는 어떤 함의를 갖고 있을까.

'원천 기억'(original memory)은 다른 기억과 결합하여 끊임없이 변형되는 '구성 기억'(constructive memory)으로 업데이트되는데,9 이렇게 단순화시킨 기억 모델에 따라 기억의 정치로서의 3.1절 담론을 설명하면, '항일'이라는 원천 기억의 핵심 요소가 '통일'이라는 욕망의 코드와 결합되어

---

7 해방신학자 호세 소브리노 끄로아또(J. Severino Croatto)는 리꾀르를 참조하면서 '출애굽'을 '의미의 저장소'(reservoir of meaning)라고 보았다. 한데 의미의 저장소라는 용어는 구조주의적 뉘앙스가 너무 짙게 깔려 있다는 생각에서, 구조와 행위자의 상호작용을 강조하려는 취지로 이를 '기억의 거점'이라고 옮겼다.

8 최은진, "대한민국정부의 3·1절 기념의례와 3·1운동 표상화(1949~1987)," 「사학연구」 128 (2017. 12.), 438, 주 14.

9 그런 점에서 원천 기억은 존재하지 않거나 확인할 수 없다. 그 미지의 것이 삶의 실천 속에 재현되는 구성 기억만이 확인되는 것이다. 이런 구성 기억이 지배적 담론의 영역에서 공인되면, 그 기억에 기반을 둔 역사는 '공적 역사'가 된다.

특정한 양식의 구성 기억으로 자리 잡게 되었다고 할 수 있다. 이는 통일에 담겨 있는 함의를 조명하는 것이 3.1절 담론 해석에 핵심임을 의미한다.

해방 직후 정국에서 우파에게 '항일'은 '수치심'의 원천이었다. 식민제국이었던 일본에 대한 저항의 경력은 막 해방된 사회에서 가장 중요한 정당성과 자긍심의 요소였다. 한데 우파 인사들 가운데는 항일의 경력이 부재하거나 심지어 적극적인 부일협력자(附日協力者) 내지는 친일반민족 행위자였던 이들이 너무 많았다. 반면 좌파는 가장 활발한 항일의 기억을 간직한 사회정치적 세력이었다. 그러므로 우파에게서 중요한 것은 항일에 대한 수치심에서 벗어나는 것이다. 그 감정은 그들로 하여금 해방 정국을 주도할 떳떳한 주체가 되는 것을 방해할 것이기 때문이다. 이 수치심으로부터 탈출을 보여 주는 적절한 예가 바로 우파의 기억으로 자리 잡은 3.1절 담론이다.

우파의 수치심은 3.1절 기억의 핵심 요소인 '항일'을 편집증(paranoid)적으로 변형시키는 동인으로 작용했다.[10] 적이 자신들을 공격할 것이라는 위기감을 과활성화(overactivation)시켜 적을 적극적이고 선재적으로 파괴하려는 욕구가 결합된 방식으로 기억을 구성한 것이다. 이때 적은 일본제국

---

[10] 뇌신경학자 마르셀라 마토스(Marcela Matos)는 수치심이 기억의 구성에 어떻게 영향을 미치는지에 대한 연구를 수행하였는데, 그녀에 의하면 내적 수치심(자신이 부족하다는 생각과 관련됨)은 사회적 공포(social anxiety)와 관련이 있는 반면, 외적 수치심(타인이 자신을 그렇게 볼 것이라는 생각과 관련됨)은 편집증(paranoid ideation)과 연관이 있다. Pinto-Gouveia M. Matos and P. Gilbert, "The effect of shame and shame memories on paranoid ideation and social anxiety," *Clinical Psychology and Psychotherapy* 20 (2013): 334-349.

주의자들이 아니라 빨갱이로 변형된다. 그런 변형이 작동되는 직접적인 계기는 당시 격렬하게 좌파와 우파가 맞부딪쳤던 찬탁-반탁 갈등에서 비롯된다. 즉, 찬탁-반탁 갈등이 원천 기억을 업데이트시키는 요소였던 것이다.

1945년 12월 말 모스크바에서 미국, 영국, 소련의 외상이 제2차 세계대전 이후 세계질서에 대한 합의를 도출하는 회의가 열렸다. '모스크바 삼상회의'라고 불리는 이 회의에서 한반도 문제도 다뤄졌는데, 이것을 두고 한반도 남쪽에서는 '찬탁 vs. 반탁' 세력으로 갈라져서 격렬한 갈등이 벌어졌다. 좌파는 찬탁을, 우파는 반탁을 주장했다는 것이 우파의 입장이다. 이런 해석은 우파 성향의 매체들을 통해 강력한 프레임으로 작동하여 당시 정국을 규정짓는 담론이 되었다. 우파는 해방된 한반도에 강대국들의 신탁통치를 받아들이자는 좌파의 작태가 매국 행위에 다름 아니라고 주장했다. 이 프레임은 첫 번째 3.1절 기념식 경쟁에서 우파의 승리에 적잖은 영향을 미쳤고, 1947년 이후 남한 사회에서 좌익의 영향력이 급격히 약화되는 주요 요인의 하나가 되었다. 그리고 이런 프레임 아래에서 1948년 남한만의 단독 정부 수립이 실현되었다.

그런데 이 프레임은 모스크바 삼상회의 결과에 대한 「동아일보」의 오보에서 비롯된 것이다. 실제로 이 회의의 결정문에 따르면 한반도에 대한 신탁통치안이 합의 사항이 아니었다. 아니, 그 반대로 '조선민주주의 임시정부'를 출범시켜서 한반도에 민에 의한 통일국가가 수립되게 하자는 것이 이 회의 결정문의 요지였다. 이는 소련의 주장이 상당 부분 수용된 결과였다. 신탁통치안을 제안한 것은 미국이었는데, 소련이 주장한 임시정부안이 채택된 것이다.

한데 「동아일보」는 반대로 소련이 신탁통치안을 주장했고 미국은 반대했다는 희대의 오보를 냈다. 여기서 이 기사는 놀랍게도 삼상회의 결정문이 발표되기 하루 전날인 1945년 12월 27일자 신문에 실렸다. 그렇다면 삼상회의 결정 사안을 접해야 쓸 수 있는 기사를 「동아일보」는 어떻게 미리 알았을까에 대해 묻지 않을 수 없다.

미군정청보다도 빠르게 정보를 입수한 경로는 도대체 무엇이었을까. 얼마 후 미군정청의 조사에 의해 「합동통신」과 「동아일보」가 이 정보를 동시에 입수했음이 밝혀졌다. 그리고 「동아일보」의 기사와 거의 같은 내용의 기사가 도쿄에 있는 「태평양성조기」(*Pacific Stars and Stripes*)에도 실렸다. 이 세 매체에 정보를 전달할 만한 존재가 있었다는 것이다. 그 전달자는 누구일까. 가장 유력한 혐의자는 맥아더 산하의 미 극동군사령부다. 모스크바 삼상회의 결과를 가장 빠르게 입수할 만큼의 정보력과 통신망을 보유하고 있고, 일본과 한국에 자리 잡고 있는 보수 반공주의적 매체에 영향을 미칠 수 있는 것은 극동군사령부 외에는 없기 때문이다.

한데 여기에 「합동통신」이 끼어 있다는 것이 매우 흥미롭다. 왜냐하면 이 통신사의 당시 주간은 김동성인데, 그는 이승만계에 속하는 인물로 훗날 이승만 정권의 초대 공보처장을 지낸 자다. 그리고 이승만은 이 기사가 「동아일보」에서 보도된 전날 방송을 통해 한반도 신탁통치에 반대하는 취지의 연설을 했다. 그렇다면 '맥아더-이승만-「동아일보」'로 연결되는 정보의 전달 과정이 있었을 가능성을 추론할 수 있다.[11]

남한의 미군정청은 이 정보 전달 과정에서 소외되었거나 맥아더 사령부에 연결된 일부 인사만 공유하고 있었을 가능성이 있다. 최근 공개된 "버치 보고서"12에 따르면, 임시정부가 실효성이 있으려면 중도적 우파와 좌파를 대표하는 김규식과 여운형이 반드시 핵심 역할을 해야 한다고 보았다. 이 보고서를 작성한 이는 레오날드 버치(Leonard Bertsch) 중위인데, 낮은 계급에도 불구하고 그의 일일 보고서(daily reports)는 워싱턴의 고위층에 바로 전달되었고 군정청의 남한 관리 정책에도 심대한 영향을 미쳤다.

맥아더와 이승만은 한반도에 중도 세력 중심의 통일 정부가 세워져야 한다는 주장이 워싱턴과 서울의 공산주의자들의 관점이라는 생각을 공유하는 자들이다. 그리고 이승만과 「동아일보」는 좌우합작을 통한 한반도 통일 정부가 수립되었을 때 가장 심각한 피해를 입을 가능성이 있는 사회정치적 세력을 대표하는 존재들이다. 해서 그런 통일보다는 차라리 반공주의적 기조의 남한만의 단독 정부안을 선호한다.

'찬탁 vs. 반탁' 갈등에서 우파의 관점을 좀 더 살펴보자. 이승만을 필두로 하는 우파 진영은 항일의 기억을 과대 대표하고 있던 좌파가 찬탁 노선을 채택한 이상, 사실상 식민주의를 연장하려는 자에 다름 아니라고 주장했다. 그것은 결국 그들이 소련과 한 편임을 의미한다고 보았다. 즉, 좌파는 그들이 입으로 어떻게 말하고 있든 사실상 모두 소련에 복종하는 빨갱이에 다름 아니라는 것이다. 하여 해방된 한반도에서 공산주의자들에

---

11 정용욱, "모스크바 삼상회의 결정의 국내 전달과정에 대한 연구," 「청계사학」 18 (2003. 8.): 275-290.
12 박태균, 『버치 문서와 해방정국』 (역사비평사, 2021).

대항하여 싸우는 것이 곧 항일이라고 우파는 믿었다. 그리고 이런 믿음은 그들의 마음의 족쇄였던 수치심을 공격적 증오의 확신으로 전환시키는 계기가 되었다. 물론 공격적 증오의 대상은 빨갱이들이다. 해서 그들은 남한만의 단독 정부를 주장하는 자신들이 통일에 반대하거나 소극적인 것이 아니라 누구보다도 적극적인 통일의 주체라고 주장했다. 이때 그들이 주장하는 진정한 통일은 한반도에서 빨갱이들을 절멸시키는 통일, 곧 멸공 통일이다. 그런 통일관을 항일의 기억과 결합시킨 3.1절 담론이 공적 역사로 구성되었다.

이제 3.1절은 그런 공적 역사로서의 구성 기억을 되새기고 다짐하며 적대감을 곧추세우는 시간이 되었다. 요컨대 이 반복된 시간성 속에 함축된 우파의 기억은 단순히 우파 헤게모니가 지배하는 사회에 대한 것이 아니다. 그 기억은 바로 '극우'적 상상력이 반추되며 부추겨지는 사회에 대한 갈망을 담고 있다.

이승만의 극우주의, 절름거리는 인종주의적 주체

이승만 정권의 극우주의 편향성이 통치로 구현되는 방식은 어땠을까. 사회는 극도로 분열되어 있었는데, 그는 비타협적인 독선과 강권의 정치를 추구했다. 하지만 이런 정치를 구현할 만한 그의 정치적 지지 기반이 제도 정치 영역 내에선 취약했다. 입법부나 사법부는 그를 일방적으로 지지하지 않았다. 그가 상대적으로 우위에 있는 권력 기반은 군대와 경찰이었다. 해서 처음부터 그의 정치는 공권력의 강압적 통치에 의존하는 점이 많았다. 한데 실제로는 그 이상이었다. 그것은 군이나 경찰보다 그를 더 열렬히 지지하는 세력이 '공권력 바깥'에 있었기 때문이다. 공권력의 바깥이라는 말은 그들이 원초적 폭력의 화신이었다는 것을 의미한다. 우익 청년단이 바로 그들이다.

일제강점기부터 강압적 통치의 수단으로 활용되었던 비제도권의 청년 단체들은 규모에 있어서 군과 경찰보다도 100배 이상 많았다.[13] 해방 이후 미군정 산하 경무국 책임자인 조병욱은 이들 중 상당수를 우익 청년 단체들로 전환시켜 민에 대한 촘촘한 통제를 지속시켰다. 그 대표적인 예가 '향보단'이다. 그는 1948년 5.10총선거를 안전하게 치르기 위해서는 부족한 병력의 경찰을 보조할 준경찰 집단이 필요하다는 명분으로 각 지역의 우익 청년들을 조직했다.

한데 이들 중 상당수는 일제강점기 시절 식민 당국에 고용되었던 일종의 용역 깡패 출신이었다. 일제 당국에 가장 적극적인 저항 세력은 공산주의 성향의 노동조합이나 농민회 등이었기에, 이들 용역 깡패는 마치 일본의 극우 정치 깡패인 '대륙 낭인'처럼,[14] 당국의 노골적인 혹은

---

[13] 1941년 1월 조선총독부는 "청년단 조직 및 지도에 관한 건"을 발포하여 학교 교육을 받지 않는 청소년 전체를 대상으로 하는 조직인 '조선청년단'을 확대 조직했다. 이들은 도시에서 농촌까지 전국 곳곳에서 활동할 만큼 광범위했다. 총독부가 관할하는 청년 단체 수가 3천여 개에 달했고, 인원도 250만 명에 이르렀다. 1941년 당시 조선총독부 산하 경찰의 수는 총 23,269명이었고, 이 중 조선인 경찰은 30% 미만이었으니 대략 7천 명이 못 되었다.

[14] 일본의 제국주의적 팽창과 극우 정치 깡패인 '대륙 낭인'의 관계에 관해서는 정애영, "일본 대륙낭인의 계보와 조선에서의 활동,"「내일을 여는 역사」61 (2015. 12.).

은밀한 후원을 받으면서 '좌편향의 대중 운동'에 대해 무자비한 폭력을 남발했다.

과거 일제강점기 때 그랬듯이 향보단도 치안 보조 활동을 '빨갱이 때려잡기'로 생각했던 경우가 허다했던 것 같다. 해서 향보단에 대한 대중의 원성이 자자했다. 결국 당국은 총선 직후 향보단을 해체했다. 하지만 조직 대부분을 계승한 '민보단'을 통해 우익 청년단 깡패 정치는 계속되었다.[15] 민보단과 여러 우익 청년 단체를 통합하여 만든 대한청년단을 합하면 그 규모가 경찰 병력의 수십 배에서 백 배에 달할 것으로 추정된다. 이들은 국가권력에 의해 비호를 받지만 국가공무원으로서의 책임에선 자유로운 사적 조직이기에, 그들을 활용한 통치는 군이나 경찰을 통한 것보다 훨씬 더 폭력적이었다. 이승만이 초대 대통령으로 추대되고 모든 도전 세력을 거세시킨 전체주의적 독재자가 되기까지 가장 의존했던 통치의 기반은 바로 이런 원초적 폭력의 화신들이었다.[16]

그러나 그것만으로 장기간의 통치는 불가능하다. 해서 어떤 형태로든 강압적 지배(coercive control)만이 아닌 사회적 통합을 가능하게 하는 정치가 필요하다. 그런 사회적이고 일상적인 통치의 장치(dispositif)[17]를 미셸 푸코

---

15 이만재, "제1공화국 초기 향보단·민보단의 조직과 활동,"「한국민족운동사연구」 93 (2017).
16 유상수, "한국전쟁 전후 이승만의 사적통치기반 형성과 변화,"「역사학연구」 82 (2021).
17 알튀세르는 이데올로기가 학교나 군대, 교회 같은 제도적이고 담론적인 메커니즘을 통해서 작동되었다는 점에서 이런 메커니즘을 '장치'(어패러투스, apparatus)라고 불렀다. 즉, 그에게서 이데올로기는 '이데올로기적 국가 장치'를 통해 사회 속에 실재하는 것이다. 한데 이데올로기적 국가 장치 개념에는 일상, 나아가 개체의 신체를 통해 작동하는 미시적 권력 메커니즘이 고려되지 않는다. 푸코는 바로 이런 미시적 권력 장치를 포함한 장치를 '디스파저티

는 '통치성'(governmentality)이라고 명명했는데, 이는 지배의 가학성을 최소화하고, 비용을 절감시키며, 수동적 주체였던 지배 대상이 자발적이고 적극적인 주체가 되게 한다. 이런 통치성의 작동을 통해 '백성'은 '국민'으로 호명되는데, 그들은 더 이상 지배의 대상이라는 수동적 존재가 아니라 국가를 지켜내는 주체로 자임하는 적극적 자의식의 존재가 된다.

그렇다면 이승만 정권 시대에도 이런 통치성이 작동하고 있었을까. 말했듯이 강압적인 수단만으로는 국가가 너무나 비효율적인 지배를 계속해야 하는데, 이승만 정부에겐 그런 비효율성을 감당할 만큼의 비용을 지불할 여력은 없었다. 일제강점기 시절 전시동원 체제의 일환으로 만들었던 공장 대부분은 전력 공급이 부족한 데다 치안이 불안정한 상황에서 기계들을 빼돌려 팔아먹는 자들에 의해 텅 빈 껍데기 상태에 있었다. 그런 상황에서 대한민국 정부가 수립되었다. 게다가 처음부터 내전 상황이 전개되었다가 곧 전면전을 겪어야 했던, 아니 초래했던 정부가 아니었던가. 국가발전 계획은, 있었든 없었든, 거의 작동하지 않았고 독점적 지배만을 위한 정치공학에 주력했던 정부[18]였으니 통치성을 기대하기는 어려웠다. 하지만 일제강점기 시절 일본의 식민 지배에 참여했던 이들을 대거 포용하

브'(dispositif)라고 명명했고, 이것 또한 통상 '장치'라는 용어로 번역된다. 이 글에서 통치성의 '장치'는 푸코의 용어인 디스파저티브를 의미하며, 그것을 '장치'로 옮겼다.

[18] 박태균에 의하면 최근의 연구들은 대체로 이승만 정부가 경제적 발전 프로젝트를 갖고 있었으나, 실행에 옮기는 데 실패했다고 본다. 이것은 크게 두 요인으로 나뉘는데, 하나는 외적 요인으로 미국의 원조 정책이 내재적 발전 기획과 상충되었다는 점이고, 내적 요인으로는 이승만 정부가 그 기획안을 추진하지 못할 만큼 정치적 무능력과 무관심이 심각했다는 점이다. 박태균, "한국전쟁 이후 이승만 정부의 경제부흥 전략," 「세계정치」 8 (2007 가을·겨울).

고 그 시절의 통치성 장치들의 많은 부분을 재활용한 정부였기에, 어느 정도 사회적 통합의 메커니즘이 작동하고 있었던 점도 간과할 수 없다. 그러나 여기서도 단서가 필요하다. 일제강점기 때의 통치성의 유산이라고 하는 것도 다분히 극우주의적 장치, 즉 타자화된 이들에 대한 가학적 폭력성을 토대로 하는 통치의 요소였다는 사실이다. 그 대표적인 것이 국가보안법이다.

1948년 12월 1일 이승만 정부는 국가보안법을 제정했다. 일제강점기인 1925년에 제정되었던 치안유지법을 거의 그대로 베낀 것이다. 하지만 양자는 중요한 차이점이 있는데, 치안유지법은 중대한 국가적 변란이 없는 상황에서 항일 저항 운동이 사회주의 혹은 공산주의 성향을 띠면서 이론적이고 조직적으로 전개됨에 따라 좀 더 체계적이고 촘촘한 치안의 필요성에 맞추어 제정된 것이다. 반면 국가보안법은 적어도 당국자의 입장에선 심각한 국가적 변란이 예상되는 상황에서 제정되었다. 해서 국가보안법은 계엄과 동시적으로 적용되었다.

이런 이유로 국가보안법에는 공통되면서도 상반된 권력의 두 개의 욕구가 뒤얽혀 있다. 하나는 계엄+국가보안법의 적용이 시사하듯, 물리적인 강압적 통치를 한층 더 강화하려는 것이다. 그런 통치를 위해선 군이 치안에 동원되어야 한다. 해서 이 법은 법을 초과하는 예외적 입법이다. 한데 계엄+국가보안법을 작동하는 데는 너무 많은 비용이 들어간다. 이런 고비용의 정치는 일상화되기가 매우 어렵다. 다른 하나는 좀 더 효율적인 지배를 위해서 심리적, 내면적 요소까지 법의 처벌 요목에 포함하려는 욕구다. 법이 내면을 통제한다는 것, 이것 또한 예외적 입법이다. 하지만 일상을, 심지어 내면까지도 통제할 수 있는 법이라는 건 그야말로 환상적인 권력의 장치다. 왜냐하면 내면까지 통제할 수 있는 것은 신만이 할 수 있는 것이기 때문이다. 그 예외적 법률이 제정·유지·적용될 수 있을 만큼 권력이 시민사회의 저항을 감당할 수만 있다면 말이다.

이승만 정부는 국가보안법을 제정·발효시키기 직전인 10월 25일과 11월 17일에 여순 지역과 제주에 대통령령으로 계엄을 포고했다.[19] 이 두 법이 동시에 적용되던 기간에 정부는 대량 학살의 주역이었다. 정부를 이끄는 권력자들만이 아니라 그들의 명에 의해 파견된 군과 경찰 그리고 우익 청년단들로 구성된 준정규군화된 민병대원 다수는 '학살'을 통해 국가를 지켜내는 '애국지사'로서 주체화되었다. 학살자가 애국자로 동일시되는 것은 매우 극적인 변신(verwandlung, transformation)이다. 이런 극적인 변신이 가능하려면 그들에게 학살당하는 자는 '극단적 적', 바로 '악마적 존재'여야 한다. 바로 이 시기에 빨갱이라는 용어가 일반화되었다.

악마적 존재로서의 빨갱이 담론은 아마도 1920년대 일본 식민 당국에 의해 처음 주장되었으나, 해방 직후까지도 이 단어는 극렬분자를 지칭했다. 한데 여순사건을 경유하면서 이 용어는 극렬분자이긴 하지만 좀 더 본질적이고 존재론적인 '(이념적) 적'을 지칭하는 용어로 묘사되었다. 즉, 빨갱이는 흔히 악마이거나 악마의 하수인으로 간주되었다는 얘기다.[20] 나아가 이들

---

[19] 대통령령으로 계엄이 포고된 것은 당시 계엄령에 관한 헌법상의 조항이 없었기 때문이다.
[20] 김득중, 『빨갱이의 탄생』(선인, 2009); 한상철, "한반도 이념전쟁 연구(1919-1950) — '적'의 호명과 작동," 북한대학원대학교 박사학위논문 (2017), 5-6에서 재인용.

은 '(동족을 팔아먹는) 매국노'이고 '변질된 민족'이며, '애비, 애미도 없는 패륜', 심지어 '기생충' 같은 존재로 묘사되었다.21 해서 이런 빨갱이를 토살하는 자는 가족을 지키고, 국가를 지키며, 나아가 인류를 지키는 자로서 애국자가 된다. 말했듯이 토벌대로 참여한 이들의 상당수는 친일 경력의 소유자였다. 그러니까 저들이야말로 가족이나 동족을 팔아먹는 매국노였고, 변질된 민족의 일원이었으며, 민족의 일원처럼 내부로 끼어들어 파괴하고 마는 기생충 같은 존재였다. 한데 빨갱이를 박멸하는 일에 참여하는 과정에서 그들은 더 이상 그런 없으니만 못한 존재가 아니라 가족과 나라와 인류를 지키는 수호신 같은 존재가 된다. 그런 이들을 당국은 '애국자'라고 호명했고, 혹여 사망하면 '순교자'로 추서했다.

한데 문제는 이런 애국자는 소수에 불과하다는 데 있다. 이는 마치 일본 메이지 시대의 '사무라이' 담론과 일면 유사하다. 사무라이가 점점 사라지던 에도 시대(江戶時代)에는 사무라이를 주군을 위한 충절의 표상으로 해석하는 기억의 정치가 작동했는데, 메이지 시대는 그들을 재소환하여 (주군이 아니라) 국가를 위해 헌신하는 애국자의 표상으로 기억을 업데이트했다.22 한데 사무라이의 시대라고 할 수 있던 센고쿠 시대(戰國時代)에도 그들은 전인구의 1%에 불과했다. 이렇게 소수 무사 집단의 영웅담을 국민 전체의 귀감처럼 해석하는 것은, 사무라이와 동일시되는 소수와

---

21 강준만·김환표, 『희생양의 죄의식 — 대한민국 반공의 역사』 (개마고원, 2004), 제1장.
22 박균섭, "47인의 사무라이와 근대일본 — 충군애국 이데올로기의 조립과 주입," 「한국교육사학」 35-3 (2013).

그들을 칭송하는 다수의 탈주체적 대중으로 양분되는 권위주의적 체제의 전형적 담론이다. 이와 유사하게 한국의 해방 정국과 건국 당시 애국자들은 소수에 불과했다. 그러나 그들의 생각과 신념과 영웅 서사는 전체를 대표하는 이미지로 재현되었다. 그런데 절대다수의 대중은 빨갱이도 애국자도 아닌 '회색지대'의 사람들이다. 바로 이들을 국가의 주체로 호명하기에 계엄+국가보안법 양식은 적합하지 않았다.

또한 이 둘이 결합된 시기는 전체 시간의 극히 일부에 지나지 않는다는 점도 문제다. 이승만 정부 시절 총 6회의 비상계엄 중 가장 길게 지속된 것이 130일에 지나지 않고, 한국 현대사에서 제일 길었던 1979년 10.26 이후의 비상계엄도 440일 동안 유지되었을 뿐이다. 그밖에 대부분의 시간 동안 국가보안법은 홀로 작용해 왔다.

국가보안법은 긴 시간 동안 홀로 작동해 왔던 예외적 통치의 장치였다. 한데 여기서 중요한 것은 국가보안법의 여러 법률적 요소 중 다른 법률과 구별되는 가장 특징적인 것이 '사전 규제'적 통제라는 사실이다. 사전 규제라는 것은 위법 행위를 저지르지 않아도 생각만으로도 처벌할 수 있다는 것이니, 결국 마음의 영역을 법적으로 제재하겠다는 얘기다. 군대의 가공할 폭력성이 국민을 체제에 순응하게 하는 게 아니라 마음의 검열관이 각자의 내면으로 침투하여 권력에 '자발적'으로 순응하게 하는 내적 통제의 장치이기도 했다는 것이다. 해서 국가는 물리적 폭력을 사용하기 위한 비용을 절감할 수 있고, 그 폭력의 원초성으로 인한 국내외적 비판에서 일정하게 자유로울 수 있게 하는, 즉 통치성의 장치로 작동하였다고 할 수 있다.

근대법은 '비감성적 법적 테제'(no-emotion legal thesis)에 기반을 두고 발전해 왔다.[23] 근데 마음의 검열관으로 작동하는 국가보안법은 법을 초과하는 법, '법 밖의 법'인 셈이다. 근대 사회에서 마음의 영역은 종교나 도덕의 범주에 속했다. 즉, 이것들은 종교(교회, 성당, 사찰 등)나 도덕(학교 등)이 관장하는 범주인 것이다. 그런 점에서 국가보안법은 탈근대적 법의 특성을 공유한다. 하지만 동시에 국가보안법은 근대적 인권 개념을 퇴행시켰다는 점에서 전근대적이기도 하다. 즉, 전근대와 탈근대가 뒤엉킨 이상한 법이다. 해서 이 법을 만지작거리면서 국민을 통제하려는 권력은 바로 그 법으로 인해서 내파(implosion)될 위기에 놓인다. 통치성의 장치로서 유용하면서도 동시에 위험하다는 말이다.

바로 그 위험성의 하나가 이런 것이다. 국가보안법이 계엄과 결합되었을 때, 애국자로서의 학살자들은 매우 적극적이고 능동적인 주체가 되었다. 하지만 그 주체는 다수일 수 없다. 왜냐하면 그들의 주체화를 위해 너무 많은 비용이 들기 때문이다. 반면 마음의 검열관으로서의 국가보안법은 전 국민을 주체화하는 장치이긴 하지만, 그들은 거대한 판옵티콘 감옥 속에서 자기 자신을 규율하는 '수동적 주체'로 남아 있다는 한계를 갖는다.

가령 일제강점기 때부터 유지되어 왔던 문화 영역의 검열 제도는 국가권력에 순응한 문화 제도권의 자체 검열 시스템을 통해 운영의 효율성을 한층 강화할 수 있었는데, 이승만 정권은 그 검열의 문화 제도를 청산하는

---

23 김연미, "법적 상상력과 법시학 — 정의의 기획들," 「법철학연구」 19-2 (2016).

것이 아니라 승계함으로써 마음의 검열관으로서의 장치를 시행착오 없이 운영할 수 있었고, 이는 꽤 성공적이었다.24

하지만 국가권력보다도 문화 제도권의 자체 검열 시스템으로 인해 작가들이 얼마나 옥죄었는지를 김승옥을 통해 살펴보았던 유임하의 연구는 흥미로운 사실을 보여 준다. 그는 한편으로 검열 제도의 필요성에 스스로 동화된 듯한 주장을 펴지만, 그 검열 제도가 담지하고 있는 적의 악마화에 내면적으로 승복한 것은 아니었다. 그는 작가로서 활동을 제지당하는 것보다 검열 제도에 대한 전략적 승복이라는 타협의 방식을 도모했다.25 물론 이것은 김승옥만의 경우는 아니다. 거의 모든 작가가 이렇게 검열의 경계선을 넘어가지 않으려 전략적으로 심사숙고했다. 즉, 국가보안법이 활용하고 있던 검열 제도는 시민사회 내의 자체 검열 시스템과 연계되어 비교적 성공적인 통합의 장치를 작동시킨 것처럼 보이지만, 그것은 전략적인 순응을 택한 다수의 '약한 주체'들의 사회를 조직했을 뿐이었다. 해서 이들은 그 체제를 사수하는 강력한 전사가 될 수 없었다.

국민을 수동적 주체가 되게 한다는 것은 이 체제가 아직 발전된 통치성을 구축하지 못했다는 것을 뜻한다. 그런 점에서 극우주의적인 이승만 정권의 국민은 '절름거리는 인종주의적 주체'였을 뿐이었다. 그리하여 4.19시민혁명이 발생했을 때, 이 체제는 너무나도 쉽게 좌초되었다.

---

24 이봉범, "1950년대 문화 재편과 검열," 「한국문학연구」 34 (2008. 6.).
25 유임하, "마음의 검열관, 반공주의와 작가의 자기 검열 — 김승옥의 경우," 「상허학보」 15 (2005. 8.).

또 다른 극우주의, '한경직의 종교'

　마음을 규율하는 통치성은 원래 그리스도교의 전문 영역이었다. 가톨릭이든 개신교든 정교회든, 모든 그리스도교 교파가 예외 없이 신봉하는 교리의 하나는 신이 모든 것을, 심지어 마음까지도 다 알고 있다는 것, 해서 신이 요구하는 방식으로 자신의 모든 것을 규율하는 것이 신의 백성이 되는 길이라는 것이다. 한데 존재의 모든 것을 규율한다는 것은 도대체 어떻게 가능한가. 물론 누구도 가능하지 않다. 해서 특정한 방식의 종교적 실천이 '모든 것'을 상징하는 '재현'(representation) 양식을 발전시켜 간 것이 그리스도교 각 교파가 추진했던 제도화의 전형적 양식이었다.

　교파 나름의 수행법을 발전시켰고, 그것에 관한 신앙적 서사를 교리화했으며, 그것에 연결된 장소적인 것과 시간적인 것, 그 밖의 여러 요소를 체계화시켰다. 이런 수행의 종교 제도가 추구하는 교회정치적 목표는 그 종교 제도를 신봉하고 수호하는 데 혼신을 다하는 '능동적 주체로서의 신자 되기(become believers)'에 있었다. 해서 각 교파는 종교적 신앙을 위해 목숨까지도 기꺼이 바치는 열혈 신자의 기록을 무수히 간직할 수 있었다. 이런 종교적 충성심의 최종적 양태를 그리스도교 교파들은 '순교'라는 추앙의 장치를 통해 기념해 왔다. 이것은 이승만 정권 초기의 '애국자' 담론과는 다르다. 그 '애국자'나 '순교자'는 대중의 탈주체화를 전제로 한다. 반면 교회가 발전시킨 '순교자'는 (영웅이 아닌 대부분의) 신자 대중의 능동적 충성심을 부추기는 담론 양식이다.

　여기에 종말론적 긴박성에 관한 신앙적 서사가 덧붙여지면 신자 대중의 자발적 주체화는 훨씬 더 강한 임팩트를 갖게 된다. 신이 다스리는 그때가 임박했으니 종교적 수행에 더 철저해져야 한다는 것이다. 그런데 종말론적 긴박성이 실효를 나타내려면 신자들의 경험 속에 특정한 조건이 필요하다. 각자가 절박한 위기에 처해 있어야 한다는 것이다. 종말론에서 위기는 '악마'의 파괴 행위에 온통 사로잡힌 상태를 의미한다. 어떤 인간도 그 악마를 이길 수 없다. 오직 신만이 가능하다. 그 신이 개입하는 시간이 곧 도래할 것이니 당장은 악마에 승복하지 않고 맞서는 일에 최선을 다해야 한다. 그래야 종말론적 긴박성이 가장 유의미하게 작동하는 상황이 된다. 그리스도교는 이런 종말론적 긴박성을 제도화하기 위해 많은 노력을 기울여 왔다.

여기서 우리는 한경직의 그리스도교국가 신학에 주목하게 된다. '그리스도교국가론'은 한국개신교가 발전시켜 온 정치신학 담론인데, 대체로 보수적 개신교 분파의 시각이 이 신학적 담론을 둘러싸고 있다. 그중에서도 이승만과 한경직의 그리스도교국가론은 한국의 보수적 정치신학을 대표해 왔으며, 이들의 정치신학의 이데올로기적 기조는 극우주의라고 할 수 있다.

이승만은 자신의 정치신학을 대통령으로서 국가 체계 속에 구현하려 했다. 한데 그의 정치가 시민혁명에 의해 강제 퇴출되었다. 이는 그의 정치신학적 기획이 실패했다는 뜻이기도 하다. 앞에서 이야기한 이승만 특유의 정치신학적 기획의 산물인 국가보안법은 원초적인 폭력으로 점철되었던 그의 집권 초기의 통치를 보다 장기지속적인 정치(long-term politics)[26]로 전환시키는 통치성의 장치였다. 하지만 그런 국민 만들기 프로젝트는 체제 수호를 위해 모든 것을 기꺼이 지불할 준비가 된 능동적 주체로 국민을 호명해 내는 데 이르지 못했다. 해서 체제에 대한 비판적 도전이 임계점에 도달했을 때 그 체제를 수호하려는 국민은 거의 없었고, 그의 체제를 구축하는 기억의 서사들은 대부분 망각의 강에 내버려졌다.

또 다른 극우주의적 정치신학의 화신인 한경직은 어땠을까. 결론을 이야기하면 그의 정치신학적 꿈은 이승만적 야만의 정치의 일부였던 때도 있었지만, 이승만이 강제 퇴출 당할 때 함께 기억의 폐기장에 던져지지 않았다. 이승만의 집권 후반기에 권력의 주역으로 부상한 이들[27] 대부분은 4.19시민혁명과 5.16군사쿠데타를 거치면서 거의 모두 역사의 무대에서

---

26 '장기지속적 정치'는 '정치적 단기주의'(political short-termism)에 대한 비판의 문맥에서 사용되곤 하는 정치학 용어다. 정치적 단기주의는 극우주의 편향의 포퓰리즘 정치가의 정책에서 흔히 발견된다. 이승만도 이런 유형에 속한다고 할 수 있다. 하지만 일제강점기 때의 통치 노하우를 승계함으로써 그의 집권 후반기는 단기주의를 부분적으로 보완할 수 있었다고 보는 것이다. 정치적 단기주의에 대하여는 '오픈액서스저널'(open access journal)인 *Politics and Governance* 12 (2024)에 실린 Masakazu Ogami(尾上成一), "The Conditionality of Political Short-Termism: A Review of Empirical and Experimental Studies" 참조. 이승만 정권 시대를 '약탈국가'(predatory state)의 한 사례로 본 피터 에반스(Peter Evans)의 해석은 정치적 단기주의가 어떻게 구현되었는지를 적나라하게 보여 준다. 폭압적 통치와 전쟁으로 정권에 대한 도전 세력이 거의 와해되어 정권은 절대적 자율성을 갖게 되었는데, 정권 인사들의 무분별한 지대추구 행위로 인해 장기적인 발전 계획이 불가능했다는 것이 에반스의 논지다. Peter B. Evans, "Predatory, Developmental, and Other Apparatuses: A Comparative Political Economy Perspective on the Third World State," *Sociological Forum* Vol. 4, No. 4 (1989): 561-587.

27 당시 이승만은 80대의 고령이 됨으로써 이기붕을 비롯한 정권 핵심 인사들 간에 치열한 권력 게임이 벌어지고 있었다. 이완범, "한국 정권교체의 국제정치 ― 1950년대 전반기 미국의 이승만 제거 계획, 후반기 미국의 이승만 후계 체제 모색과 1960년 4월 이승만 퇴진," 「세계정치」 8 (2007), 151.

사라져 버렸다. 한데 한경직은 이후에도 교회뿐 아니라 사회 전반에 강력한 영향력을 미치는 존재로 살아남았다. 해서 그에게 이승만과는 다른 무엇이 있었는지 묻지 않을 수 없다.

우선 한경직이 꿈꾸었던 그리스도교를 '한경직의 종교'라고 부르자. 왜냐하면 그는 장로교뿐 아니라 한국개신교 전체의 형성에 깊은 영향을 미쳤고, 국가와 사회와의 관계에서도 교계를 대표하는 주도적 역할을 함으로 한국개신교의 주류 체계는 한경직으로부터 강한 영향을 받았기 때문이다.

그는 1940년대 후반 남한으로 유입된 정치 난민이었다. 한데 불과 10년도 안 되어 1955년 개신교 최대 교파인 대한기독교장로회 총회장이 되었다. 임기 1년의 총회장이 행사할 수 있는 권력의 크기는 별것 아닐 수 있다. 하지만 이 사실은 그가 이 무렵 교단 정치의 핵심으로 부상했다는 점을 시사하기 때문에, 이 시기는 한경직과 한국개신교를 논할 때 간과할 수 없는 중요한 의미가 있다.[28]

남한에서 장로교단은 그가 정치적으로 급부상하는 시기와 맞물려서 모든 개신교 교파를 대표하게 되었을 뿐 아니라 한국 사회 전반에 가장 강력한 시민사회적 범주가 되었다. 종교 인구의 측면에서만 보면 개신교는 전인구의 3~5% 안팎에 불과한 군소 종교였다. 그러나 물적, 인적 자산이라는 관점에서 개신교, 특히 장로교는 시민사회 어느 영역도 넘볼 수 없는

---

[28] 한경직에 관한 이하의 내용은 김진호, 『대형교회와 웰빙보수주의 — 새로운 우파의 탄생』(오월의봄, 2020), "보론 1. '한경직의 종교' — 개신교 극우주의의 기원"에 기반을 두고 있다.

막강한 위상을 갖게 되었다. 그것은 한경직이 구심점 역할을 했던 탈북 개신교도들, 특히 서북청년단이 남한 사회의 종교적이고 정치적인 지형에 강력한 영향력을 갖게 된 것과 무관하지 않다. 게다가 그는 미국 종교계와 정치계에서 가장 신뢰하는 한국인의 한 사람이었기에, 미국의 지원에 절대적으로 의존했던 당시의 한국개신교와 정부는 그에게 많은 것을 의존하지 않을 수 없었다.

또한 한국전쟁기에 세계 각처에서 막대한 후원금이 답지했는데, 그중 절반 정도를 개신교가 수령했다. 당시 국가는 이 기금을 관리하고 분배할 조직 역량이 거의 유실된 상태였기에 그중 많은 돈이 일부 인사들에 의해 착복되었다. 반면 개신교는 꽤나 효과적으로 후원금을 운용했다.[29] 해서 전쟁을 거치면서 개신교는 병원, 양로원, 보육원 등의 돌봄 기관과 방송국, 신문사, 출판사, 학교 등 담론 기관을 무수히 보유하게 되었다. 전후 대중은 돌봄의 장치가 절실히 필요했다. 또 잔해만 남은 전통적 해석 체계를 대체할 새로운 담론의 장치가 요청되었다. 그렇기에 전후 개신교의 사회적 영향력은 막대해졌다. 그렇기에 개신교로 많은 엘리트가 유입되었고 양성되었다. 즉, 개신교는 한국 사회에서 가장 강력한 엘리트 충원의 장치가 되었다.

흥미로운 것은 개신교 교단 간에 대분열이 본격화되는 시기가 바로 한경직의 종교가 형성되는 시기와 겹친다는 사실이다. 첫 번째는 1952년,

---

29 김흥수, "한국전쟁 시기 기독교 외원단체의 구호활동," 「한국기독교와 역사」 23 (2005. 9.).

신사참배의 수치심에 집착하는 '회고적 신앙'과의 결별이다. 한경직을 포함한 장로교 주류파는 신사참배의 수치심을 공산주의에 대한 적대감으로 전환시키는 것, 그러한 전환이 일으키는 증오의 임파워먼트(empowerment)를 강조하는 세력이다. 전자가 회개와 성찰을 강조하는 과거 지향적 신앙이라면, 후자는 현재 중심적 신앙이다. 그러므로 이 분열은 개신교 주류파에겐 자신들의 약점이던 과거의 족쇄를 벗어 버리고 해방 이후의 체제를 둘러싼 싸움에 집중할 수 있는 계기로 작용했다.

두 번째는 1953년, 김재준으로 대표되는 '리버럴한 중도적 민주주의' 신앙과의 결별이다. 김재준은 해방 직후에 했던 한 강연에서 '자유'라는 가치가 보장되는 한에서 자본주의든 공산주의든, 모두 허용될 수 있어야 하고, 그런 점에서 국가체제는 냉전의 한 진영에 가담하기보다는 진영 논리 바깥이 되는 중립국의 필요성을 강변했다. 또 무상교육, 교통·통신의 국영화, 상속세 강화, 세습 금지 등 사회주의적 요소까지도 적극 반영하는 국가 구상을 제시하였다. 이는 그의 이상주의적 신국론과 연결된다. 즉, 현실의 국가는 결코 완전할 수 없으며, 다만 하느님 나라를 지향하며 제한적이나마 현실에 맞게 그 이상에 하나씩 다가가는 나라를 모색해야 한다는 것이다.[30] 요컨대 이 분열은 현재 중심적 신앙 내의 두 진영, 즉 냉전체제를 중시하는 진영 대 탈냉전을 강조하는 진영의 분열이었다. 전자를 대표하는 한경직은 김재준과의 결별을 통해서 반공/멸공의 신념을

---

30 김건우, "한국 현대지성사에서 '한신(韓神)'이 가지는 의미," 「상허학보」 42 (2014. 10.).

미국 중심주의와 결합한 그리스도교국가론을 보다 집중적으로 추구할 수 있게 되었다.

세 번째는 1959년, 통합파와 합동파로 갈라지는 분열인데, 이는 한경직의 종교와 이승만의 종교의 결별이라고도 할 수 있다. 이 둘은 극우 반공주의적 그리스도교국가를 추구했다는 점에서 이념적 비전이 겹치지만, 한국전쟁 후반기에 미국과 결별하고 소종파적 극우주의를 택한 이승만과 미국의 주류 보수주의와의 연대를 계속 추구한 한경직은 더 이상 함께할 수 없었다.[31] 이승만의 길을 지지한 장로교 내의 비주류파가 한경직의 길을 추구한 주류파로부터 이탈함으로써 미국 주류 개신교의 한국 내 유무형의 자산은 온전히 주류 집단의 독점물이 되었다. 하여 그의 그리스도교국가론은 미국 주류 보수주의 내의 스펙트럼에서 극우주의를 추구하는 방향으로 명료해졌다.

이상과 같이 개신교 분열 과정을 통해서 한국개신교 주류파로 우뚝 선 한경직의 종교는 그리스도교국가론의 이념 지향적인 신앙을 점점 명료하게 발전시켜 갈 수 있었다. 그렇다면 이렇게 형성되어 간 한국개신교적 신앙은 개신교 신자들의 주체화에 어떻게 영향을 미쳤을까.

---

31 이 분열은 미국 정부와 이승만 정부의 갈등과 상응한다. 이에 대하여 이완범, "한국 정권교체의 국제정치 — 1950년대 전반기 미국의 이승만 제거 계획, 후반기 미국의 이승만 후계 체제 모색과 1960년 4월 이승만 퇴진," 「세계정치」 8 (2007).

개신교 극우주의, 능동적 주체의 종교

앞에서 언급했던 것처럼 한경직의 그리스도교국가론적 신학은 수치심이라는 죄의식과 사투를 벌이는 과거 회귀적 신앙에 머물러 있지 않았다. 분명 그 수치심은 한경직 자신을 오래도록 괴롭혀 왔음이 분명하다. 해서 그가 신사에 참배했던 때로부터 50여 년의 세월이 흐른 1992년 템플턴상의 수상 소감에서 그것에 대해 회개의 말을 남겼다. 오래도록 그는 과거의 과오라고 생각했던 신사참배의 기억에서 자유롭지 못했던 듯하다. 하지만 그의 현재 지향적 신앙은 그런 과거의 수치스런 기억에 머물러 있는 것을 허용하지 않았다.32 왜냐하면 그가 볼 때 현재 상황은 너무나 심각한 위기였기 때문이다. 공산주의가 자신과 동포들을 덮치려고 맹독성의 혀를 날름거리고 있었다. 그것은 파멸적 위협이었다. 그에게는 시간이 많지 않았다. 절박하게 현재의 이념 투쟁 전면에 나서지 않을 수 없다는 것,

---

32 또 다른 현재 지향적 신앙을 가진 김재준은 신사참배에 깊은 수치심을 갖지 않은 것으로 보인다. 그에게서 신사는 종교가 아니라 국민의례의 하나였기 때문이다. 실제로 메이지 시대의 근대법 체제는 종교와 정치를 분리하고 있었기 때문에 신사에 참배하는 행위를 국민의례로 홍보하였다. 당시의 일본과 조선의 많은 진보적 혹은 리버럴한 지식인들은 이런 국민의례에 동의하지 않았지만, 더 중요한 과제를 위해 그런 정도의 의례 참여를 사소한 것으로 간주했던 듯하다. 그런데 신사는 세속적 장치이면서 종교적 장치이기도 했다. 그것은 종교와 세속이 뒤엉킨 근대 일본의 모호성 때문이다. 근본주의적 성향의 개신교 신자들은 신사를 종교로 보는 시각에 몰두해 있었고, 해서 신사참배를 우상 숭배라고 생각했다. 이런 관점을 가진 개신교 신자들에게 신사참배는 결코 타협할 수 없는 의례였다. 비온티노 유리안, "일제하 서울 남산 지역의 일본 신도·불교 시설 운영과 의례 연구," 서울대학교 사회교육과 역사 전공 박사학위논문 (2016).

그것이 한경직의 현실 인식이었다.

1947년 교회 창립 1주년 예배 설교에서 그는 공산주의를 "(거대한) 붉은 용"으로 묘사했다. '붉은 용'은 묵시록 12,3에 나오는 괴물인데, 세상을 파멸시키고 의인들에게 죽음보다 더 혹독한 고통을 안겨주는 존재다. 묵시록에서 이 괴물은 종말이 임박했을 때 출현한다. 해서 그에겐 그 괴물과 싸워 절멸시키는 일이 신사참배의 수치심에 연연하여 움츠려 있는 것보다 훨씬 중요했다.

또한 적을 괴물로 묘사하는 것은 적과 우리 사이에 화해할 지점이 전혀 없다는 것을 시사한다. 괴물은 우리를 파괴하는 존재이지 함께 더 나은 세계를 만들어갈 존재일 수는 없기 때문이다. 김재준은 한경직에게 친구이자 동료였지만, 한경직이 그를 함께 갈 수 없는 자로 낙인찍은 것은 그가 조선신학교에서 목사 예비자들에게 화해와 공존을 가르치고 있었기 때문이다. 그가 보기에 이는 너무 안이한 신앙에 다름 아니었다. 붉은 용이 나타났을 때는 그 적과의 전면전, 그 적을 절멸시키는 싸움 이외의 다른 것은 없기 때문이다.

당시 사회주의는 반식민지, 반봉건을 지향하는 대안적 해석 체계로 인식되고 있었다. 사회주의가 약진하던 시기인 1920년대에는 그 무렵 대중의 열렬한 호응을 불러일으키고 있던 시사만평과 연극, 영화, 그림 등을 통해서 그 해석 체계가 대중의 생각 속에 개입해 들어갔고,[33] 가혹한

---

33 이승희, "1920년대 신문 만평의 사회주의 정치와 문화적 효과,"「상허학보」 22 (2008. 2.).

탄압의 시기인 1930년대 이후에는 전향자 담론을 통해서 역설적으로 지하로 숨은 투사들의 신비화된 영웅 서사 형식으로 대중의 일상에 개입하였다.34 해서 해방 정국이 되었을 때 사회주의적 비전은 그러한 정치조직에 가담하지 않은 대중의 심성 속에서도 새로운 사회와 질서를 향한 꿈으로 잔류했다.

소련군이 진주하고 공산당이 정국을 주도하던 북한 지역에서 탈출하여 남한 사회로 들어온 정치 난민 한경직에게 이런 현상은 매우 위협적으로 느껴졌을 것이다. 해서 그에게 화해와 공존이란 신앙의 언어일 수 없었다. 저들, 거대한 붉은 용의 추종자들이 가족으로, 이웃으로, 아니 심지어 내면으로 파고들어 와 우리를 파괴하려 하고 있었다. 그는 그렇게 믿었다. 요컨대 한경직은 그리스도인을 '증오하는 주체'로 호명한다. 그의 그리스도교국가 담론은 그런 주체들이 만들어 가는 나라였다.

한데 이 과정은 의식적 인지과정으로만 전개되는 것이 아니다. 서북청년단은 바로 그런, 증오하는 주체로 부름 받은, '행동하는 반공 전사들'이었다. 그들 대부분은 개신교 신자였고, 한경직의 영락교회 청년부가 이들 종교정치적 네트워크의 주축 역할을 했다. 당시의 수많은 반공 청년단처럼 이들 서북청년단도 극우 반공주의적 정치권력으로부터 자신들의 행동주의를 구체화하는 과제를 부여받았다. 그리고 대가로 생계비와 주거지를 배당받았다. 여기에 한경직은 살육의 피비린내가 가득한 그들의 손에

---

34 이혜령, "감옥 혹은 부재의 시간들 — 식민지 조선에서 사회주의자를 재현한다는 것, 그 가능성의 조건," 「대동문화연구」 64 (2008. 12.).

축사했다. 폭력과 살육은 이렇게 영적으로 세탁되었다.

이승만 정권이 집권 중반에 들어설 무렵 그는 서북청년단 해산을 명했다. 그들이 독자적으로 세력화될 우려도 있었고, 여러 청년 단체를 하나로 통합해서 오로지 자신에게만 충성하는 사적 통치 기반을 재구성하려는 정치공학도 있었을 것이다. 한데 서북청년단은 조직으로서는 해체되었지만, 그들 간의 네트워크는 해산되지 않았다. 다른 청년 단체들은 해산된 이후 세력화되지 못하고 역사에서 사라져 갔다. 아마 그들 중 다수는 여러 다른 기성의 정치적 분파에 분산·흡수되었을 것이다. 한데 서북청년단의 경우는, 비록 그 조직은 사라졌지만, 그들 나름의 신념 체계와 신앙이 유지·계승되었다.

이승만 체제가 시민혁명에 의해 몰락하자 그를 지지하던 세력은 거의 역사의 무대에서 사라졌다. 이듬해 일단의 군부 세력이 시민혁명으로 구축된 정부를 전복시킨 쿠데타를 일으켰을 때도 이승만의 잔당은 거의 복권되지 못했다. 한데 바로 이 쿠데타 세력의 중심에 서북청년단 출신의 장성과 영관급 군인들이 주축을 이루고 있었다.[35]

다른 청년 단체들은 역사의 무대에서 사라져 갔는데, 어떻게 서북청년

---

[35] 장성급 장교들은 주로 조선경비사관학교 5기생들이고, 영관급 장교들은 8기생들이다. 5기는 전체의 70%가 서북 출신자들이고, 8기에도 서북 출신자가 매우 많았다. 당연히 그들 다수는 서북청년회 출신이었다. 다른 반공 청년단원들에 비해 서북청년단원은 다수가 개신교도였고, 자산가 출신이 많았으며, 학력도 상대적으로 높았다. 또 엘리트 장교로서 미국 유학을 다녀온 이들도 많았다. 해서 서북 출신자들이 많은 5기와 8기는 동질적이고 학력이 높았다. 윤정란, "서북청년회 출신들의 정치적 배제와 부활,"「숭실사학」33 (2014. 12.).

단의 인적 네트워크와 신학적이고 신앙적인 정치의식은 계속 영향력을 발휘할 수 있었을까. 그 주된 이유의 하나는 개신교와의 깊은 연결망에서 추론된다.

개신교는 다른 종교에 비해 매우 동질적이며 집단주의적이다. 가톨릭은 동질적 요소가 강하기는 하지만, 공동체를 전체주의적으로 결속시키는 기재는 훨씬 약하다. 개신교 신앙 담론과 제도 속에는 다른 종교나 사회에 대한 분리주의적 요소가 가득하다. 동시에 팽창주의적이다. 악의 세력에 감염되지 않기 위함이고, 그 악의 세력으로부터 세상을 구원하기 위함이다. 이런 신앙 담론이 최소한 주 1회 이상 그리고 수십 년에서 대를 이어까지 장기간 반복되는 정례적 집회를 통해 신자들의 기적 속에 새겨진다. 또한 신자들은 장기간 자주 모이는 교회 안에서 새로운 가족으로 엮인 친밀성을 갖게 된다.

이렇게 교회는 강한 귀속 의식을 형성하는, 즉 신앙적인 강한 주체를 형성하는 공동체다. 또한 그런 주체 의식을 강화하기 위한 '자기 확증적 수행'(self-confident practices)을 끊임없이 하고, 나아가 다른 이들에게 자신의 신념을 주입하기 위한 '자기 확산적 수행'(self-expanding practices)에 적극 참여하는 실천주의적 공동체다.

한경직의 극우 반공주의적 그리스도교국가론이 토대가 되었다고 해도 과언이 아닌 한국교회의 신앙 제도는 이러한 장기지속적 주체 형성의 장치를 통해 '이단' 혹은 '악마로 표상된 '적'을 담론화한다. 이것을 사회적 범주로 번안하면 '빨갱이'가 된다. 이들 이단/악마 혹은 빨갱이는 신앙 영역의 시민권자인 '성도' 혹은 사회 영역의 시민권자인 '국민'이 될 수 없는, 아니 되어서는 안 되는 인종화된 타자로 간주된다. 신앙적 낙인은 경계 밖의 존재, 악마 혹은 악마와 손잡은 자들을 밝혀내고 그들의 영적인 영토를 박탈한다. 나아가 그들을 물리적 영토에서도 추방하는 담론이 한경직의 그리스도교국가론이다.

물론 이 점에서 이승만의 그리스도교국가론도 다르지 않다. 하지만 이승만의 그리스도교국가는 소수의 전사 혹은 소극적인 대중적 주체를 구축하는 데 머물렀다. 반면 한경직의 그리스도교국가는 대중적이지만 장기간 지속되는 증오하는 능동적 주체를 구성하는 데 성공했다. 그래서 오랫동안 개신교는 극우 반공주의의 온상으로 한국 현대사 속에 중대한 궤적을 그려놓았다.

그런데 극우 반공주의적 증오의 담론을 청산하려는 시민사회적 기조 그리고 그러한 국가의 탄생은 한경직의 그리스도교국가론을 좌초시켰다. 21세기는 바로 그런 국가의 체계화가 본격화된 시기였다.

21세기, 극우주의의 부활, 그런데…

1987년 민주적 기조의 개헌을 통해 '1987년 체제'가 출현하였다. 그리고 우여곡절을 거쳤음에도 절차성의 관점에서 한국 민주주의는 약진했다. 그 사이 정권이 다섯 번이나 교체되었다. 사무엘 헌팅턴(S. P. Huntington)은 민주적 절차를 통한 두 번의 정권 교체 테스트(two-turn-over test)를 통과하면 민주주의가 공고화(consolidation)된다고 말한 바 있다.36 한국은 윤석렬이 대통령에 당선된 2022년까지 민주적 절차를 통해 무려 다섯 번의 정권 교체가 있었다. 그렇게 본다면 한국 민주주의는 안정화 단계에 이른 셈이다.

하지만 2024년 12월 3일, 윤석렬 정권은 친위쿠데타를 기도했다. 물론 그 한 달 후인 2025년 1월 3일, 고위공직자범죄수사처(공수처)가 내란 주범인 윤석렬의 체포영장을 집행하려 했다는 데서 볼 수 있듯이 이 쿠데타는 일단 실패한 것으로 보인다. 하지만 지난 한 달 동안 보여준 한국의 민주주의는 가장 성과를 이룩한 절차성에서조차 철저히 무력했다. 이미 지난 2024년 3월 7일에 공개된 스웨덴의 민주주의다양성연구소 (V-Dem Institute)의 연례 보고서인 "민주주의 리포트 2024"(DEMOCRACY REPORT 2024)의 한 문서에 따르면 한국은 '독재화'(autocratization)가 진행 중인 42개국 중 하나로 평가된다.37

한국의 이러한 변화는 매우 극단적 사례에 속하지만, 이것은 전 세계적인 추세이기도 하다. 그리고 그러한 변화의 중심에 극우주의의 약진이 있다. 이에 대한 가장 보편적인 해석은 신자유주의적 세계화가 초래한 위기의 양상이라는 것이다. 세계화는 글로벌 난민을 대량으로 발생시켰다. 이들은 국경을 넘어 이리저리 떠밀려 다니면서 세계 곳곳에서 노동시장을 교란시켰다. 이에 세계화로 인해 가뜩이나 열악해져 있던 노동시장에서

---

36 사무엘 헌팅턴/강문구・이재영 옮김, 『제3의 물결: 20세기 후반의 민주화』(인간사랑, 2011).

37 "DEMOCRACY REPORT 2024: Democracy Winning and Losing at the Ballot," https://v-dem.net/documents/43/v-dem_dr2024_lowres.pdf.

겨우겨우 생명을 유지하고 있던 각 나라의 서민 대중과 세계화의 밀물에 떠밀려 온 글로벌 난민 간에 처절한 오징어게임이 벌어졌다.

한데 그 틈새로 극우주의가 끼어들었다. 신자유주의적 오징어게임의 원리는 각각을 개체적 경쟁자로 만들어 버렸는데, 극우주의는 그 게임에 담합의 체계를 만들어 개입했다. 이런 담합의 체계로 가장 유용한 것이 '인종주의'였다. 이때 인종주의적 주체는 각 국가의 서민 계층인 경우가 많았고, 인종주의적 타자는 대체로 글로벌 난민이었다. 여기에 섹슈얼리티, 이데올로기, 종교 등의 범주가 뒤엉켜 인종주의는 여러 타자적 존재를 연결하는 교차적 배제의 방식으로 구성되었다. 하여 인종주의는 인종 혹은 상상적 인종의 범주를 넘어 복합적 배제의 양상을 설명하는 담론으로 세밀화되었다.

한국도 큰 틀에서 보면 이와 별반 다르지 않다. 하지만, 모든 사회가 그렇듯이, 한국도 나름의 역사와 사회적 독특성이 있다. 무엇보다도 한국의 근대 국가는 처음부터 극우주의가 중요한 작동 원리였고, 현재까지도 매우 강한 사회 구성 요소로 작용하고 있다. 사회학자 조희연은 극우 반공주의적인 상상적 합의(pseudo-consensus)가 과잉 작동하는 체계를 의미하는 '반공규율사회'(anti-communist regimented society) 개념으로 한국 사회를 논하였다.[38] 나는 이 글에서 이러한 반공규율사회가 근대 국가 초기인 이승만 정권기에 한정되지 않고 장기간 지속될 수 있었던 것은, 한경직의 종교라고

---

[38] 조희연,『한국의 국가·민주주의·정치 변동: 보수·자유·진보의 개방적 경쟁 구도를 위하여』(당대, 1998).

명명했던 개신교적 그리스도교국가의 담론적이고 제도적인 영향과 무관하지 않음을 제기하였다. 한경직 자신은 남한 사회의 정치 난민이었음에도 타자를 인종주의적으로 처벌하는 담론의 중심에 있는 인물이다. 그 타자가 바로 거대한 붉은 용의 하수인인 빨갱이다. 요컨대 서양에서 인종주의 논의는 외부에서 유입된 타자를 설명하는 데서 시작하여 내부의 타자들에 관한 논의를 접맥시키며 발전했다면, 한국은 처음부터 '내재화된, 일상적 빨갱이' 척결에 초점이 맞추어져 있었다. 해서 국가보안법 같은 내면의 통제를 강조하는 법이 처음부터 발전할 수 있었다. 이것은 그리스도 신학적 통제와 유사하다. 한데 국가보안법을 활용했던 이승만적 그리스도교국가론보다 종말론적 신학을 활용했던 한경직의 그리스도교국가론은 더 많은 대중의 자발성을 강화하는 장치로 작동했다. 말했듯이 그런 한경직의 종교가 한국개신교뿐 아니라 한국 사회의 형성에도 지대한 영향을 미쳤다.

개신교의 극우주의적 분파는 현재까지도 한국 사회에서 가장 중요한 극우주의의 온상이라고 할 수 있다. 개신교의 가장 강력한 세력이라고 할 수 있는 후발 대형 교회 유형의 개신교도 신자유주의에 더 친화적인 경향이 있지만,[39] 그 내면 한편에는 적절한 상황이 되면 언제든 극우주의적 동맹에 편입될 수 있는 '극우적 신앙의 밈(Meme)'이 똬리를 틀고 있다. 후발 대형 교회가 역동적으로 성장을 거듭하던 2000년대에 이들 교회 다수는 신자유주의적 전사들의 신앙 공동체에 가까웠다. 하지만 동시에

---

39 김진호, 『대형교회와 웰빙보수주의』 (오월의봄, 2020).

이들도 극우주의 성향이 가장 강한 교회 간 연대조직인 한기총에 대체로 동조했다. 그렇게 신자유주의적이면서도 극우주의적인 요소가 결합된 보수 대연합이 만들어 낸 정권이 MB 정권이었다.

한기총은 1989년에 한경직이 주도하여 설립되었다. 하지만 이 기구가 개신교를 주도하고 한국 사회의 극우주의를 추동하는 세력으로 부상한 것은 글 서두에 언급한 2003년 3.1절 집회의 성공 이후다. 그로부터 대략 10년 정도를 한국 사회의 극우주의를 풍미하는 기관으로 자리 잡아 왔다. MB 정권의 시기가 그 10년 중 후반부였다.

2010년대 중반 이후에는 한기총의 영향력이 급격히 약화되었다. 이것은 보수 대연합에서 교회의 주도적 영향력이 약화된 것을 의미한다. 하지만 새로운 개신교 극우가 등장했다. 나는 그것을 '전광훈 현상'이라고 명명한 바 있다. 이는 교회 간 연합체 형식의 기구가 아니라, '아스팔트우파'라는 명칭에서 볼 수 있듯, 메타 교회적 성격의 새로운 극우 개신교 운동이었다. 근대적 종교 개념의 3대 구성 요소인 장소, 교리, 성직자도 불안전한 상태의 개신교적 운동이 바로 전광훈 현상이다.[40]

그리스도교가 '교회'로 표상되는 것은 그 종교가 '몸의 종교'가 되었음을 의미한다. 한데 메타 교회는 몸이 사라진 종교, 그리스도교 전통의 용어로 말하면 '영의 종교'이고, 철학적으로 말하면 '유령으로서의 종교'(religion as a ghost)다.[41] 그런데 그 '영/유령으로서의 종교'가 극우의 얼굴을 하고

---

40 앞의 책, "보론 2: 전광훈 현상을 읽다 — 극우의 좌절과 촛불정치의 효과."
41 '유령 종교'에 대해서는 Steve A. Wiggins, "Ghost Religion," https://steveawiggins.

있는 것, 전광훈 현상은 바로 그렇게 해석된다.

한편 정치적 정체성도 모호하고, 이념적 정체성도 모호하며, 종교적 정체성도 모호한, 가장 명확한 정체성이라면 검사 카르텔이라는 이익집단의 두목인 윤석렬이 대통령이 되었다. 한데 주목할 것은 그의 어설픈 공공성 연기가 더 이상 다수 국민에 의해 먹히지 않게 되었을 때, 이익집단의 범주로는 설명할 수 없는 극우적 이념 세력이 그 주위로 결속하게 되었다는 사실이다. 문제는 이승만이 그랬던 것처럼 그도 소수의 극우적 이념 집단 외에는 동조 세력을 규합하는 데 실패했다는 데 있다. 이때 그는 이승만처럼 군인과 경찰을 극우의 첨병으로 만들고자 했고, 그들보다 더욱 열렬한 사적 통치 기반을 구성하고자 했다. 그들의 대다수는 바로 전광훈 주변에 모여든 '아스팔트 전사들'이다. 코믹한 것은 이들은 이승만의 사적 통치 기반이 된 청년단이 아니라 대체로 '노년단'이라는 점이다. 이들은 더 이상 근력 기반 집단(muscle-based group)이 될 수 없다. 한데 그들의 주장과 믿음은 철저히 근력에 기반을 둔 폭력과 친화적이다. 해서 그들의 믿음은 종말론적 판타지와 연결되어 있다. 더욱 흥미로운 점은 그 판타지의 실행 양상은 철저히 근본주의적 개신교 신앙과 무속신앙이 어설프게 혼융되어 있다는 것이다.

모두가 알다시피 윤석렬과 그 주위에 모여든 극우 분파들의 친위쿠데타는 실패했다. 그 과정에서 극우주의는 보수파인 교회로부터도 폭넓은

---

com/2022/03/07/ghost-religion.

지지를 받지 못했고, 다분히 우파 성향이 강했던 남성 청년으로부터도 다수의 지지를 받아내는 데 실패했다. 노년층이나 특정 지역의 지지 기반도 상당 부분 잃었다. 이와 맞물려서 이승만의 그리스도교국가론도, 한경직의 그리스도교국가론도 시대착오라는 생각이 현재 다수의 사람들에게 가장 수용되고 있다.

또한 '인종주의적 적대'가 전 세계적인 추세인데, 한국은 약한 타자들과 연대하려는 포스트 인종주의적 포용의 정치가 강화되고 있다. 윤석렬의 계엄 국면 이후인 현재에 말이다. 해방 이후, 근대 국가 형성기부터 오늘에 이르기까지, 극우적이거나 보수적 정부뿐 아니라 개혁적 기조의 정부가 들어선 시기까지 한국 사회는 인종주의적 타자에 대한 포용주의가 사회 형성의 강력한 동력이 되어보지 못했다. 한데 지금은 좀 다른 징후를 보인다. 많은 사람들이 약한 타자와의 연대적 실천에 참여하고 있다. 어쩌면 이것은 '다른 미래'를 향한 유의미한 발걸음일 수도 있다.

5장

한국 인종주의와
차별 주체로서의 한국교회 다문화 목회

이보영

한국 인종주의와 차별 주체로서의
한국교회 다문화 목회

이보영*

들어가는 말

"우리 교회는 이 지역의 어머니 교회로서, 교인들을 위한 사역뿐만 아니라 지역사회를 위한 역할도 충실히 감당하고 있습니다. 그 예로 산업단지가 많은 이 지역에 거주하는 외국인 노동자들을 위한 다문화 목회 사역을 진행하고 있습니다. 주일 3부 예배 외에도 영어 예배와 중국어 예배가 대표적인 사례입니다."

이는 지방의 산업 중심 도시에서 선교적 사명을 다하고 있다고 자부하는

* 아이리프신학대학원 교수

교회의 부교역자가 자신 있게 전한 다문화 목회에 관한 소개였다. 이 대화 후 필자는 교회의 장로들과 권사들을 만나 다문화 목회 사역의 구체적인 통계, 비다문화 교인들의 참여 비율, 영어 및 중국어 예배의 담당 교역자 등에 대해 질문했다. 그 과정에서 인상 깊었던 몇 가지 사실은 다음과 같다.

영어 예배에는 '교회의 인텔리'로 불리는 비다문화 교인들이 참여하고 있는 반면, 중국어 예배 담당 교역자의 이름을 아는 이는 거의 없었다. 영어 예배와 달리 중국어 예배는 '다문화 사역'으로 통칭되며, 중국어 예배 교인들을 포함한 다문화 교인들과 '일반 교인' 간의 교류 프로그램은 거의 존재하지 않았다. 그나마 그런 프로그램이 있더라도 교인들 다수는 그 사실조차 인지하지 못하고 있었다.

필자가 이 글의 서두를 위의 사례로 시작하는 이유는 명료하다. 위 사례는 한국교회에서 전개되는 다문화 목회의 전형적인 한 단면, 즉 '베풂과 구제' 그리고 '선교적 동화'의 틀에 갇혀 있는 현주소를 보여 준다. 다문화 목회가 이주민이나 외국인들에게 베풀어야 할 구제 활동으로서의 차원을 넘어, 진정한 '함께함'과 상호 이해를 기반으로 한 관계로 나아가지 못하고 있는 현실을 보여 주고 있다는 말이다. 한국 사회에서 실행되는 다문화주의 정책은 한국개신교 교회들의 다문화 목회를 통해 구체화되고 정착되어 왔다. 한국의 다문화 목회는 외국인과 이주민들을 한국 사회의 '정상적 규범'에 맞추어 동화시키려는 성격이 강하게 나타난다.[1] 이러한 접근은 결국 외국인들을 모든 면에서 우리보다 '낮은 위치에 있는 타자'로 규정하며, 이들을 교회의 선교와 베풂을 통해 우리가 누리고 있는 삶의 질을 경험하게 해야 하는 대상으로만 여긴다. 그러기에 그들이 함께 살아가는 공동체의 구성원으로서 존중받고 동등한 대우를 받는 존재로 여겨지는 수준에는 쉽게 이르지 못한다.

미국과 같이 이미 오래전에 다인종 사회가 된 나라들에서는 다문화주의가 서로 다른 인종과 민족이 공존하며 조화로운 사회를 이루려는 의도로 시작되었다.2 그러나 현실에서는 다문화주의가 인종주의를 강화하고 차별을 조장하는 수단으로 작용해 왔다는 비판이 지속적으로 제기되어 왔다.

다문화주의는 신자유주의와 결합되어 경제적 착취를 동반하며 인종주의와 차별을 더욱 심화시키는 수단이 되었다는 한계가 드러났다.3 이러한 배경을 바탕으로 본 글은 한국식 다문화주의 정착을 주도해 온 한국개신교 교회들의 다문화 목회를 비판적으로 분석하고자 한다. 특히 본 연구에서는 다문화 목회가 한국 사회에서 인종주의를 강화하고 인종차별의 주요 수단으로 작동하는 이데올로기적 구조로 변질된 과정을 주목한다. 구체적으로 한국 사회의 단일민족주의와 유교적 이념에 뿌리를 둔 공동체주의가 '다문화인'이라 불리는 비백인 외국인들과 이주민들을 어떻게 타자화하고

---

1 하상복, "황색 피부, 백색 가면: 한국의 내면화된 인종주의의 역사적 고찰과 다문화주의," 「인문과학연구」 33 (2012), 547, http://dx.doi.org.
2 Christine Sleeter and Peter McLaren, "Origins of Multiculturalism," *Rethinking Schools* 15-1 (Fall 2000), https://rethinkingschools.org/issue/volume-15-no-1-fall-2000.
3 Sarah Song, "Multiculturalism," Edward N. Zalta and Uri Nodelman eds., *The Stanford Encyclopedia of Philosophy* (winter 2024), https://plato.stanford.edu/archives/fall2020/entries/multiculturalism/; Alana Letina and Gavan Titley eds., *The Crises of Multiculturalism: Racism in a Neoliberal Age* (London: Zed Books, 2011), 12.

인종화하며, 이를 통해 인종주의와 차별을 조장하는 방식으로 작동하는지에 대해 고찰한다.

나아가 한국의 다문화 목회가 단순히 비백인 외국인들과 이주민들을 선교적 대상으로 바라보는 시각을 넘어서는 대안을 제시하고자 한다. 이를 위해 정치철학자 김만권의 '포용적 공동체주의' 개념을 검토하며, 이들이 한국교회의 신학 교육과 다문화 목회에 어떠한 대안을 제시할 수 있는지 논의할 것이다.

이를 통해 한국교회가 나아가야 할 방향을 모색하고, 다문화 목회가 진정으로 상호 존중과 평등을 어떻게 실현할지, 그 방안을 제안하고자 한다.

한국 사회에서 다문화주의의 역사와 배경
: 인종화의 과정[4]

---

[4] 필자는 인종화 개념을 이해하는 것은 한국 사회와 개신교회의 다문화 목회가 어떻게 특정 집단을 구조적으로 타자화하고 차별하는지 분석하는 데 필수적이라고 본다. 한국의 다문화 담론은 표면적으로는 포용을 주장하지만, 실제로는 비백인 외국인과 이주민을 경제적 필요에 따라 선택적으로 포용하거나 배제하는 방식으로 작동한다. 이는 이주민들의 문화를 상품화하거나 노동력을 경제적 자원으로 활용하는 방식으로 나타나며, 다문화 정책과 교회 목회 활동 속에서도 그들이 동등한 사회 구성원으로 인정받기보다 동화의 대상으로 여겨지는 현실을 만든다. 특히 개신교회의 다문화 목회는 이주민을 단순한 복음 전도의 대상으로 삼거나 신앙 공동체 내에서 하위 구성원으로 위치시키면서 정체성을 약화시키는 경향을 보인다. 이는 단순한 선교적 전략의 문제가 아니라 한국 사회 내에서 형성된 인종적 위계질서가 종교적 담론과 결합하여 정당화되는 과정이라 할 수 있다. 따라서 인종화 개념을 고려하지 않으면 다문화주의가 실제로 어떠한 방식으로 차별적 구조를 고착화하는지 비판적으로 분석하기 어렵다.

1) 다문화주의 '도입'

1990년대 후반 한국 사회는 급격한 경제적 변화와 산업화, 도시화를 겪으면서 새로운 사회적 도전에 직면했다. 특히 농촌 지역에서는 성비 불균형과 인구 감소가 문제로 떠오르면서 한국 남성들이 결혼 상대를 찾는 데 어려움을 겪게 되었다. 이러한 문제를 해결하려는 노력의 일환으로 국제결혼이 하나의 현실적인 대안으로 떠올랐고, 이러한 상황에 한국의 농촌 지역에서는 경제적 어려움에 처한 동남아시아 국가의 여성들이 중계 업체를 통한 국제결혼을 통해 한국으로 이주하기 시작했다.[5] 베트남, 필리핀, 캄보디아 등의 동남아시아 지역에서 온 여성들이 한국 남성과 결혼해 농촌에 정착하기 시작했으며, 조선족 여성들도 한국 남성과의 결혼을 통해 이주하였다. 국제결혼은 농촌 지역의 성비 불균형 문제와 함께 고령화 문제를 해결할 방안으로 인식되었고, 이로 인해 소위 다문화가정이라고 불리는 가족이 급격히 형성되기 시작했다.[6]

국제결혼을 통한 이주 여성들이 직면하는 어려움은 복합적이며 다층적이다. 이들은 언어적, 문화적 장벽으로 인해 한국 사회에 적응하는 데 상당한 어려움을 겪어 왔다. 한국어를 자유롭게 구사하지 못하는 경우 일상생활에서부터 공공서비스 접근에 이르기까지 많은 제약이 따르며,

---

[5] 이용재, "결혼이주여성의 시민적 권리에 대한 고찰: 제도적, 비제도적 차별을 중심으로," 「다문화와 인간」 1-2 (2012), 236.
[6] 하상복, "황색 피부, 백색 가면," 547.

이는 이들이 자립적이고 주체적으로 사회에 참여하는 것을 가로막는 주요 원인으로 작용했다. 이로 인해 이주 여성들은 사회적 활동에 참여하지 못하거나 주변화된 위치에 머물게 되었다. 가정 내에서도 문제는 심각하다. 결혼 중개 과정에서 이들의 문화적 배경이나 개별적인 필요는 거의 고려되지 않는 경우가 대다수였다. 이는 문화적 차이를 이해하고 조화롭게 가정을 꾸릴 기회를 제한하며, 종종 가정 내 소외와 갈등을 초래했다. 이러한 소외는 가사와 육아를 이주 여성들에게 전적으로 떠넘기는 불평등한 역할 분담으로 이어졌다. 여성들은 경제적 독립을 이루기 위한 기회가 제한되었으며, 가족의 생계를 책임질 수 있는 자원이나 사회적 지원체계 또한 부족했다. 결과적으로 이들은 경제적으로도 종속적인 상황에 놓이며 자신이 처한 환경에서 벗어날 선택권이 거의 없는 상태로 내몰렸다.

더 나아가 이주 여성들은 자신들의 고유한 문화를 표현하거나 존중받을 기회조차 제한되었다. 한국 사회는 이들에게 한국적 규범과 문화에 적응할 것을 강요하며 다문화적 다양성을 포용하기보다는 동화의 압력을 가하는 경향을 보여 왔다.[7] 예를 들어 많은 여성들은 한국 사회와의 갈등을 피하거나 소속감을 얻기 위해 자신의 문화적 정체성을 숨기거나 포기해야 했다. 이는 개인의 정체성 상실뿐만 아니라 이들의 자녀들에게도 문화적 유산이 단절되는 결과를 초래했다. 다시 말해 농촌 지역에서는 고령화와 성비 불균형 문제를 해결하기 위해 국제결혼이 대안으로 제시되었지만, 정작

---

7 앞의 글, 545-546.

이주 여성들이 겪는 현실적인 문제들은 해결되지 않았다. 이들은 단순히 노동력이나 가정의 돌봄을 제공하는 존재로 취급되며 지역사회의 문화적 다양성을 확장하거나 풍요롭게 하는 주체로 인정받지 못했다. 사회적 지원이나 법적 보호 체계가 미흡한 상황에서 이들은 경제적, 사회적, 심리적 고립에 처해 왔다.

다문화가정의 급증과 함께 한국 사회는 이들에 대한 사회적 통합이라는 구조적인 문제에 직면했다. 특히 다문화가정 출신 자녀들은 학교에서 다른 학생들과의 문화적 차이로 인한 갈등과 차별을 경험하며 사회적 통합의 어려움을 겪는다. 학교를 포함한 교육기관들은 다문화가정에서 태어난 자녀들을 '다문화 학생'이라는 범주로 분류해, 그들이 다른 학생들과 구별되는 부류라는 인식을 강화해 왔다. 이들은 언어적, 문화적 차이 및 다른 피부색으로 인해 차별을 경험하는 경우가 많으며 또래들로부터 소외되거나 따돌림을 당하는 경험이 비다문화가정 학생들에 비해 훨씬 높은 비율로 나타난다.[8] 이러한 차별은 다문화가정 자녀들의 학업 성취를 저해하는 주요 요인으로 지적된다. 또한 이들은 자신들의 문화적 배경이 주류 사회에서 존중받지 못하는 경험을 통해 자아 정체성을 형성하는 과정에서 혼란을 겪고 있다. 이러한 경험은 자녀들의 정체성 발달에 부정적인 영향을 미치며, 장기적으로 이들을 사회에서 소외시키거나 차별받게 하는 요인으로 작용한다.[9] 결과적으로 이들은 학교와 사회에서 '다른 존재'

---

[8] 앞의 글, 544; 김범선·조영한, "한국의 일상적 인종주의에 대한 고찰: 다문화 가정 자녀에 대한 뉴스 담론을 중심으로," 「한국언론학보」 65-1 (2021): 82-83.

로 인식되며, 이는 사회적 통합을 가로막는 큰 장벽이 된다. 이러한 문제는 단순히 언어와 문화적 차이에 그치지 않고 다문화가정 자체가 한국 사회에서 '타자화'되고 인종화되는 현상으로 이어진다.[10] 이로 인해 이들은 영원히 속하지 못하는 이방인 집단으로 간주되며, 주류 사회로의 진출이 제한되고 차별이 당연한 것으로 정당화되는 구조적 문제로 확장된다.

이에 대한 정부의 대응은 2006년에 제정된 "다문화가족지원법"이었다.[11] 이 법은 다문화가정의 자녀들이 한국 사회에 잘 적응할 수 있도록 돕기 위한 제도적 지원을 목표로 하였고, 전국적으로 다문화가족지원센터를 설립하여 외국인 배우자와 자녀들에게 한국어 교육, 문화 적응 프로그램 등을 제공하였다. 이 센터들은 여성이 대부분인 결혼 이주 배우자들에게 필요한 사회적 지원을 제공했지만, 이들에 대한 주된 목표는 한국 사회에 '동화'되는 것이었다. 즉, 외국인 배우자들이 한국어를 배우고 한국 문화를 익히도록 돕는 것이 중심이었다. 이러한 정책은 앞에서 말한 정책이 수립되

---

9 하상복, "황색 피부, 백색 가면," 545-546.

10 타자화(othering)와 인종화(racialization)는 특정 집단을 사회적으로 구별하고 배제하는 공통된 메커니즘을 가지지만, 그 작동 방식에서 차이가 있다. 타자화는 문화, 언어, 종교 등의 차이를 강조하며 특정 집단을 '우리'와 구별되는 존재로 만드는 사회적 과정이다. 반면 인종화는 이러한 차별을 생물학적, 인종적 범주와 연결하여 특정 집단을 본질적으로 열등하거나 위계적으로 배치하는 방식으로 작동한다. 따라서 모든 인종화는 타자화를 포함하지만, 타자화가 반드시 인종적 위계를 수반하는 것은 아니다. 좀 더 깊은 이해를 위해서는 Tebeje Molla, "Racial Othering: Structural Roots and Anti-racist Actions from Below," *SN Social Science* 4, no. 7 (2024): 1-30. https://doi.org/10.1007/s43545-023-00806-4.

11 김범선·조영한, "한국의 일상적 인종주의에 대한 고찰," 73, https://doi.org/10.20879/kjjcs.2021.65.1.071.

기 전 외국인 배우자들이 개인적으로 경험해 온, 즉 그들의 고유한 문화적 배경을 충분히 존중하지 않고 한국 사회의 규범과 문화를 따르도록 강요하는 경향의 연속선상에 있으며, 그러한 경향을 제도를 통해 구조화시키는 역할을 해 왔다. 다문화가족지원법의 핵심은 외국인 배우자들이 한국 사회에 잘 적응하는 것이었지만, 이들이 자신들의 문화적 정체성을 유지하고 사회적 자율성을 갖도록 돕는 데는 한계가 있었다. 다문화가족지원센터에서 제공되는 프로그램들은 외국인들이 한국 사회의 규범을 따르도록 유도하는 방식으로 운영되고 있으며,12 이는 외국인들이 자신의 문화적 배경을 존중받고 유지할 수 있는 기회를 제한했다. 이처럼 한국 사회에서 다문화주의는 급격한 사회적 변화와 외국인 이주 증가에 대응하기 위한 정책적 필요에서 출발했다. 그러나 한국의 다문화주의는 일방적인 동화주의적 성격을 띠고 있으며, 이로 인해 외국인 배우자들이나 다문화가정의 자녀들이 사회적, 경제적 자립을 이루는 데 큰 어려움을 겪고 있다.

한국의 다문화주의는 이미 다문화주의를 도입한 다른 국가들에서 드러난 한계와 문제점을 그대로 재현하고 있다. 소수자들에게 동화(assimilation)를 강요하고, 주류 사회의 규범에 맞춰야만 사회 구성원으로 인정받을 수 있다는 전제를 깔고 있다. 이러한 접근은 문화적 다양성을 표면적으로 인정하는 듯하지만, 실질적으로는 차이를 억압하고 동화의

---

12 이주 외국인 정보 지원 사이트인 "파파야스토리"에서 제공하는 프로그램들을 보면 이러한 접근에 기초한 많은 예를 볼 수 있다. "한국의 다문화가족지원센터에서는 어떤 프로그램을 진행하나요?," 2022. 7. 29., https://www.papayastory.com/ area-info/view/한국의-다문화가족지원센터에서는-어떤-프로그램을-진행하나요(2024년 10월 5일 접속).

압력을 가하는 방향으로 작동한다. 이러한 한국의 다문화주의는 전통적인 동화주의적 문제를 넘어, 조디 멜라메드(Jodi Melamed)가 지적한 신자유주의적 다문화주의의 특징도 강하게 드러낸다.

2) 다문화주의와 신자유주의의 결합: 통제와 인종화

멜라메드는 다문화주의가 신자유주의적 경제질서와 결합하면서 소수자들, 즉 외집단 구성원들의 문화를 경제적 자원으로 관리하고 통제하는 방식으로 변질되었다고 비판한다.13 즉, 다문화주의가 표면적으로는 문화적 다양성과 포용을 지향하는 것처럼 보이지만, 실제로는 자본주의적 필요에 따라 소수자들의 문화와 존재를 선택적으로 수용하거나 배제하는 방식으로 작동한다는 것이다.

신자유주의는 경제적 자유, 시장 자율성 그리고 경쟁을 중심으로 한 체제다.14 멜라메드는 이러한 신자유주의적 경제질서가 다문화주의와 결합할 때 소수자들의 문화를 단순한 문화적 차이로 존중하는 것이 아니라 그들의 경제적 기여 가능성에 따라 평가한다고 지적한다. 이는 다문화주

---

13 Jodi Melamed, "The Spirit of Neoliberalism: From Racial Liberalism To Neoliberal Multiculturalism," *Social Text* 24-4 (2006): 1-24, https://doi.org/10.1215/01642472-2006-009; Jodi Melamed, *Represent and Destroy: Rationalizing Violence in the New Racial Capitalism* (Minneapolis: University of Minnesota Press, 2011).
14 Melamed, "The Spirit of Neoliberalism," 15. 데이비드 하비도 그의 책에서 비슷한, 그러나 더 자세한 신자유주의에 대한 정의를 제공한다. David Harvey, *A Brief History of Neoliberalism* (Oxford, UK: Oxford University Press, 2005), 1-3.

가 문화적 다양성을 보호하거나 소수자들의 권리를 실질적으로 증진시키기보다는 자본주의적 논리에 의해 작동하며 그들을 경제적 자원으로 간주하는 구조적 문제를 드러낸다. 예를 들어 멜라메드에 따르면 이민자들은 저임금 시장에서 필요할 때는 인정받지만, 노동력으로서의 가치가 사라지면 배제된다. 이는 다문화주의가 소수자들의 문화를 진정으로 존중하기보다는 경제적 이익을 위해 선택적으로 포용하는 구조를 형성한다는 점을 보여 준다.

이러한 자본주의적 논리와 함께 멜라메드는 신자유주의적 다문화주의가 소수자들의 문화를 표면적 또는 형식적으로만 인정하며, 실질적인 권리와 정체성은 억압하는 방식으로 작동한다고 주장한다.[15] 다문화 축제와 같은 상징적 행사에서 소수자들의 전통문화는 상업적 목적으로만 소비되고, 이들의 문화적 가치는 피상적으로만 다뤄진다. 예를 들어 외국인의 전통 음식이나 의상이 다문화 이벤트에서 강조될 수 있지만, 이는 상업적 이익을 위해 활용되는 경우가 대부분이다. 이 과정에서도 소수자들의 문화적 정체성은 경제적 기여 가능성에 따라 평가되며 실질적인 권리 보장은 무시된다. 멜라메드는 이를 표면적 (superficial) 포용과 경제적 통제로 표현하며 신자유주의적 다문화주의의 위선을 드러낸다. 멜라메드는 이런 위선적 포용성뿐 아니라 신자유주의의 다문화주의는 경제적 효율성을 우선시하면서 소수자들의 문화적 차이를 경제적 수단으로 변질

---

[15] Melamed, "The Spirit of Neoliberalism," 16.

시키는 방식으로 작동한다고 분석한다. 자본주의적 논리는 소수자들의 문화를 상업화하거나 경제적 필요에 맞춰 포용하게 만든다. 예를 들어 관광 산업에서 소수자들의 문화는 이국적이고 매력적인 상품으로 소비되지만, 이는 본질적 존중과는 거리가 멀다.16 이러한 구조는 소수자들의 문화적 정체성을 상업적 가치로 축소하며, 이들의 본연의 권리와 존재를 왜곡시킨다. 종합하면 멜라메드는 신자유주의 다문화주의가 다양성을 존중하는 것처럼 보이지만, 실제로는 자본주의적 목적에 봉사하고, 구조적 폭력과 경제적 착취를 정당화하는 도구로 작동하며, 인종적 불평등의 은폐를 통해 오히려 인종주의를 더 심화시키는 메커니즘이라고 비판한다.

한국의 신자유주의적 다문화주의

한국의 다문화주의는 경제적 필요에 따라 외국인을 선택적으로 포용하거나 배제하며 그들의 존재를 경제적 효율성의 틀 안에서만 인정하는 신자유주의적 구조를 드러낸다.17 결혼 이주 여성은 농촌의 인구 감소와 고령화 문제를 해결하기 위한 도구로 여겨지며, 이 과정에서 이들의 돌봄 노동과 경제적 역할이 과도하게 강조된다. 이들은 가족과 지역사회에서

---

16 Ibid., 7-11.
17 하상복, "황색 피부, 백색 가면," 547; 김범선·조영한, "한국의 일상적 인종주의에 대한 고찰," 92.

주로 노동력을 제공하는 존재로 제한되며, 그들의 고유한 문화적 정체성은 종종 주류 사회의 경제적 필요와 규범에 종속된다. 예컨대 농촌 지역에서 결혼 이주 여성은 전통적 가족 구조의 유지와 가사, 돌봄 노동을 담당하며 이들이 경제적으로 자립하거나 자신들의 문화적 정체성을 보존할 수 있는 권리는 거의 논의되지 않는다. 이러한 현상은 이주 여성들이 단순히 노동력 부족을 해결하기 위한 수단으로 기능하게 되는 현실을 반영한다.

신자유주의적 다문화주의는 한국 사회에서 다문화가정과 이주민을 표면적으로 포용하는 것처럼 보이지만, 실제로는 그들을 구조적으로 타자화하고 인종화하는 데 기여한다. 김범선과 조영한은 다문화가정 자녀들이 뉴스미디어에서 '다문화 출생아'나 '다문화 학생'으로 구분되며 한국 사회의 주류로 통합되지 않고 계속해서 이질적 존재로 묘사된다고 지적한다.[18] 다문화가정 자녀들이 한국 사회의 동등한 구성원으로 간주되기보다 '다문화'라는 용어가 그들을 주류 사회로부터 구분 짓는 기제로 작용하고 있다. 이는 신자유주의적 다문화주의가 다문화가정 자녀들의 '다름'을 부각시켜 이들을 구조적으로 타자화하는 데 기여하는 방식이다. 다문화가정 자녀들의 정체성을 '다름'으로 규정하고, 이를 경제적 자원으로 본질화하는 것이다. 예를 들면 다문화가정 자녀들이 '글로벌 인재'로 간주되며, 그들의 잠재력을 이중 언어 능력에만 한정 짓는 본질화가 이루어지고 있다. 이러한 본질화는 다문화가정 자녀들이 경제적 자원으로만 평가되고, 그들의 개별

---

[18] 김범선 · 조영한, "한국의 일상적 인종주의에 대한 고찰," 82-83.

적이고 복합적인 정체성을 부정하는 구조적 차별을 더욱 강화한다.

이와 유사하게 이주민 노동자들도 저임금 노동시장에서 경제적으로 기여할 때만 인정받으며, 그 가치가 사라지거나 경제적 필요가 줄어들 경우 사회적 배제와 착취의 대상으로 전락하기 쉽다. 외국인 노동자는 건설업, 제조업, 농업 등에서 주로 단순 노동력으로 투입되며, 이들의 권리는 제한적이고, 사회적 안전망은 부족하다.[19] 예를 들어 노동 계약이 종료되거나 경제적 필요가 감소하면, 이들은 쉽게 사회에서 배제되며 법적 보호도 받지 못하는 경우가 많다. 이러한 구조는 소수자들을 자율적이고 동등한 사회 구성원이 아니라 경제적 기여 가능성에 따라 평가되는 존재로 전락시킨다.

멜라메드가 지적한 신자유주의적 다문화주의의 특징인 소수자 문화의 상품화는 한국에서도 명확히 나타난다. 다문화 축제와 같은 행사에서 이주민들의 전통문화, 음식, 의상 등은 역사적 맥락이나 문화적 깊이에 대한 이해 없이 상업적 목적으로 소비된다. 이러한 축제는 표면적으로는 이주민들의 문화를 존중하는 것처럼 보이지만, 실제로는 오락적 요소로 축소시키며 이들의 문화적 정체성을 경제적 자원으로 활용하는 데 그친다. 예컨대 다문화 축제에서 비백인 이주민들의 전통 음식이나 의상이 소개되지만, 이는 내국인들에게 새로운 경험을 제공하는 수단일 뿐, 이들의 역사적 배경이나 권리 보장을 위한 논의는 거의 이루어지지 않는다. 이주민

---

19 하상복, "황색 피부, 백색 가면," 545-547.

들의 문화는 단순히 관람과 소비의 대상으로 전환되며, 소수자들의 주체적 권리와 자율성은 이러한 상업화 과정에서 무시된다.

결국 한국의 다문화주의는 신자유주의적 경제질서와 결합하여 소수자들의 권리와 정체성을 약화시키는 구조적 문제를 드러낸다. 이러한 구조는 외국인 이주민과 다문화가정의 사회적 통합을 저해하며 경제적 통제와 동화의 강요를 통해 불평등을 심화시킨다. 외국인 노동자와 결혼 이주여성은 경제적 필요에 따라 제한적이고 조건적으로 포용되며 경제적 기여 가능성이 없는 경우 배제되는 구조적 불평등을 경험한다.

단일민족주의와 신자유주의적 다문화주의의 충돌 : 한국적 인종화와 인종주의의 근저

앞에서 지적한 한국 사회의 다문화주의에서 드러나는 근본적인 문제는 신자유주의 경제구조와 결합된 다문화주의의 한계뿐만 아니라 한국만의 독특한 사회적 배경에서 기인한 근본 원인도 내포하고 있다. 다문화 정책은 비백인 이주민과 외국인을 진정한 사회 구성원으로 포용하기보다는 주류 문화와 규범에 동화시키는 데 초점을 맞추고 있다. 이러한 동화주의적 접근은 단순히 신자유주의 경제 논리에 기반을 둔 정책 실행의 방식에서 그치지 않으며 한국 사회 전반에 깊이 자리 잡은 단일민족주의 문화의 배타성과 밀접하게 연결되어 있다고 필자는 분석한다. 다문화주의가 외국인의 문화적 다양성을 존중하는 것이 아니라 이들을 이방인으로 고정시키고 주류 사회의 일원으로 완전히 받아들이지 않는 구조적 차별의 도구로 작용하도록 단일민족주의 신화가 자리 잡고 있으며, 이는 다문화 사회로의 전환을 가로막는 큰 장애물이 되고 한국적 인종 개념, 인종주의와 차별을 만들어 내고 있다는 것이다.[20]

단일민족주의는 한국 사회에서 민족적 정체성을 강화하는 중요한 역할을 해 왔다. 이 사상은 특히 일제강점기(1910~1945)와 한국전쟁기(1950~1953)를 거치며 민족적 자부심과 결속을 다지는 기제로 작동했다. 외세의 위협과 침략 속에서 하나의 민족, 하나의 언어, 하나의 문화라는 동일성은 외부로부터의 압력을 극복하고 독립과 생존을 도모하기 위한 필수적 요소로 여겨졌다.[21] 그러나 이러한 동일성 중심의 사고는 아래에서 다룰 공동체주의 문화와 의식이 강한 사회에서 나타나는 외부인 배타주의와 결합하여 시간이 지나며 배타적인 민족주의로 변모했고 한국 사회의 내부 구성원과 외부 이주민 간의 경계를 더욱 공고히 했다. 이에 대해 이세희는 단일민족주의가 외부 비판을 '우리'라는 집단적 정체성에 대한 공격으로 간주하며 방어적 태도를 강화했다고 분석한다.[22] 이는 외국인과 이주민을 단순히 한국 사회에 적응해야 할 대상으로 바라보게 했으며, 그들의 존재를 '우리'의 정체성을 위협하는 타자로 고정시키는 결과를

---

20 한국적 인종 개념에 대한 자세한 설명은 이 책의 "총론," 24-29.
21 이세희, "왜 '우리'는 분노하는가?: 온라인 인종(차별)주의 담론 정치와 민족주의," 「비교문화연구」 27-1 (2021): 307-308.
22 앞의 글, 315-316.

낳았다. 단일민족주의는 또한 강력한 집단적 정체성을 기반으로 사회적 규범을 설정하며 외부 문화나 관습에 대한 개방성을 제한했다. 이로 인해 한국 사회는 다문화적 다양성을 포용하기보다 민족적 순수성을 유지하려는 방향으로 정책과 담론을 형성했다. 이는 다문화주의가 등장한 이후에도 외국인과 이주민을 사회의 중심부가 아닌 주변부로 고정시키는 구조적 문제를 심화시켰다.

예를 들어 하상복은 그의 논문 "황색 피부, 백색 가면"에서 한국 사회에서 단일민족주의와 다문화주의 간의 충돌을 심도 있게 다루며, 이 과정에서 한국사에 내재된 인종주의 메커니즘을 분석한다. 그는 프란츠 파농의 이론을 토대로 한국 사회가 개화기부터 시작해 백인우월주의를 내면화했으며, 이로 인해 비백인 외국인과 이주민을 '타자'로 간주하고 차별하는 현상을 고착화시켰다고 주장한다.23 특히 그는 한국에서의 백인우월주의를 서구 중심의 근대성과 연결된 인종주의적 사고방식으로 정의하며, 이는 한국 사회의 역사적, 사회적 맥락 속에서 내면화되었다고 분석한다. 19세기 말 한국은 서구 열강의 제국주의적 침탈과 일본의 식민 지배를 연이어 경험하며 세계를 바라보는 시각에서 급격한 변화를 겪었다. 당시 서구 열강은 발전과 문명의 상징으로 여겨졌고, 서구 중심의 국제질서는 근대화와 생존을 위한 목표로 설정되었다. 이 과정에서 백인은 단순한

---

23 하상복, "황색 피부, 백색 가면," 529-542; 정회옥, 『한 번은 불러보았다: 짱깨부터 똥남아까지 근현대 한국인의 인종차별과 멸칭의 역사』 (서울: 위즈덤하우스, 2022), 46-63, 529-542.

외국인이 아니라 근대성과 발전의 기준을 상징하는 존재로 자리 잡았다. 이러한 서구 중심적 사고는 시간이 흐르면서 한국 사회 내에 백인 우월성을 자연스러운 것으로 내면화시키는 결과를 초래했으며, 비백인 인종을 열등하거나 미개한 존재로 간주하는 인종적 위계질서를 형성했다. 이는 한국인들이 자신들을 '황색 피부를 가진 백인'으로 인식하게 만드는 의식적이고 구조적인 차별을 강화하고 고착화하는 데 기여했다.

한국 사회의 근대화 과정에서 인종주의가 어떻게 내재화되고, 그 결과로 한국적, 한민족적 인종주의가 어떻게 형성되었는지를 연구하는 김재형 또한 한국의 근대화 과정에서 유입된 제국주의 확장의 과정에서 만들어진 인식론적 틀과 제도적 장치로서의 서구 중심의 인종 개념이 한국의 순혈주의와 민족주의가 만나 뿌리내린 과정에 주목한다. 그에 따르면 한국인에게 내재화된 서구 백인우월주의 인종 개념은 내부 인종주의로 발전해 혼혈인, 다문화가정 출신 자녀, 사회적 소외 계층을 '다른' 존재로 구분하며 차별하는 구조를 형성하였다. 이러한 내부 인종화는 병역 같은 국가 제도를 통해 강화되었으며 혼혈인, 고아, 사생아 등 특정 집단을 배제하거나 소외시키는 방식으로 나타나고 있다. 즉, 한국 사회의 내부 인종주의는 순혈주의와 국가 제도의 결합을 통해 더욱 고착화되었다는 것이다.[24] 이러한 한국인의 단일민족주의는 해방 전후의 외부 위협에 대응하여 결속을 강화하는

---

24 김재형, "인종화된 근대와 내부 인종주의: 내부 인종화와 시설," 한국 사회사학회·이화여자대학교 아시아여성학센터·서울대학교 아시아연구소 동북아센터 공동학술대회, "'인종' 없는 인종주의? 아시아의 관점에서 인종화 연구하기," 서울대학교, 2023. 11. 24.

방어적 기제를 지나 백인우월주의와 결합해 비백인 외국인과 이주민을 차별하고 이질적 존재로 고정시키는 도구로 전환되었다.

1990년대 이후 국제결혼의 증가와 외국인 노동자의 대규모 유입으로 한국 사회는 다문화 사회로의 전환이 요구되었으나, 단일민족주의는 이러한 변화와 충돌하며 비백인 외국인을 하위 계층으로 고정시키는 데 기여했다. 이로 인해 비서구권 출신 이주민들은 사회의 완전한 구성원으로 받아들여지지 못하고 경제적, 사회적 주변부에 머물며 구조적 배제를 경험하였다. 이러한 배제는 단순한 문화적 차이의 문제가 아니라 이주민들이 사회적 통합의 기회를 제한하고 차별과 소외의 대상이 되는 구조적 불평등을 심화시켰다. 예를 들어 동남아시아나 아프리카 출신 비백인 이주노동자들은 주로 저임금 노동시장에서 종사하며 열악한 근로 환경 속에서 구조적 착취를 경험하고 있다. 반면 백인 외국인은 교육, 광고, 문화산업 등에서 선호되며 사회적으로 더 높은 위치에 자리 잡는다. 이는 단순히 개인적 편견에서 비롯된 문제가 아니라 한국 사회의 교육, 고용, 문화 소비 등 여러 분야에서 백인우월주의와 단일민족주의가 구조적으로 작동하고 있음을 보여 준다.

이러한 구조적 문제의 대표적인 예인 동시에 그 구조를 고착화시키는 수단이 '다문화'라는 용어 자체라고 하상복은 주장한다. 그는 '다문화'라는 용어가 본래 이상적 사회의 다양성을 나타내기 위해 사용되었음에도, 현재 한국 사회에서는 비백인 외국인을 구별하고 차별하는 도구로 변질되었다고 지적한다. 이 용어가 주로 동남아시아 및 남아시아와 중국 출신의 이주민들에게 적용되면서, 이들을 한국 사회의 주류와 분리된 '이질적 존재'로 간주하는 데 사용된다. 이러한 태도는 외국인 이주민들이 한국 사회의 완전한 구성원으로 받아들여지기보다는 사회 내에서 외부인으로 고정되도록 만들었다.[25]

비슷한 맥락에서 이세희는 한국의 단일민족주의가 외국인과 이주민에 대한 배제를 정당화하고 차별을 강화하는 방식을 온라인 담론 속에서 분석하며, 이 과정에서 민족적 정체성이 외부 비판에 대한 방어적 태도를 심화시키는 작동 원리를 설명한다.[26] 그는 블랙페이스 논란을 대표 사례로 제시하며 한국 사회에서 단일민족주의가 외국인을 '위협적인 타자'로 규정하는 과정을 구체적으로 탐구한다. 2020년 어느 고등학교에서 졸업사진 촬영 중 학생들이 '관짝소년단' 밈을 패러디하며 블랙페이스를 한 사진이 소셜 미디어를 통해 확산되었다. 이에 대해 가나 출신 방송인 샘 오취리가 이 행위를 인종차별적이라고 지적하자, 한국 네티즌들은 이를 강하게 반발하며 그에게 비난을 퍼부었다.[27] 이세희는 이를 한국 사회에서 외국인의 비판을 '우리'에 대한 공격으로 간주하는 단일민족주의적 사고방식의 적나라한 예로 지적한다. 그는 한국 네티즌들이 외국인의 비판을 민족적 정체성에 대한 위협으로 받아들이며 집단적으로 방어적 태도를 보이는 과정을 분석한다. 이러한 반응은 외국인을 '적응하지 못하는 타자'로 규정

---

25 하상복, "황색 피부, 백색 가면," 544.
26 이세희, "왜 '우리'는 분노하는가?," 299-355.
27 심윤지, "인종차별 지적한 샘 오취리, 사과하게 만든 한국,"「경향신문」 2018. 8. 9., https://www.khan.co.kr/article/202008092018015.

하고, 민족적 경계를 더욱 강화하며, 나아가 인종적 위계질서를 심화시키는 결과를 초래한다는 것이다.[28]

특히 비서구권 출신의 비백인 외국인은 이러한 담론에서 하위 계층으로 간주되며, 이들의 비판은 민족적 자부심을 훼손하는 행위로 인식된다. 이세희는 비백인 외국인 이주민과 다문화가정 출신 자녀들이 온라인 공간에서도 차별과 배제를 경험한다고 분석한다.[29] 이들은 다문화 학생이나 외국인 노동자라는 레이블로 분류되며, 이러한 구분은 하상복이 지적한 "구분 짓기의 도구로 변질된 다문화주의"와 연결된다. 결과적으로 비백인 외국인은 한국 사회의 일부로 수용되지 못하고, 이들의 문화적 배경과 정체성은 무시되며 타자화가 지속적으로 강화된다. 이러한 과정은 한국 사회의 단일민족주의와 인종적 위계질서를 구조적으로 고착화하는 데 기여하고 있다고 이세희는 결론짓는다. 종합하면 한국 사회와 구성원 속에 깊이 자리한 단일민족주의는 외부인을 타자화하는 사고방식과 문화를 생성해 왔고, 이에 기반을 둔 다문화주의 접근법과 정책은 외국인과 소수자를 인종화하고 차별하는 구조적 문제를 초래하고 있다.

---

28 이세희, "왜 '우리'는 분노하는가?," 323-328.
29 앞의 글, 342-346.

한국적 공동체 문화의 내집단/외집단 역학
: 인종화된 다문화주의[30]

한국 사회는 공동체적 문화의 대표적인 사례로 내집단(ingroup)과 외집단(outgroup) 간의 명확한 경계를 통해 개인의 정체성과 사회적 상호작용을 규정한다. 문화심리학자 해리 트리안디스(Harry Triandis)는 공동체적 사회는 내집단 중심으로 형성되며 내집단의 관점, 필요, 목표가 개인의 것보다 우선시되는 사회적 특징을 가지고 있다고 설명한다.[31] 또한 이러한 사회는 개인의 즐거움보다 내집단이 정의한 사회적 규범과 의무를 강조하며 내집단과 공유된 신념이 개인의 독특한 신념보다 더 중시된다고 지적한다. 협력은 내집단의 구성원 사이에서 특히 중요하게 여겨지며, 이는 강력한 연대와 상호 지원의 문화를 형성한다. 반면 개인주의적 사회는 개인의 필요와 목표를 우선시하며 사회적 규범보다 개인의 즐거움과 만족을 중시한다. 이러한 차이는 한국 사회의 단일민족주의와 외집단 배타성, 나아가 외집단의 타자화와 인종화를 이해하는 데 중요한 틀을 제공한다.

---

30 필자는 한국적 인종주의가 '다문화인'으로 불리는 이들을 타자화하고 인종화하는 과정에서 심화되고 정착되었으며, 이를 구조적으로 가능하게 하고 가속화하는 수단이 바로 다문화주의라고 규정한다.

31 Harry C. Triandis, *Collectivism vs. Individualism: A Reconceptualization* (Unpublished manuscript, University of Illinois), 332; quoted in Seong-Yeul Han and Chang-Yil Ahn, "Collectivism and Individualism in Korea," Gene Yoon and Sang-Chin Choi, eds., *Psychology of the Korean People: Collectivism and Individualism* (Seoul: Dong-A Publishing & Printing Co., 1994).

가족, 친족, 지역사회와 같은 내집단이 개인의 욕구와 목표를 넘어 우선시되는 공동체 사회의 핵심 특징인 내집단 중심적 사고는 한국 사회를 규정하는 중요한 특징 중의 하나다. 공동체주의와 개인주의 문화를 연구하는 대부분의 사회·문화 심리학자들은 한국을 내집단 중심의 공동체 문화가 가장 강하게 작동하는 사회의 하나로 규정한다.[32] 예를 들어 한국어의 '우리 집', '우리 남편'과 같은 표현은 개인 소유보다 집단적 정체성을 강조하며 개인이 집단 내 관계를 통해 자신의 위치를 정의하는 문화를 보여 준다. 이러한 구조에서 개인의 성공과 복지는 내집단의 조화와 긴밀히 연결되며 상호 지원과 의존의 네트워크를 강화한다. 그러나 이러한 내집단 중심주의는 외집단에 대해 배타적이고 거래적인 태도를 낳는다. 내집단에서 강조되는 조화와 대조적으로 외집단과의 관계에서는 개인적 이익을 우선시하거나 내집단의 이익을 보호하기 위해 외집단을 배제하거나 반대하는 태도를 보이는 경우가 많다. 이는 외집단과의 관계를 내집단의 자기 정체성을 강화하고 보호하기 위한 방편으로 사용하는 사례로 자주 나타난다. 이러한 태도는 외집단과의 신뢰와 협력 가능성을 제한하며 사회적 자원과 기회의 불균형을 초래할 수 있다.[33]

---

[32] Geert Hofstede, *Cultures and Organizations: Software of the Mind* (London: McGraw Hill, 1991). 홉스티드는 지난 몇십 년간 여러 지표를 통해 각 나라의 개인주의적이거나 공동체적인 문화 정도를 추적해 왔는데, 한국은 급격한 사회 변화와 경제성장에도 불구하고 여전히 가장 공동체적 문화를 띠는 나라에 속한다고 주장한다. 자세한 지표는 그의 연구팀 웹페이지, https://geerthofstede.com/culture-geert-hofstede-gert-jan-hofstede/6d-model-of-national-culture/.

[33] Boyung Lee, *Transforming Congregations through Community: Faith Formation*

공동체 사회에서 외집단과의 상호작용은 한국 사회의 단일민족주의와 다문화주의 맥락에서 특히 비백인 외국인을 인종화하고 차별하는 문제와 밀접하게 연결된다. 한국의 단일민족주의는 내집단과 외집단 간의 명확한 경계를 설정하는 전형적인 공동체 사회의 특성을 보여 준다. 이 내집단 중심주의는 '우리는 단일민족'이라는 집단적 정체성을 강화하며 한국인의 문화적, 민족적 동질성을 강조하는 동시에 외집단에 대해 배타적인 태도를 취하는 경향을 보인다. 이러한 배타성은 다문화주의 정책이 표면적으로 외국인의 포용을 주장하더라도, 비백인 외국인을 '외국인 노동자' 또는 '다문화가정'과 같은 특정 틀로 인종화하고 차별하는 구조적 문제로 이어진다.

외집단과의 상호작용에서 드러나는 개인주의적 태도와 적대감은 한국 사회에서 비백인 외국인에 대한 차별로 구체화된다. 예컨대 외국인 노동자는 경제적 필요에 의해 수용되지만, 내집단으로 통합되지 못하고 여전히 '일시적 방문자' 혹은 '외부자'로 간주된다. 이러한 인식은 외국인 노동자의 인권과 노동 조건을 개선하려는 정책에서도 내집단 포함을 제한하며 문화적 배제와 불평등을 더욱 심화시킨다. 특히 단일민족주의는 내집단의 충성심을 강화하면서 외집단인 비백인 외국인에 대해 배타적이고 차별적인 태도를 지속적으로 공고히 한다. 한국 다문화주의의 주요 문제는 외집단과의 관계를 '우리'와 '그들'이라는 이분법적 구도로 고착화시키며 비백인 외국인을 열등하거나 도움을 받아야 하는 대상으로 규정한다는 점에서

---

from the Seminary to the Church (Louisville, Kentucky: Westminster John Knox Press, 2013), 16-17.

드러난다. 이는 비백인 외국인 여성 및 결혼 이주 여성들에게 특히 두드러지게 나타난다.

결혼 이주 여성들은 '다문화가정'으로 분류되지만, 한국 사회의 내집단 정체성에 완전히 포함되지 못하고 한국의 전통과 문화에 동화될 것을 요구받는다. 이러한 동화주의적 접근은 내집단의 조화를 유지하려는 집단적 목적을 강조하는 한편, 외국인 여성의 문화적 정체성과 자율성을 억압하고 배제하는 결과를 초래한다. 이와 같은 외집단 배제와 인종화된 차별은 비백인 외국인에 대한 사회적 편견과 구조적 불평등을 심화시킨다. 이는 단순한 사회적 태도에 그치지 않고 법적, 제도적 차별로도 이어진다. 예를 들어 외국인 노동자들이 제한된 사회보장 혜택만을 누리거나 결혼 이주 여성들이 시민권을 획득하는 데 어려움을 겪는 사례는 한국의 단일민족주의와 다문화주의가 외집단을 배제하는 구체적 방식의 단면을 보여준다.

필자는 단일민족주의와 다문화주의 그리고 공동체적 문화와 의식에서 비롯된 외집단 배제가 한국 사회에서 독특한 타자화 과정을 형성하며, 이는 백인우월주의와 결합하여 '다문화인'으로 불리는 특정 집단을 인종화하고 차별하는 구조로 이어진다고 본다. 인종화는 특정 집단을 인종적이거나 민족적 특성에 따라 사회적으로 구분하고, 이들에게 고정된 역할과 사회적 위치를 부여하며 차별하는 과정을 말한다. 한국에서는 '다문화'라는 용어와 그 정책을 통해 주로 비서구권 출신 외국인들에게 특정 이미지를 부여하며, 이들을 주류 사회와 이질적인 존재로 규정하며 타자화한다. 이는 단순히 문화적 차이를 나타내는 것을 넘어 외국인을 '외부인'으로 취급하며 구조적 배제와 차별을 심화시키는 역할을 한다. 외국인 이주민과 그 자녀들은 종종 다문화인이라는 그룹으로 분류되며, 이러한 분류는 내집단과 외집단 간의 경계를 강화한다. 이는 이들을 내집단과 다른 존재로 인식하게 하여 정체성 형성과 사회적 소속감에 부정적인 영향을 미친다. 이 과정에서 강조되는 차이점은 배척과 소외를 초래하며 이들이 평등하게 대우받지 못하게 만드는 악순환을 형성한다. 특히 다문화라는 용어의 사용은 비백인 외국인 이주민과 그 자녀들을 한국 사회에서 '다른 존재'로 고정시키며, 이들의 사회적 지위를 하위 계층에 묶어 두는 구조적 문제를 강화한다.

결과적으로 다문화 담론은 외국인 이주민을 한국 사회 내의 소외된 집단으로 자리매김하며 차별과 소외를 지속시키는 중요한 요인으로 작용한다. 이는 이들이 평등한 기회와 권리를 누리지 못하게 만드는 구조적 불평등을 심화시킬 뿐만 아니라 인종차별을 정당화하고 구조화한다.

한국교회의 다문화 목회
: 타자화, 인종화와 인종주의 강화의 통로

다음으로 필자는 한국 개신교회에서 진행되고 있는 다문화 목회의 접근 방식을 분석하며, 이러한 목회가 한국 다문화주의 담론에서 외국인을 타자화하고 인종화하는 데 어떤 역할을 하는지 살펴보고자 한다. 특히 한국 개신교회의 다문화 목회를 분석하는 것은 한국 사회에서 다문화주의가 특정 집단을 인종화하고 인종주의를 강화하는 방식을 이해하는 데 있어 중요하다. 한국 개신교회는 정부 기관과 더불어 한국 사회에서 다문화주의를 구현하는 중요한 주체 중 하나로 자리 잡고 있다. 하지만 이 과정에서 다문화 목회가 단순히 종교적 지원을 넘어 외국인을 '타자'로 고정하고 동화의 대상으로 삼는 담론과 실천을 강화할 수 있다는 점은 비판적으로 검토할 필요가 있다. 이는 다문화주의의 구조적 문제를 반영할 뿐 아니라 한국 사회에서 형성된 단일민족주의와 결합하여 외국인 이주민의 정체성과 권리를 억압하는 구조적 불평등을 심화시킬 가능성을 내포하고 있기 때문이다. 특히 하상복과 같은 학자는 한국의 종교 단체들이 주도하는 다문화 목회와 지원 프로그램에서 복음 전도적 오리엔탈리즘이 나타난다고 지적하고, 이러한 프로그램이 이주민을 동등한 주체로 인정하기보다 서구적 가치를 중심으로 한 동화와 통제를 목적으로 삼는 경향이 있다고 비판하며, 이러한 목회의 접근 방식을 오리엔탈리즘과 인종화의 관점에서 비판한다.[34] 종교 단체의 많은 활동이 이주민의 삶을 지원한다는 명분 아래 문화적 차이를 열등함으로 규정하며 서구 중심적 가치관을 전파하는 데 집중한다는 것이다.

필자는 한국 개신교회의 다문화 목회가 실제로 어떻게 진행되고 있는지 분석해 보고자 한다. 특히 한국 사회의 신자유주의적 다문화주의가 교회 안에서도 그대로 반영되어 비백인 이주민들을 선교 중심과 동화적 접근을

---

34 하상복, "황색 피부, 백색 가면," 547.

통해 타자화하고 인종화를 강화하는 경향에 주목하고 있다. 이를 위해 여의도순복음교회, 사랑의교회, 온누리교회라는 세 개의 대표적인 대형 교회의 다문화 목회 접근 방식을 분석할 것이다. 이 세 교회를 선택한 이유는 주로 온라인 자료 접근성 때문이다. 이들 교회는 다른 대형 교회보다 교회 홈페이지, 온라인 소식지, 신문 기사 등을 통해 다문화 목회나 선교 활동에 대한 풍부한 자료를 제공하고 있다. 또한 한국교회에서 다문화 목회는 재정적, 인적 자원의 제약으로 인해 정부의 지원을 받는 종교적 비영리 단체를 제외하고는 대부분 대형 교회를 중심으로 이루어지고 있다는 점도 중요한 이유 중 하나다.[35]

1) 여의도순복음교회 사례

여의도순복음교회는 한국 사회의 다문화화에 적극적으로 대응하며 다문화가정과 외국인 노동자들을 위한 목회를 활발히 전개하고 있다고 자부한다.[36] 교회의 다문화 목회 활동은 다문화 축제와 교류 프로그램, 다문화 센터 운영 그리고 사회적 봉사 활동으로 구성되어 있으며, 각각

---

[35] 이 글의 범위상 온라인에서 접근 가능한 자료들을 통해 분석하는 한계를 밝힌다. 그럼에도 각 교회의 대표 프로그램들은 각각 어떠한 다문화적 접근법을 시도하는지 쉽게 알 수 있다고 확신한다.
[36] 박정환, "'다문화 공동체의 국내 정착' 이끄미 자처한 여의도순복음교회,"「뉴스 1」 2023. 2. 28., https://www.news1.kr/life-culture/religion/ 4967052 (2024년 10월 20일 접속).

이주민들이 한국 사회와 교회 공동체에 안정적으로 적응하고 정착하도록 돕는 데 초점을 맞추고 있다.37

교회는 매년 다문화가정과 외국인 노동자들을 초청하여 다문화 축제를 개최하며, 이를 통해 이주민과 한국인 성도 간의 소통과 화합을 도모한다. 축제는 단순한 문화 교류를 넘어 이주민들이 한국 사회에서 겪는 어려움과 고충을 함께 나누고, 이를 통해 교회와 이주민 간의 신뢰를 형성하는 것을 목표로 한다. 축제에서는 한국 전통 음식 체험 부스, 다문화 공연을 통한 각국의 문화 소개 행사 그리고 의료 및 법률 상담 부스와 같은 실질적인 지원 프로그램을 운영한다. 이러한 활동은 이주민들에게 실질적인 도움을 제공함으로써 교회와 이주민 간의 관계를 강화하는 데 기여한다는 것이 교회의 설명이다.

또한 여의도순복음교회는 안산과 여러 지역에 위치한 다문화 센터를 통해 이주민들의 언어적, 법적, 문화적 장벽을 해소하기 위해 다양한

---

37 여의도순복음교회의 다문화 목회 프로그램들은 지정된 웹페이지가 존재하지 않아 다음을 포함한 여러 뉴스 매체에서 보도하는 기사들을 통해 분석하였다. 송주열, "여의도순복음교회 다문화 센터 개관 1주년… "다문화 가정 다양하게 섬길 것," 「CBS 노컷뉴스」 2014. 7. 14., https://christian.nocutnews.co.kr/news/4058194?utm_source=chatgpt.com; 이현지, "여의도순복음교회 글로벌엘림재단, 다문화 가족 등 800명에 추석 행사 열어," 「CTS 뉴스」 2023. 10. 23., https://youtu.be/kUbjxNt3Vts?si=Z1HO67qj7LwgLGJw; 이대웅, "여의도순복음교회, 탈북민 및 다문화 가정 11,200여 세대에 사랑의 쌀 전달," 「크리스천투데이」 2023. 12. 21., https://www.christiantoday.co.kr/news/358844?utm_source=chatgpt.com; 이은임, "여의도순복음교회 글로벌엘림재단, 다문화 센터 컨퍼런스 갖고 이주민 선교정책 등 논의," 「뉴스앤넷」 2023. 11. 21., https://www.newsnnet.com/news/articleView.html?idxno=22402.

프로그램과 서비스를 제공한다. 센터의 핵심 활동으로는 초급부터 고급까지 다양한 수준의 한국어 교육 프로그램이 있으며, 이는 이주민들이 언어적 어려움을 극복하도록 돕고 정착을 돕는 데 있다. 더불어 비자 연장, 노동계약, 가족 초청 등 법적 문제에 대해 전문적인 상담과 지원을 제공하며, 필리핀어, 베트남어, 중국어 등 다양한 언어로 진행되는 다국적 예배를 통해 이주민들이 신앙생활을 지속할 수 있도록 지원한다. 또한 권사회와 자원봉사팀을 중심으로 '봉사 활동'도 전개하고 있는데, 대표적으로 식료품 나눔 행사를 통해 경제적 어려움을 겪는 이주민 가정에 실질적인 도움을 제공하며, 무료 건강 검진과 의약품 지원, 긴급 의료 시 병원 연결 서비스 등을 포함한 의료 지원 프로그램을 운영한다. 이외에도 주거환경 개선 프로젝트를 통해 열악한 주거 조건에서 생활하는 이주민들에게 안전하고 쾌적한 환경을 제공하고자 노력하고 있다고 표방한다.

이와 같은 여의도순복음교회의 다문화 목회는 이주민 지원을 위한 다양한 노력을 기울이고 있음을 보여 주지만, 동시에 동화주의적 접근의 문제점도 나타난다. 동화주의란 이주민이 자신의 고유한 언어와 문화를 유지하기보다는 주류 사회의 언어와 문화에 적응하고 동일화될 것을 요구하는 접근을 말한다. 한국어 교육 자체는 이주민의 권리 보장과 자립에 필수적인 요소일 수 있으나, 교회 공동체 내에서 한국어가 유일한 의사소통 수단으로 작동하고 모국어 사용의 공간이나 권리가 거의 주어지지 않는 구조는 언어적 위계를 고착화시키고 이주민의 문화적 다양성을 제한할 수 있다. 예배에서 일부 모국어가 사용되더라도 그것이 일회성 또는 상징적 차원에 그친다면 실질적인 문화적 포용으로 보기는 어렵다.

따라서 대안적 접근으로는 이주민의 모국어 사용과 문화적 표현이 예배와 공동체 활동 속에서 지속적이고 적극적으로 보장되는 다언어적, 다문화적 목회가 요구된다. 예를 들어 모국어 소그룹 모임, 이중언어 설교, 공동 기도문 번역, 이주민 리더십 훈련 등이 교회의 구조 속에 제도화될 수 있을 것이다. 이는 단순히 이주민의 정착을 돕는 수준을 넘어 교회가 이주민들과 함께 상호 문화적인 신앙 공동체를 구성하려는 의지를 드러내는 방식이 될 수 있다. 또한 순복음교회는 이주민들에게 경제적 지원을 제공하지만, 이는 장기적인 경제적 자립을 도모하기보다는 일시적인 해결책에 머무는 경향이 있다. 또한 이주민들에게 경제적 지원을 제공하지만, 이는 장기적인 경제적 자립을 도모하기보다는 일시적인 해결책에 머무는 경향이 있다. 이주민들은 경제적으로 어려울 때 교회로부터 직접적인 재정적 도움을 받지만, 이주민이 구조적 편견에서 오는 차별을 해결하는 접근보다 법률 지원 등과 같은 구조에 적응을 돕는 프로그램 위주로 진행된다. 이는 오히려 이들이 지속적으로 교회에 의존하게 만드는 구조적 문제를 초래할 수 있다. 이주민들이 독립적으로 자립할 수 있는 장기적이고 지속 가능한 경제적 프로그램이 부족한 상황에서 이러한 단기적인 경제적 지원은 이주민들의 자립을 방해하는 요인으로 작용할 수 있다.

2) 사랑의교회 사례

사랑의교회 다문화 목회는 두 가지 주요 방향으로 진행된다. 첫째는 여의도순복음교회의 프로그램들과 유사한 전형적인 다문화 목회로, 이주민들의 정착과 통합을 돕는 다양한 활동을 포함한다.[38] 예를 들어 문화 탐방과 음식 축제와 같은 동화 프로그램, 수련회를 통한 다문화인 간의 공동체 형성 활동 그리고 이주노동자가 많은 지역인 수원의 다문화 센터에서 진행되는 캄보디아어 예배와 상담 및 지원 프로그램이 있다. 또한 중국 유학생들을 대상으로 한 중국어 예배와 캠퍼스 선교 프로그램도 진행되어 다문화인들의 신앙적 필요와 사회적 정착을 동시에 지원한다.

사랑의교회의 다문화 목회에서 특히 주목할 점은 국내에서 이루어지는 다문화 목회를 세계 선교와 연결시키려는 시도다. 다문화 선교부라고 불리는 교회의 다문화 목회 부서의 홈페이지에는 2015년에 열린 제19차 세계선교대회(World Mission Convention)에서 상영된 "선교사의 눈물"(The Tears of the Missionary)이라는 영상물이 눈에 띄게 소개되어 있다. 이 영상물은 극한의 기아, 질병, 가난, 인신매매에 노출된 비서구권 사람들의 모습과 함께 복음을 접하지 못한 사람들이 아직도 많다는 사실을 강조한다. 그 후 물질적으로 풍요롭지만 자살과 영적 고갈에 시달리는 선진국 사람들의 모습을 그린다. 이를 통해 종교, 문화, 부, 성별에 상관없이 모든 인간이 영적 고갈 상태에 놓여 있으며 하느님의 손길이 절실히 필요하다는 메시지를 전달한다. 비디오는 어려운 상황 속에서도 헌신하고 있는 선교사들의 존재를 강조하며 끝을 맺는다. 이 영상물의 메시지는 사랑의교회 다문화

---

38 사랑의교회 다문화 선교부 홈페이지, https://thesarang.kr/259 (2024년 10월 30일 접속).

목회가 단순히 국내 다문화인을 지원하는 것을 넘어 세계 선교의 사명을 함께 수행하려는 의도를 암시한다. 이는 사랑의교회가 다문화 목회를 통해 이주민들을 포용하는 동시에 세계 복음 전파와 영적 회복이라는 더 큰 비전을 실현하려는 신학적 방향성을 가지고 있는 것으로 해석된다.

사랑의교회 다문화 목회의 또 다른 특징은 영어권 성도들을 대상으로 한 영어 목회가 기존의 다문화 목회와 분리되어 독립적으로 운영된다는 점이다.[39] 2023년 5월 사랑의교회는 서울 서초구에 뉴서울교회를 설립하였다. 이 교회는 한·영 이중언어로 예배를 진행하며, 미국에서 성장하고 신학 교육을 받은 오기원 목사가 담임을 맡고 있다. 그는 사랑의교회 담임인 오정현 목사의 아들로, 뉴서울교회의 설립은 영어권 성도들을 위한 독립적 예배 공동체를 형성하려는 시도로 해석된다. 사랑의교회는 뉴서울교회의 설립이 다문화 사회에서 교회의 역할을 재정립하고 다양한 문화적 배경을 가진 이들을 포용하려는 노력의 일환이라고 표명한다. 그러나 주목할 점은 캄보디아어 예배와 중국어 예배 회중이 다문화 선교부 아래 소속되어 운영되는 반면, 뉴서울교회는 독립교회로 설립되어 독립성과 자립성을 갖는다는 차이점이다. 이 구조는 영어권 다문화 성도들이 단순한 돌봄과 지원의 대상이 아니라 독립적이고 자립적으로 교회를 운영할 수 있는 주체로 자리매김하고 있음을 암시한다. 반면 비영어권 다문화

---

39 송경호, "오정현 목사, 개척하는 아들에게 '선대 이어받아 다음 세대 부흥시키길'," 「크리스천투데이」 2023. 5. 24., https://www.christiantoday.co.kr/news/ 354437?utm_source=chatgpt.com.

성도들은 다문화 선교부 아래에서 돌봄과 동화를 중심으로 한 사역의 대상으로 묘사된다. 이는 영어권 성도와 비영어권 성도들에 대해 교회가 암묵적으로 다른 접근 방식을 취하고 있다는 강력한 메시지를 전달한다. 영어권 성도들은 독립성과 주체성을 가진 이들로 그려지는 반면, 비영어권 성도들은 돌봄과 지원을 받는 대상으로 나타나는 이러한 구분은 다문화 목회 전략에서 중요한 신학적, 사회적 논의를 불러일으킬 수 있다.

사랑의교회의 다문화 목회는 포용과 선교적 비전을 결합하려는 긍정적 의도가 있지만, 하상복이 지적한 한국 다문화주의의 구조적 한계를 그대로 반영한다는 점에서 비판의 여지가 있다. 하상복은 한국의 다문화주의가 이주민을 수용하는 방식에서 '배타적 포용'이라는 모순을 드러낸다고 비판한다. 사랑의교회 역시 돌봄과 동화를 중심으로 한 접근을 통해 이주민들에게 지원을 제공하지만, 동시에 이들을 교회 문화와 선교적 비전에 맞춰 통합하려는 방향성을 보인다. 이는 이주민의 문화적 정체성과 주체성을 약화시키고 그들을 한국교회의 가치체계 안으로 끌어들이려는 방식으로 작동한다. 특히 영어권 성도와 비영어권 성도 간의 위계적 구분은 이러한 문제를 심화시킨다. 영어권 성도들은 독립적이고 자립적인 교회를 통해 주체로 자리매김하는 반면, 비영어권 성도들은 다문화 선교부의 돌봄과 동화 대상이 된다.

이는 하상복이 비판한 다문화주의의 위계적 구조와 서구 중심적 태도를 그대로 반영하며 다문화적 평등과 포용의 이상을 저해한다. 또한 다문화 목회를 세계 선교와 연결하려는 사랑의교회의 시도는 복음 전파의 사명을 강조하지만, 이 과정에서 이주민들이 선교적 필요에 따라 대상화될 위험이 있다. 하상복의 비판처럼 이는 이주민을 독립적인 주체가 아닌 복음화의 수단으로 제한할 가능성을 내포한다. 사랑의 교회가 진정한 다문화 공동체를 이루기 위해서는 이주민의 문화적 다양성과 주체성을 존중하고, 이들이 교회의 동등한 구성원으로 참여할 수 있는 구조적 변화를 모색해야 할 것이다. 이를 통해서만 한국교회의 다문화 목회는 돌봄과 동화를 넘어 진정한 평등과 포용을 실현할 수 있을 것이다.

3) 온누리교회 사례

1993년에 공식적으로 시작된 온누리교회의 다문화 선교는 한국 사회 내 이주민 사역의 핵심으로 자리 잡게 한 대표적인 다문화 목회로 평가받고 있다. 온누리교회의 다문화 목회는 여러 다른 교회에서 벤치마킹하는 모델로 여겨진다. 온누리교회 다문화 목회 또한 전통적 의미의 교회 중심의 선교를 넘어 이주민들을 위한 교육, 문화, 지역사회 통합을 포함한 다각적 사역에 중점을 두는 것으로 평가된다.[40] 온누리교회 선교의 중심에는 'M센터'[41]라는 전담 기관이 있으며, 이곳에서 다언어 예배, 아동 및 성인 교육, 평생교육, 협동조합, 문화 강좌 등이 진행된다. 현재 5개 지역에서 운영되는 M센터는 15개 이상의 언어로 진행되는 예배와 35개의 국가별

---

40 "온누리다문화평생교육원 여성가족부 최우수기관상,"「국민일보」2020. 12. 19., https://www.kmib.co.kr/article/view.asp?arcid=0015340375.
41 온누리 M센터 웹사이트, https://www.onnurimcenter.org.

예배 공동체로 구성되어 있고, 각 공동체와 교회와의 협력을 통해 국내 이주민 및 외국인을 대상으로 하는 다문화 목회를 전개하고 있다.[42] 이러한 구조는 온누리교회의 다문화 선교가 다른 교회들에 비해 더 체계적이고 포괄적인 접근을 바탕으로 하고 있음을 보여 준다. 온누리교회의 다문화 선교 철학은 '5M 목회 철학'으로 요약된다: Mission(이주민과 타 문화를 대상으로 한 선교), Mosaic(다민족적이고 다문화적인 접근), Multisite(다중 지역 중심의 교회 설립), Mercy(긍휼과 나눔 실천), Matrix(다양한 사역의 연결). 이런 철학에 따라 온누리교회는 다문화 선교를 국내에만 국한하지 않고 국제적으로도 확장하고 있다. 예를 들어 네팔, 스리랑카 등지에서 온 이주민들이 본국으로 돌아간 이후 교회를 세우고 선교 활동을 이어갈 수 있도록 지원하고 있다. 교회는 다문화 선교와 타문화 선교의 연계를 꾀하고 다문화 선교 안에서도 다문화, 이주민, 난민 등 다른 경로와 이유로 한국에 자리 잡게 된 이들의 배경을 고려하는 목회 활동을 하려는 노력도 보인다.[43]

또한 온누리교회는 다문화가정의 자녀들을 대상으로 하는 교육 프로그램도 운영한다. 대표적으로 안산 지역에 설립된 '다문화차세대아동센터'에서는 이주민 자녀들에게 방과 후 학습 지원과 한국어 교육을 제공한다. 또한 성인 대상의 평생교육 프로그램도 운영되며, 이주민들이 한국어와 네일아트 등 직업 기술을 배울 기회를 제공한다. 문화 교류와 공동체

---

42 노규석, "온누리교회의 다문화 선교," https://www.onnuri.org/wp-content/uploads/2021/06/노규석-온누리교회-다문화-선교.pdf.
43 앞의 글.

형성 프로그램으로, 다른 교회들과 마찬가지로, 다문화 축제와 같은 이벤트를 제공하고 이주민과 한국인 간의 문화적 이해를 증진시키는 역할을 하며, 다문화 사회의 통합을 위해 M센터에서 진행되는 요리 교실, 전통문화 강좌 등은 한국 사회와 이주민 모두 참여할 수 있다.

앞에서 살펴본 다른 교회들과 달리 온누리교회의 다문화 선교는 이주민들의 문화적 정체성을 존중하고 그들의 사회적 적응을 돕는다는 평가를 받는다. 그렇지만 온누리교회의 다문화 선교 또한 몇 가지 한계를 내포한다. 첫째, 동화주의적 접근이 일부 프로그램에서 나타나며 이주민들이 한국 사회의 주류 문화에 적응하도록 강요받는 경향이 있다. 이는 이주민들의 고유한 문화적 정체성을 약화시키고 부차적으로 취급하는 결과를 초래할 수 있다. 둘째, 복음 전도 중심의 접근은 비그리스도교인 이주민들에게 배타적으로 작용할 수 있다. 선교 활동이 이주민들의 종교적 다양성을 존중하기보다는 그리스도교적 가치체계에 따라 이들을 동화시키려는 경향이 나타날 수 있다.

한국교회 다문화 목회의 구조적 문제
: 단일민족주의, 인종화 그리고 신자유주의적 다문화주의의 교차점

위의 세 대형 교회에서 진행되고 있는 대표적인 예를 통해 살펴본 한국교회의 다문화 목회는 외국인 이주민들의 사회적 적응과 정착을 돕는 긍정적인 역할을 수행한다. 다문화 축제, 언어 교육, 법률 상담, 사회적 봉사 등 다양한 프로그램을 통해 이주민들에게 실질적인 도움을 제공하며 정부의 정책적 공백을 메우는 데 기여한다. 이러한 활동은 특히 이주민들에게 신앙적, 사회적 지지를 제공하며 그들의 필요를 충족시키는 중요한 역할을 한다.

그러나 한국교회의 다문화 목회는 동화주의적 접근과 선교적 목적에 지나치게 의존하고 있어 이주민들의 자율성과 문화적 다양성을 충분히 존중하지 못하는 구조적 한계를 보인다. 이는 단일민족주의와 결합하여 이주민들을 타자화하고 인종화하는 방식이 다문화 목회에서도 그대로 작동하고 있으며 한국 사회의 구조적 불평등을 신앙의 이름으로 심화시킨다고 볼 수 있다. 단일민족주의는 외국인을 한국 사회와 교회의 타자로 고정하며 이주민들을 동화의 대상으로 간주한다. 이러한 과정은 이주민들의 고유한 정체성을 약화시키고 그들이 동등한 신앙 공동체의 일원으로 인정받기보다는 도움의 대상이나 전도의 대상으로 규정되도록 만든다.

여의도순복음교회는 다문화 축제와 한국어 교육 프로그램을 통해 이주민들이 한국 사회와 교회 공동체에 적응할 수 있도록 돕는다. 하지만 이러한 프로그램은 이주민들이 한국어를 배우고 한국 문화를 익혀야만 공동체의 일부로 받아들여질 수 있다는 전제를 내포한다. 이는 이주민들이 자신의 모국어와 문화적 정체성을 유지하며 공동체에 참여할 기회를 제한하고 그들을 주류 문화에 동화시키는 방식으로 작동한다. 경제적 지원 역시 단기적인 도움에 그치며 이주민들의 자립과 구조적 차별 해소를 위한 장기적인 해결책을 제공하지 못한다. 이와 같은 접근은 위에서 살펴본 단일민족주의적 사고방식에 근거한 한국식 인종화 및 인종주의와 결합해 이주민들을 종속적 위치에 고정시키는 문제를 초래한다. 사랑의교회는 중국어 예배와 같은 언어적 지원과 함께 다양한 다문화 프로그램을 운영하지만, 여전히 선교적 비전과 동화 중심의 근본적인 접근에 기반을 두고 있다. 특히 이주민들을 교회의 선교적 비전에 맞춰 통합하려는 방향성을 보이며 그들의 고유한 문화와 종교적 정체성을 존중하는 데 한계를 보인다. 더 나아가 영어권 성도들을 위한 독립적인 뉴서울교회를 설립한 사례는 영어권 성도들에게는 독립성과 자립성을 부여하는 반면, 비영어권 성도들은 돌봄과 동화의 대상으로 간주하는 구조적 위계를 드러낸다. 이는 서구 백인우월주의의 문화적 지배 수단인 영어 우월성이라는 메시지를 교회에서 더 강화하는, 더구나 그것이 신앙의 수단으로 이용되기에 서구 그리스도교 우월주의를 더욱 심화하는 신학적 문화적 식민주의 강화 기능으로 작용한다.

이는 한국 사회에 만연한 영어 우월주의와 깊이 맞물려 있다. 한국 사회의 영어 열풍은 단순한 학습을 넘어 영어를 사회적 성공과 계층 이동의 필수 요건으로 만드는 경쟁 중심적 구조 속에서 강화된다. 영어 능력은 입시, 취업, 승진 등에서 중요한 평가 기준이 되며 개인의 사회경제적 가치를 결정짓는 척도로 작용한다. 이러한 흐름 속에서 영어는 단순한 외국어가 아니라 특권과 위계를 나타내는 상징으로 자리 잡았다. 그 결과 조기 영어 교육과 해외 유학 열풍이 지속되며 교육 격차가 심화되고, 영어 능력이 부족한 계층은 더욱 불이익을 받는다. 더 나아가 영어 우월주의는 한국어와 한국 문화에 대한 자존감을 약화시키는 동시에 특정 영어권 문화와 인종을 선망하게 만드는 구조를 형성한다. 이는 비영어권 외국인과 이주민들에 대한 차별로 이어지며 영어 사용 여부에 따라 노동시장에서의 위계를 더욱 공고히 한다. 한 예로 필리핀 가사노동자에 대한 선호 역시 영어 우월주의와 연결되어 있으며, 이는 특정 인종과 언어를 사회적 계층화의 기준으로 삼는 문제를 드러낸다. 이러한 현실은 다문화 목회의 이상과도 충돌하며 한국 사회가 영어를 통해 내면화한 인종적 위계를 더욱 심화시키고 있음을 보여 준다.

영어 중심의 위계질서는 이주민들을 동등한 공동체의 구성원으로 포함하기보다는 또 다른 형태의 차별과 배제를 강화하며 한국 사회와 교회가 지향하는 포용과 통합의 목표를 훼손한다. 이는 인종 문제를 문화적 차이의 문제로 환원하는 인종 자유주의(racial liberalism)와 맞닿아 있으며, 이러한 접근은 인종적 불평등을 유지하면서도 공식적으로는 반인종주의적 입장을 표방하는 방식으로 작동한다. 이러한 맥락에서 볼 때, 인종 자유주의는 문화적 인종주의(cultural racism) 혹은 신인종주의(neo-racism)와도 연결될 수 있다. 즉, 직접적인 생물학적 인종 구분 없이도 특정 문화적 속성을 가진 집단을 차별하고 위계화하는 방식으로 작동한다.[44]

온누리교회는 다문화 목회에서 비교적 체계적이고 포괄적인 접근을 보여 주며, M센터를 통해 다국적 예배, 평생교육, 협동조합 등을 운영하고 이주민들의 자립과 통합을 지원한다. 그러나 온누리교회 역시 복음 전도

---

44 Melamed, "The Spirit of Neoliberalism," 6.

중심의 접근에서 자유롭지 못하며 비그리스도교인 이주민들에게는 배타적으로 작용할 가능성을 내포한다. 특히 동화주의적 접근은 여전히 이주민들에게 한국 사회의 주류 문화에 적응할 것을 요구하며 그들의 문화적 정체성과 자율성을 약화시킬 위험이 있다.

한국교회의 다문화 목회는 단일민족주의와 신자유주의적 다문화주의가 결합된 구조적 문제를 그대로 반영하며 이주민들을 타자화하고 특정 방식으로 인종화하는 방식으로 작동한다. 여기서 '인종화'는 단순히 이주민들을 '외국인' 또는 '다른 민족'으로 인식하는 것을 넘어 그들의 문화적, 경제적 지위를 특정 인종적 위계 안에 배치하는 과정을 의미한다. 예를 들어 한국 사회에서 동남아 출신 이주민은 주로 저숙련 노동자로 규정되고, 영어권 출신 이주민은 교육이나 전문직 분야에서 더 높은 평가를 받는 경향이 있다. 이러한 인종화 과정은 이주민들의 사회적 지위와 권리를 약화시키며, 그들이 교회의 동등한 구성원으로 존중받기보다는 도움과 선교의 대상으로 고정되는 구조적 불평등을 심화시킨다.

한국교회가 진정한 다문화 공동체를 이루기 위해서는 이주민들의 문화적 다양성과 자율성을 존중하고, 그들이 교회의 동등한 구성원으로 참여할 수 있는 구조적 변화를 모색해야 한다. 이를 위해 다문화 목회는 단순한 돌봄과 동화를 넘어 이주민들이 주체적인 신앙 공동체의 구성원으로 자리 잡을 수 있는 공간을 제공해야 하며 다문화적 평등과 포용의 이상을 실현하는 방향으로 나아가야 할 것이다.

한국교회의 다문화 목회: 긍정적 기여와 그 한계

한국교회의 다문화 목회는 외국인 이주민들의 사회적 적응과 정착을 돕는 긍정적인 역할을 수행하고 있다. 이는 한국 사회 내에서 급증하는 이주민 인구와 다문화가정의 필요를 충족시키기 위한 시도로, 교회는 다문화 축제, 언어 교육, 법률 상담, 사회적 봉사 등 다양한 프로그램을 통해 이주민들에게 도움을 제공하고 있다. 특히 다문화 목회는 정부의 정책적 개입이 미치지 못하는 이주민들의 신앙적, 사회적 요구를 충족시키는 중요한 역할을 담당한다는 점에서 의미가 있다.

그러나 이러한 긍정적 역할에도 불구하고 한국교회의 다문화 목회는 구조적 문제를 동반한다. 대부분의 다문화 목회는 동화주의적 접근과 선교적 목적에 기반을 두고 있어 이주민들의 자율성과 문화적 다양성을 충분히 존중하지 못하는 경향을 보인다. 이 과정에서 이주민들은 단순히 도움을 받아야 할 약자 혹은 선교의 대상으로 고정되며, 이들의 문화적 정체성은 부차적인 것으로 간주된다. 이는 결과적으로 이주민들을 타자화하고 인종화하고, 단일민족주의와 신자유주의적 다문화주의의 한계를 반영하는 한국 사회의 구조적 불평등을 그대로 반영하며 오히려 신앙의 이름으로 심화시킨다.

특히 여의도순복음교회와 사랑의교회는 이주민들의 한국 사회 적응과 교회 내 통합을 위해 다양한 프로그램을 운영하고 있지만, 이러한 활동은 압도적으로 동화주의적 접근에 의존하고 있다. 예를 들어 여의도순복음교회의 한국어 교육 프로그램과 다문화 축제는 이주민들이 한국 사회와 교회 공동체에 적응하도록 돕는 데 초점을 맞추고 있다. 그러나 이주민들이 자신의 모국어와 문화적 정체성을 유지하며 공동체에 참여할 기회는 제한적이다. 이는 이주민들에게 한국적 규범을 강요하고 문화적 차이를 열등함으로 간주하는 방식으로 작동할 위험이 있다. 사랑의교회 역시 유사한 접근 방식을 보이며 중국어 예배와 같은 언어적 지원을 제공하지만, 이주민들이 교회의 선교적 비전에 동화되도록 요구하는 방향성을 드러낸다. 두 교회 모두 이주민의 그리스도교화라는 선교를 위해 다문화 목회는 그 중요 수단이라 할 수 있다.

이러한 동화 중심의 접근은 이주민들이 자신의 문화적 정체성을 보존하고 자율성을 유지할 수 있는 공간을 제공하지 못하며, 결과적으로 이들을 경제적, 사회적, 신앙적 종속의 대상으로 고정시키는 문제를 초래한다. 경제적 지원은 단기적으로 이주민들의 어려움을 완화할 수 있지만, 구조적 차별을 해결하거나 장기적인 자립을 도모하는 데는 한계가 있다. 이는 교회가 이주민을 동등한 신앙 공동체의 구성원으로 인정하기보다는 도움의 대상 혹은 전도의 대상으로 규정하는 방식으로 나타난다.

온누리교회는 비교적 체계적이고 포괄적인 다문화 목회를 운영하며 여타 교회에 비해 이주민들의 문화적 다양성을 존중하려는 노력을 보여준다. 다국적 예배, 평생교육, 협동조합 등 다양한 프로그램을 통해 이주민들의 사회적 적응과 자립을 지원하며, 이들을 단순한 수혜자가 아닌 공동체의 일원으로 포함하려는 접근을 시도한다. 그러나 온누리교회 역시 복음전도 중심의 접근에서 자유롭지 않다. 이 과정에서 비그리스도교인 이주민들은 배제될 위험이 있으며 종교적 동화가 강요되는 구조적 문제를 내포한다.

결론적으로 한국교회의 다문화 목회는 이주민들의 삶을 지원하려는 긍정적인 의도와 함께 이들을 타자화하고 동화시키는 구조적 문제를 내포하고 있다. 이러한 목회는 단일민족주의와 신자유주의적 다문화주의의 한계를 반영하며 이주민들의 자율성과 정체성을 약화시키는 방식으로 작동하고 있다. 이는 이주민들이 교회의 동등한 구성원으로서 존중받지 못하고 종속적 위치에 머무는 구조적 불평등을 심화시킨다.

나가는 말: 대안을 생각하며

이 글에서 필자는 한국 사회와 개신교회가 진행하는 다문화주의와 목회는 그 의도와는 멀리 떨어진 한국식 인종주의와 차별을 정착시키고 구조화하여 타자화와 차별을 강화하는 역할을 한다고 주장하였다. 한국인의 민족주의, 순혈주의, 공동체 문화에 뿌리를 둔 외집단 배제의 논리와 개화기부터 한국에 정착된 백인우월주의가 만나 한국식 신자유주의적 다문화주의를 통해 비백인 이주민들과 노동자, 소수자들을 타자화하고 인종화하여 차별하는 구조와 사회 문화를 만들어 냈다는 것이다. 교회는 그 한가운데 주도적 리더로 자리 잡고 있다.

이러한 의식과 목회, 그 밑에 깔린 철학과 신학을 극복하기 위해서는 어떤 한 대안이나 관점이 아닌 다각적 접근과 노력이 필요하다. 필자는 서구 상황에서 다문화주의의 대안으로 제시된 문화상호주의(interculturalism)가, 이미 많은 학자들에 의해서 제시되었듯이, 대안이 될 수 없다고 믿는다.⁴⁵ 문화상호주의는 서로 다른 문화 간의 대등한 상호작용과 교류를 통해 차이를 존중하고 이해를 증진하려는 이상을 제시하지만, 현실에서는 여러 문제점을 드러낸다. 무엇보다 힘의 불균형이 상호주의를 왜곡시킨다. 문화간 상호작용은 종종 지배 문화가 소수 문화를 흡수하거나 동화시키는 방식으로 작동하며, 소수 문화의 목소리를 제한하고 지배 문화의 우위를 강화하는 결과를 낳는다. 또한 이러한 상호작용이 진정으로 대등하려면 사회적, 경제적, 문화적 평등이 전제되어야 하지만, 현실에서는 이러한 조건이 충족되지 않는 경우가 대부분이다. 이로 인해 상호주의는 이론적으로는 평등한 교류를 지향하지만, 실제로는 지배 문화의 가치와 규범을 강요하는 동화주의적 접근으로 변질되기 쉽다. 구조적 차별 문제를 충분히 다루지 못하는 점도 문제로 작용한다. 상호 이해와 조화를 강조하는 문화상호주의는 종종 인종주의나 경제적 착취와 같은 근본적 불평등 문제를 외면하거나 축소하며, 이러한 갈등을 비가시화함으로써 차별을 은폐하거나 방치하게 만든다.

그렇다면 한국에서 요청되는 대안적 다문화주의와 목회의 방향은 어떤 관점에서 생성되어야 하는가? 이는 민족주의, 순혈주의 그리고 공동체 문화에 뿌리를 둔 외집단 배제의 논리가 개화기 이후 정착된 백인우월주의

---

45 대표적으로 Tariq Modood, "Can Interculturalism Complement Multiculturalism?," *Multicultural Education Review* 13-4 (2021): 275-284, doi:10.1080/2005615X. 2021.2006115; Nasar Meer and Tariq Modood, "How Does Interculturalism Contrast with Multiculturalism?," *Journal of Intercultural Studies* 33-2 (2021): 175-196, https://doi.org/10.1080/2005615X.2021.2006115.

와 결합하여 형성된 한국식 신자유주의적 다문화주의의 한계를 극복하는 데 중점을 둔다. 현재의 다문화주의는 비백인 이주민, 노동자, 소수자들을 타자화하고 인종화하여 차별적 구조와 사회 문화를 공고히 하고 있으므로, 이를 변혁하기 위한 대안은 다음과 같은 방향에서 모색된다.

첫째, 한국에서 다문화라는 개념은 결혼 이주민과 이주노동자 등 외국인의 존재와 함께 가시화되었기 때문에 초국가적 관점에서 이들의 권리와 삶의 조건을 이해하고 지원해야 한다. 이는 국경을 넘어선 연대와 협력을 통해 이주민들이 지역사회의 필수적인 구성원으로 자리 잡도록 돕는 것을 목표로 한다. 둘째, 백인우월주의는 식민주의와 분리될 수 없는 역사적 산물이기 때문에 이를 비판적으로 성찰하고 해체하는 탈식민주의적 접근이 필수적이다. 이를 통해 차별의 구조적 뿌리를 드러내고 이를 변화시키는 데 기여한다. 셋째, 공동체 문화에 기반을 둔 배제적 논리를 재구성하여 외부자를 배제하지 않는 상호 존중과 상호 배움의 공동체를 만들어야 한다. 이러한 공동체는 다양한 정체성과 문화를 수용하며 차별과 배제를 넘어서는 새로운 사회적 관계의 모델로 작용한다. 넷째, 다문화주의를 경제적 착취와 연결시키지 않고 이주민 노동자와 소수자들이 공정한 대우를 받을 수 있도록 제도적 보호를 강화하는 경제적 정의가 목회를 통하여 구현되어야 한다.

이와 같은 대안적 다문화주의와 목회는 초국가적 연대와 탈식민주의적 비전을 기반으로 경제적 정의와 포용적 공동체를 형성하며 차별적 구조를 재구성하는 데 중점을 둔다. 이러한 접근은 단순히 구조적 변화를 이루는 것을 넘어 새로운 사회적 상상력과 관계 형성 방식을 제안하는 데 기여한다.

이를 위해 필자는 김만권의 포용적 공동체주의가 중요하고 구체적인 방향을 제시한다고 본다.[46]

김만권은 기존의 공동체주의가 혈연, 민족, 문화적 동질성을 중심으로 형성됨으로써 타자와의 차이를 인정하지 못하고 배제와 차별을 초래해왔다고 비판한다.[47] 이러한 경향은 다문화 사회로 이행하는 한국사회에서 더욱 두드러지며, 특히 한국교회의 다문화 목회에서도 배제적 공동체 개념이 그대로 작동하고 있다.

이에 대응하여 김만권은 공동체의 경계가 고정된 것이 아니라 변화하고 확장될 수 있어야 한다는 점을 강조하며 포용적 공동체주의를 제안한다. 기존 공동체가 혈연과 문화적 동질성을 기반으로 유지되었다면, 포용적 공동체는 새로운 구성원을 수용하고 공동체의 정체성이 지속적으로 재구성하도록 열려 있는 구조를 지닌다. 즉, 특정한 정체성을 가진 사람들만이 공동체의 일부가 될 수 있다는 전통적 사고방식에서 벗어나 구성원의 변화와 함께 공동체 자체도 변화하고 확장될 수 있어야 한다. 포용적 공동체주의에서 중요한 핵심은 공동체의 경계가 고정된 것이 아니라 유동적이라는 점이며, 공동체는 새로운 구성원과 함께 끊임없이 발전해 나가는 과정에서 형성된다는 것이다.[48]

---

[46] 필자는 한국 사회 내에 포용적 공동체주의를 기반으로 한 다문화 공동체 단체들이 지역사회에서 활동하고 있을 가능성이 높다고 본다. 그러나 본 연구의 범위 내에서는 이러한 단체들을 구체적으로 조사하고 분석하지 못하였으며, 이에 따른 한계를 인정한다.

[47] 김만권, "다원성과 '겹' 공동체: '포용적 공동체주의' 논의를 중심으로," 「정치사상연구」 29-2 (2023): 75-98.

이러한 원칙은 외국인 이주민과 난민을 비롯하여 다양한 배경을 가진 사람들이 함께 살아가는 공동체 형성을 목표로 한다. 또한 공동체 구성원은 단일한 정체성을 가지는 것이 아니라 다층적이고 중첩된 정체성을 지닌 존재라는 점이 중요하다. 기존 공동체 개념에서는 개인이 하나의 정체성만을 중심으로 소속감을 가져야 한다고 보았지만, 현실에서는 사람들이 여러 가지 정체성을 동시에 가지며, 이 정체성은 사회적 관계 속에서 끊임없이 변화한다. 김만권의 겹 공동체 개념은 이러한 다층적 정체성을 인정하며 특정한 문화나 정체성을 강요하지 않고도 공동체를 유지할 수 있도록 하는 원리를 제공한다.

이러한 공동체는 협력과 애정(affection)을 바탕으로 서로를 존중하며 공동의 목표를 향해 나아가는 데 중점을 둔다. 김만권은 기존의 공동체가 혈연, 민족, 문화 등 과거의 유산에 의해 결속되는 경향이 강했다고 지적한다. 그러나 포용적 공동체주의에서는 구성원들이 함께 만들어 갈 미래에 대한 비전과 상호 협력의 관계망이 공동체를 정의하는 핵심 요소가 되어야 한다고 주장한다. 즉, 공동체는 과거의 공유된 경험에 기반하기보다는 앞으로 함께 이루고자 하는 가치와 실천을 중심으로 형성되어야 한다는 것이다.[49] 공동체는 고정된 정체성을 가진 실체가 아니라 구성원들이 끊임없이 관계 맺고 참여하는 과정을 통해 만들어지는 살아 있는 구조다.

포용적 공동체주의와 겹 공동체 개념을 한국교회의 다문화 목회에

---

48 앞의 글, 37.
49 앞의 글, 35-37.

적용하기 위해 다음과 같은 실천적 방향을 제안한다. 첫째, 한국교회는 외국인 이주민을 자율적이고 주체적인 신앙의 동반자로 인정해야 한다. 기존의 다문화 목회는 이주민을 단순한 선교의 대상으로 바라보는 경향이 강했으며, 이로 인해 이주민 교인들은 교회의 동등한 구성원으로 인정받지 못하는 구조적 한계를 경험해 왔다. 교회는 이주민 교인들이 단순한 수혜자가 아니라 공동체를 함께 형성하는 주체임을 인식해야 하며, 그들이 신앙적 삶을 자율적으로 이끌어 갈 수 있도록 적극적인 역할을 부여해야 한다. 이를 위해 이주민들의 문화적 전통을 존중하는 예배 형식의 전환과 신앙적 참여 구조의 개편이 필요하다.

둘째, 김만권의 겹 공동체 개념을 바탕으로 교회는 다양한 정체성을 가진 사람들이 협력할 수 있는 공동체로 변모해야 한다. 기존의 민족적 동질성을 강조하는 공동체 개념에서 벗어나 다양한 문화적 배경을 가진 교인들이 상호 존중을 바탕으로 관계를 형성할 수 있도록 해야 한다. 이는 단순한 문화적 포용을 넘어 공동체 자체가 변화하고 확장될 가능성을 열어둠으로써 실현될 수 있다. 예를 들어 한국어 중심의 예배 방식에서 벗어나 다중 언어 예배를 도입하고 다양한 문화적 배경을 반영한 신앙 공동체의 모델을 구축할 필요가 있다.

셋째, 차별을 해소하고 평등한 관계를 형성할 수 있는 구체적인 정책을 도입해야 한다. 겹 공동체 개념은 공동체 내부의 위계를 허물고 구성원들이 서로 동등하게 관계 맺는 환경 조성을 목표로 한다. 이를 위해 교회는 이주민 교인들이 교회의 의사결정 과정에 실질적으로 참여할 수 있도록 제도적 장치를 마련해야 한다. 예를 들어 이주민 교인들이 교회의 운영과 리더십 구조에서 배제되지 않도록 공동체 구성원 모두가 동등하게 참여할 수 있는 절차를 마련하고, 장로와 집사 등의 직분이 특정 집단에 편중되지 않도록 민주적이고 개방적인 선출 방식을 도입해야 한다. 또한 다문화 교인들이 교회의 정책 결정 과정에서 실질적인 목소리를 낼 수 있도록 정기적인 협의 기구를 운영하고, 논의 과정이 투명하고 공정하게 이루어지도록 해야 한다.

넷째, 교회는 교인 간의 상호 존중과 협력을 강화하기 위한 교육 프로그램을 마련해야 한다. 겹 공동체 모델이 실현되려면 다양한 문화적 배경을 가진 교인들이 동등한 관계를 통해 서로를 존중하고 협력하는 환경이 조성되어야 한다. 이를 위해 내국인 교인들을 대상으로 인종차별에 대한 비판적 이해를 높이고 포용성을 증진하는 다문화 교육을 실시하며 다양한 문화적 배경을 가진 교인들이 공동으로 참여하는 신앙 활동과 교류 프로그램을 운영할 필요가 있다.

다섯째, 상호 문화적 대화를 촉진하는 것이 중요하다. 교회는 이주민 교인들과의 상호 문화적 대화를 활성화함으로써 그들의 문화적 배경과 신앙적 경험이 존중받을 수 있는 공간을 제공해야 한다. 이를 위해 교회 내 다문화 포럼이나 공동 신앙 토론회를 개최하고 다양한 문화적 경험을 공유할 기회를 확대하는 것이 필요하다. 이러한 과정은 이주민 교인들이 공동체 내에서 더욱 주체적으로 신앙을 실천하고 신앙 공동체의 구성원으로서 역할을 수행하는 기반이 될 수 있다.

결론적으로 김만권의 포용적 공동체주의는 한국교회가 나아가야 할 중요한 방향을 제시한다. 교회는 외국인 교인들을 단순한 수혜자로만 바라보는 것을 넘어서 그들의 다양한 정체성을 인정하고 그들과 동등하게 상호작용할 수 있는 공동체로 변모해야 한다. 이를 통해 한국교회는 다문화 사회에서 진정한 상호 존중과 평등을 실현하는 새로운 공동체 모델을 제시할 수 있을 것이다. 그렇지 못할 때 한국 개신교회는 계속하여 다문화라는 이름으로 이주민들과 소수자들을 신앙의 이름으로 타자화하고 인종화하여 차별하는 성서와 예수의 가르침과는 상관없는 정의롭지 못한 일의 수단이 될 뿐이다.

지은이 알림

김나미는 미국 조지아주 애틀란타 스펠만대학교(Spelman College)에서 종교학 교수로 재직하고 있다. 저서로는 *The Gendered Politics of the Korean Protestant Right*, *Critical Theology against U.S. Militarism in Asia* (편저), *Feminist Praxis against U.S. Militarism* (편저) 등 다수가 있다.

김응교는 시인, 문학평론가이자 현재 숙명여자대학교 순헌칼리지 교수이다. 시집 『부러진 나무에 귀를 대면』, 『씨앗/통조림』을 냈고, 이번 책과 관련 있는 책으로 『일본의 이단아—자이니치 디아스포라 문학』, 『일본적 마음』, 『백년 동안의 증언—간토대지진, 혐오와 국가 폭력』 등을 냈고, 네 권의 윤동주에 관한 저서 『처럼—시로 만나는 윤동주』, 『나무가 있다—윤동주 산문의 숲에서』, 『서른세 번의 만남—백석과 동주』, 『윤동주 문학 지도, 걸어가야겠다』 등을 냈다.

김진호는 제3시대연구소 연구실장을 지냈고, 프리랜서 작가로 활동하고 있다. 민중신학연구자로, 한국 사회와 그리스도교의 조합이 일으키는 폭력의 제도화에 대해 다루는 글을 저술해 왔다. 주요 저작으로는 『시민K, 교회를 나가다—한국 개신교의 성공과 실패, 그 욕망의 사회학』, 『대형교회와 웰빙보수주의—새로운 우파의 탄생』, 『극우주의와 기독교』 등 다수 있다.

이보영은 아이리프신학대학원(Iliff School of Theology. 콜로라도 덴버)에서 학장 겸 실천신학 교수로 재직 중이다. 그 이전에는 버클리연합신학대학원(Graduate Theological Union) 퍼시픽신학대학원(Pacific School of Religion)에서 재직하였다. 주요 연구 관심사는 인종, 젠더, 실천신학, 아시아/미국 여성주의 신학, 비판적 종교교육, AI와 실천신학이며, 대표 저작으로는 *Transforming Congregations through Community, Asian/American Transnational Feminist Theologies, Embodying Antiracist Christianity* (공저) 등이 있다.

조민아는 구성신학과 영성신학을 전공한 신학자로, 현재 조지타운대학교(Georgetown University. 워싱턴 DC)에서 교수로 재직하고 있다. 신비주의와 사회적 영성, 아시안/아시안 아메리칸 종교와 영성을 연구하고 있다. *The Silent God and the Silenced*, 『대화를 위한 여성신학』, 『일상과 신비』 외에 다수의 공저서와 논문이 있다.

최진영은 콜게이트 로체스터 크로저신학교(Colgate Rochester Crozer Divinity School, 뉴욕주) 신약학 교수로 재직하고 있으며, 초기 기독교 문헌을 제국, 인종, 문화, 경제, 젠더의 교차성과 탈식민주의 관점에서 해석하는 작업을 해왔다. 저서로 *Postcolonial Discipleship of Embodiment* 등이 있고, *Activist Hermeneutics of Liberation and the Bible* 등 다섯 권의 책을 편집하였다.

기사연 책 시리즈
"한국의 인종주의와 그리스도교" 제2권

(2025년 11월 출간 예정)

| 저자 |

강슬기　　　가톨릭 난민인권센터 활동가
김혜령　　　이화여자대학교 교수
민김종훈　　대한성공회 서울교구 사제
조민아　　　조지타운대학교 교수
정경일　　　성공회대학교 신학연구원 교수